WITHDRAWN
HARVARD LIBRARY
WITHDRAWN

Europäische Hochschulschriften

Johann Tzavaras

Bewegung bei Kierkegaard

PETER LANG
Frankfurt am Main · Bern · Las Vegas

Bewegung bei Kierkegaard

Europäische Hochschulschriften

Publications Universitaires Européennes
European University Papers

Reihe XX
Philosophie
Série XX Series XX
Philosophie
Philosophy

Bd./Vol. 32

Bewegung bei Kierkegaard

PETER LANG
Frankfurt am Main · Bern · Las Vegas

Johann Tzavaras

Bewegung bei Kierkegaard

PETER LANG
Frankfurt am Main · Bern · Las Vegas

CIP-Kurztitelaufnahme der Deutschen Bibliothek

Tzavaras, Johann

Bewegung bei Kierkegaard. - Frankfurt am Main,
Bern, Las Vegas: Lang, 1978.
(Europäische Hochschulschriften: Reihe 20,
Philosophie; Bd. 32)
ISBN 3-261-02401-1

Die vorliegende Arbeit wurde im Winter 1976 abgeschlossen und von der
Philosophischen Fakultät der Ludwig-Maximilians-Universität zu München
als Dissertation angenommen. Der Betreuerin dieser Arbeit,
Frau Dr. Annemarie Pieper, spreche ich besonderen Dank für ihre
vorzüglichen Ratschläge und kritischen Hinweise aus.

ISBN 3-261-02401-1

Auflage 200 Ex.

© Verlag Peter Lang GmbH, Frankfurt am Main 1978

Alle Rechte vorbehalten.
Nachdruck oder Vervielfältigung, auch auszugsweise, in allen Formen
wie Mikrofilm, Xerographie, Mikrofiche, Mikrocard, Offset verboten.

Druck: Fotokop Wilhelm Weihert KG, Darmstadt
Titelsatz: Fotosatz Aragall, Wolfsgangstraße 92, Frankfurt am Main.

Die vorliegende Arbeit wurde im Winter 1976 abgeschlossen und von der Philosophischen Fakultät der Ludwig-Maximilians-Universität zu München als Dissertation angenommen. Der Betreuerin dieser Arbeit, Frau Dr. Annemarie Pieper, spreche ich besonderen Dank für ihre vorzüglichen Ratschläge und kritischen Hinweise aus.

INHALT

EINLEITUNG: Der Denker in seinem Verhältnis zur Denkbewegung
§ 1. Die Vorschriften Kierkegaards 7
§ 2. Die Methode der vorliegenden Arbeit 11

I. DAS SETZEN

A. *DIE BEWEGUNG BEI CLIMACUS*

§ 3. Darstellung des Climacus-Standpunktes 15
§ 4. Der Naturbegriff 16
    § 4.1. Der Naturbegriff bei Aristoteles 16
    § 4.2. Der Naturbegriff bei Climacus 19
§ 5. Der Werdensbegriff 20
§ 6. Die Dialektik des Zweifels 24
§ 7. Das wunderbare Geschehen des Glaubens 28
§ 8. Die Sünde als eine Voraussetzung des Glaubens in ihrem Verhältnis zur Reflexion 31
§ 9. Der durch Entscheidung hervorgebrachte Anfang 33
§ 10. Der Begriff der Möglichkeit
    § 10.1. Die Möglichkeit im Verhältnis zur Wirklichkeit 39
    § 10.2. Die Möglichkeit im Verhältnis zur Ewigkeit 40
§ 11. Der Begriff der Notwendigkeit 42
§ 12. Die Position als ein zusammenfassendes Ergebnis des Denkens des Climacus 45

B. *DIE BEWEGUNG BEI VIGILIUS*

§ 13. Darstellung des Vigilius-Standpunktes 47
§ 14. Die Dialektik der Angst 48
§ 15. Die Unterscheidung zwischen Quantität und Qualität 52
§ 16. Das Paradox einer ersten Sünde 57
§ 17. Das als Befreiung begriffene Gute 59
§ 18. Die Dialektik der Zeitlichkeit 63
§ 19. Historische Hinweise auf den griechischen Begriff des Plötzlichen 68

C. DIE BEWEGUNG BEI CONSTANTIUS

§ 20. Darstellung des Constantius-Standpunktes 71
§ 21. Die Wiederholung als ein Geschehen der Wiedergeburt 72

D. DIE BEWEGUNG BEI JOHANNES DE SILENTIO

§ 22. Die von Johannes de Silentio vorausgesetzte Leidenschaft 76
§ 23. Die Dialektik des Glaubens 78
§ 24. Einheit und Widerspruch zwischen Handeln und Wissen 81
§ 25. Die vom Ästhetischen als Anfang ausgehende Bewegung 84

II. DAS GESETZTE

E. DIE BEWEGUNG BEI ANTI - CLIMACUS

§ 26. Darstellung des Anti-Climacus-Standpunktes 87
§ 27. Das Verhältnis der Möglichkeit zur Wirklichkeit 89
§ 28. Der Zusammenhang zwischen Möglichkeit und faktischer Notwendigkeit 92
§ 29. Das schuldige Handeln und das darin implizierte Bewußtsein 95
§ 30. Das ewige Selbst in seiner Unaufhebbarkeit 100
§ 31. Die im Glauben gesetzte Identität
    § 31.1. Glaube und Sünde 102
    § 31.2. Glaube und Denken 104
§ 32. Die Voraussetzung des Christlichen als Ergebnis des Denkens des Anti-Climacus 106

LITERATURVERZEICHNIS 111

NAMENSREGISTER 121

EINLEITUNG

DER DENKER IN SEINEM VERHÄLTNIS ZUR DENKBEWEGUNG

§ *1. Die Vorschriften Kierkegaards*

Aufgabe dieser Arbeit ist es, den Begriff der Bewegung bei Kierkegaard auszulegen. Wir können die Tatsache, daß wir nicht mit der Bewegung selbst, sondern nur mit ihrer Begrifflichkeit zu tun haben, etwa so ausdrücken: hinter dem Begriff, dessen Auslegung unsere Aufgabe ist, steckt als seine Voraussetzung ein Begreifender, der diese Sache schon erfaßt hat; eine Begrifflichkeit enthält nicht nur das Begriffene, sondern auch den Begreifenden selbst. Es scheint, daß der Begreifende uns nur insofern interessieren kann, als er ein Mittel ist, um zur Bestimmtheit des Begriffenen zu gelangen. Welche genaue Rolle der Denker in seinem Verhältnis zum Gedachten spielen soll, kann aber erst dann entschieden werden, wenn die ausdrücklichen Vorschriften, die Kierkegaard in Bezug auf dieses Verhältnis macht, berücksichtigt worden sind. Dem Erfordernis dieser Berücksichtigung ist die Einleitung gewidmet.

Der Begreifende verbirgt sich in den meisten philosophischen Schriften Kierkegaards hinter Pseudonymen. Wir können daher zur Bestimmtheit des Begriffenen nicht über einen einzelnen Begreifenden gelangen. Inwiefern stellt die Pseudonymsetzung eine Hilfe zur Beantwortung der Frage nach dem Verhältnis des jeweilig Denkenden zum Gedachten dar? Nur beiläufig kann die Tatsache erwähnt werden, daß Kierkegaard sich selber nicht nur vom jeweiligen pseudonymen Schriftsteller seines Werkes distanziert (1), sondern auch ausdrücklich den Interpreten vor einer Identifizierung warnt (2). Seine Distanzierung betrifft aber nicht das in der jeweiligen Schrift Gedachte; Kierkegaard unterscheidet nämlich nicht das in seinem philosophischen Werk dokumentierte Denken von seinem eigenen Denken, sondern nur die Persönlichkeit des jeweiligen Pseudonyms von seiner eigenen Persönlichkeit. „Diese Pseudonyme sind gedichtete Persönlichkeiten, dichterisch gehalten, so daß, was sie sagen, beständig Replik ist im Charakter ihrer dichterischen Individualität" (3). Kierkegaard versteht den pseudonymen Schriftsteller nicht als Medium, das die vorgetragenen Gedanken vermitteln soll, sondern umgekehrt das jeweils Gedachte als Spiegel und somit als Medium zur Erschließung des Charakters der entsprechenden Persönlichkeit. Dabei ist vorausgesetzt, daß die Per-

---

1. „Es ist in den pseudonymen Büchern nicht ein Wort von mir selbst" (VII 546, Erste und letzte Erklärung, 1846). „So gibt es denn in den pseudonymen Büchern kein einziges Wort von mir selbst" (UN II, 340. Vgl. Tag. IV 205-6).
2. „Es ist zu beachten, daß, wenn man etwas aus den Pseudonymen zitieren wolle, man da nicht das Zitat zu meinen eigenen Worten machen möge ..." (Tag. von Haecker 577. Vgl. 366). Diese Vorschrift Kierkegaards haben sehr wenige Interpreten ernsthaft berücksichtigt. Wir wollen uns des Ansatzes von *A. Pieper* („Geschichte und Ewigkeit bei S. Kierkegaard", Meisenheim a.G. 1968) bedienen, die konsequent jedes Pseudonym für eine in sich geschlossene Einheit hält, in welcher die jeweilige dargestellte Sache systematisch abgehandelt wird (S. 7). Der durch das jeweilige Pseudonym anhand dieser Methode gesetzte autonome Horizont dient als hermeneutischer Ausgangspunkt (S. 8-9). Dagegen legt *A. Künzli* („Die Angst des modernen Menschen", Zürich 1947) völlig mißverstandene Behauptungen des Pseudonyme in den Mund Kierkegaards, wie z.B. S. 44, anhand der in den Climacusschriften zu findenden Bestimmung des Paradoxes als „des Gedankens Leidenschaft" (Brocken 35): „Denn Kierkegaard wollte - als Christ! - nicht leidenschaftlich lieben, sondern leidenschaftlich denken".
3 Tag. von Haecker 577.

sönlichkeit des jeweiligen pseudonymen Autors so konzipiert ist, daß sie mit dem Gedachten übereinstimmt, eine Voraussetzung, die nicht nur aus den Tagebüchern Kierkegaards deutlich wird, sondern auch durch das Verhältnis der Pseudonyme zueinander sowie durch ihre wechselseitige Kritik bestätigt wird (1). Die Untrennbarkeit des Denkers von seinen Denkinhalten hat Kierkegaard als Subjektivität begriffen und diese als höchstes Prinzip seines Denkens behauptet (2).

Die Persönlichkeit ist eine Einheit, die nur analogisch, nämlich aufgrund ihrer Ähnlichkeit mit dem von ihr Gedachten faßbar ist, eine Tatsache, die sie in Zusammenhang mit dem aristotelischen Begriff des zugrundeliegenden Prinzips bringt (3). Kierkegaard hat aber doch zwei Hilfen zur Erkenntnis der pseudonymen Autoren bewußt angeboten: a) schon der Name jedes Pseudonyms enthält einen Hinweis auf seine Persönlichkeit (4); b) das Vorwort vieler philosophischer Schriften ist entweder vom Pseudonym selbst oder vom „Herausgeber" (Kierkegaard) unterschrieben und gibt ausführliche Hinweise auf den betreffenden Autor (5). Es sollte also jedem Versuch, die Denkinhalte auszulegen, eine vorläufige Interpretation des Vorworts und des Namens jedes Pseudonyms vorausgehen – ungeachtet der Tatsache, daß man erst dann zu einem vollständigen Verständnis der einzelnen Pseudonyme kommen kann, wenn das jeweils Gedachte insgesamt zureichend interpretiert worden ist.

Kierkegaards Konzeption des Verhältnisses von Denker und Gedachtem läßt sich nicht dadurch herausfinden, daß man die in den pseudonymen Schriften entwickelten Gedanken erörtert, sondern vielmehr dadurch, daß man das auslegt, was Kierkegaard selber über die Pseudonymsetzung dachte. Denn nur vermittels eines fest umrissenen Begriffs dessen, was die Einheit des Begreifenden mit dem von ihm Begriffenen ausmacht, konnte Kierkegaard ohne weiteres von der Pseudonymität Gebrauch machen. Der junge Kierkegaard hat sich mit diesem Problem weitgehend in seiner Dissertation beschäftigt, in der er die Persönlichkeit des Sokrates als Beispiel für einen subjektiven Denker anführt. Auf seine Frage: „Wie aber ist Sokrates in Wirklichkeit gewesen, was ist für seine Tätigkeit der Ausgangspunkt gewesen?" antwortet er: „das Dasein des Sokrates ist Ironie" (6). Die Ironie ist nicht als bloßes Medium der Hebammenkunst des Sokrates, sondern als Ausdruck seiner Persönlichkeit selbst begriffen. Das Denken ist dabei nicht ursprünglich, sondern abgeleitet und nachträglich. Was bislang als eine Bestimmung der sokratischen Denkmethode galt, ist zu einem existentiellen Verhältnis geworden, da „die Ironie eine auf die Persönlichkeit gehende Bestimmung ist"(7). In welcher

---

1. Vgl. z.B. Angst 16 Anm.
2. Tag. II 14. In welchem Sinne die Subjektivität bzw. die Existenz ein Prinzip des kierkegaardschen Denkens ist, analysiert vortrefflich *H. Fahrenbach* („Kierkegaards existenzdialektische Ethik", Frankfurt 1968) in seinem Kapitel: „Das hermeneutische Prinzip der existenzdialektischen Bewegung: Sich-selbst-in-Existenz-verstehen". Das von Fahrenbach hauptsächlich anhand der Climacusschriften konzipierte Prinzip ist als eine Aufgabe verstanden (UN II,55). Das Prinzip Subjektivität betrifft auf jeden Fall das konkrete Selbstbewußtsein des auf sich selbst aufmerksamen Individuums.
3. „ἡ δὲ ὑποκειμένη φύσις ἐπιστητή κατ' ἀναλογίαν"(Phys. 191a 7f.).
4. „Das ist doch ein Vorteil, den ich gegenüber der Mehrzahl von Schriftstellern habe, daß nämlich meine Einfälle stets auf den Namen lauten, und ich der Inhaber; sie lauten auf den Namen, sogar wenn ich anonym bin" (Tag. I,189; vgl. ibid. 193).
5. „Ich bin nämlich unpersönlich oder persönlich in dritter Person, ein Souffleur, der dichterisch *Verfasser* hervorgebracht hat, deren *Vorwort* wieder deren eigene Hervorbringung ist, ja deren *Namen* das sind" (VII 545, vgl. Tag. von Haecker 577).
6. Ironie 130.
7. Ironie 227 Anm. Vgl. Tag. III,260: „ ... die erste Bedingung aller Wahrheitsmitteilung unbedingt Persönlichkeit ist".

Weise die Ironie als Ausdruck der sokratischen Persönlichkeit eng mit dem sokratischen Denken in Kierkegaards Frühwerk verbunden ist, wird klar, sobald der Begriff der Ironie im Verhältnis zur dialektischen Denkbewegung Platos betrachtet wird. Beide Momente - Ironie und Denken - werden als gleich wirksam hervorgehoben. „Daß Ironie und Dialektik die beiden Großmächte bei Plato sind, wird gewiß jedermann zugeben" (1). Sie stehen sich aber keineswegs als einander gleichgültige Mächte gegenüber, da es unmöglich ist, ihre Wirkung getrennt voneinander zu begreifen. Die Ironie spornt den „schläfrigen" Gedanken an und bestraft den „ausschweifenden" Gedanken; sie ist der Ausgangspunkt und zugleich das Ende, Ursprung und zugleich Ziel des Denkens. Die subjektive Bedingung ist der Kern, aus dem das Denken entspringt, und in den es als seinen Bestimmungsort zurückkehrt: „eine Objektivität, die in einer entsprechenden Subjektivität ist, sie ist das Ziel" (2).

Wenn aber Ironie und Denkbewegung in ihrer Unterschiedlichkeit gefaßt werden sollen, muß ihr Gegensatzcharakter hervorgehoben werden: wenn das Denken als eine dialektische *Bewegung* bestimmt wird, dann steht ihm die ironische Existenzweise als *Standpunkt* gegenüber: „so erweist sich der Standpunkt des Sokrates abermals als Ironie" (3). „Unwissenheit aber ist ein wirklich philosophischer Standpunkt" (4). Die Persönlichkeit spielt im Gegensatz zum Veränderlichen die Rolle eines festen Punktes, in dem die Bewegung ihre Vollendung findet. „Die Individualität ist der wahre Punkt in der Entwicklung der Schöpfung, und bekanntlich setzt man den Punkt, wenn der Gedanke vollendet ist, was man auch auf die Weise ausdrücken kann (in rückstoßender Bewegung), daß der Gedanke nun da ist; somit: erst wenn die Individualität gegeben ist, ist der Gedanke vollendet"(5). Die Unterscheidung der Bewegung in eine vor- und rückstoßende werden wir später ausführlich erörtern. Die Folgen dieser Unterscheidung können wir jedoch kurz so charakterisieren: Wenn die Bewegung als eine rückschreitende betrachtet wird, dann erscheint der feste Punkt als eine Voraussetzung der Bewegung. Das Ende der Bewegung ist in einem solchen Fall irgendwie schon vorgegeben, da die Voraussetzung zugleich die Vollendung ist. In dieser Betrachtungsweise ist folgendes Ergebnis wichtig: es zeigt sich, daß die Vollendung immer schon da ist. Wenn man aber die Bewegung „vorlings" betrachtet, dann erscheint der Standpunkt als der Ausgangspunkt der Bewegung; nur eine solche Betrachtungsweise ist dem wirklichen Leben angemessen (6); man interessiert sich dann sowohl für den Anfang als auch für das Ziel der Bewegung: aber weder läßt sich das Ziel als ein erreichtes noch der Anfang als ein begonnener begreifen. Dieser Standpunkt ist von keinem Erfolg begleitet; die Bewegung läßt sich nur als eine Aufgabe auffassen.

---

1. Ironie 123.
2. Tag. III, 194. *J. Holl* („Kierkegaards Konzeption des Selbst", Meisenheim a.G., 1972, S. 5) bemerkt richtig, daß ein konsequenter Monismus hier nicht vorliegt, da „grundsätzlich monistische Züge" nur unter der Bedingung eines Dualismus festgehalten werden können.
3. Ironie 171.
4. Ironie 174.
5. Tag. I, 203.
6. „Es ist völlig wahr, was die Philosophie sagt, daß das Leben rücklings verstanden werden müsse. Aber darüber vergißt man den anderen Satz, daß es vorlings gelebt werden muß. Dieser Satz — je mehr er durchdacht wird — endet gerade damit, daß das Leben in der Zeitlichkeit niemals richtig verständlich wird, eben weil ich keinen Augenblick die vollkommene Ruhe bekommen kann, um die Stellung „rücklings" einzunehmen" (Tag. I, 318).

„Vorstoßend" gesehen ist die Ironie als existentieller Ausgangspunkt des sokratischen Denkens gedacht. Als ein Hauptmerkmal des Existentiellen gilt die Konkretheit, die in scharfem Gegensatz zur spekulativen Abstraktheit steht. Die Spekulation der hegelschen Philosophie bzw. der damaligen Hegelrezeption in Dänemark stellt an den Anfang der dialektischen Bewegung keinen Denker. „Der Ironiker dagegen ist die Weissagung oder der abgekürzte Ausdruck (Abbreviatur) einer vollständigen Persönlichkeit" (1). Der Anfang ist nichts Sekundäres, von dem man als eine quantité négligeable absehen kann, sondern das eine Bewegung wesentlich Bestimmende. Die abstrahierende, zum Allgemeinen (Begriff) hin schreitende Bewegung des Sokrates ist nur deshalb gerechtfertigt, weil sie ständig den existentiellen Standpunkt als ihren Anfang und ihr Ziel vor Augen hat. Wenn der Anfang abstrakt ist, dann herrscht der Charakter einer gewissen oberflächlichen Äußerlichkeit ständig vor. Die Ironie dagegen ist eine unendliche Innerlichkeit, die nichts mit einer äußerlichen „Verstellung zum Schlechteren hin in Wort und Tat" gemeinsam hat, wie sie Theophrast bestimmt (2). Diese Innerlichkeit ist keine Wirklichkeit, sondern eine Möglichkeit zu neuem Anfang (3), eine distanzierende Befreiung von jeder schon bestehenden Wirklichkeit. Diese Befreiung scheint schlechthin negativ zu sein. „Nicht diese oder jene Einzelerscheinung, sondern das Ganze des Daseins wird von ihr (i.e. von der Ironie) sub specie ironiae betrachtet. Insofern ersieht man, daß Hegel die Ironie mit Recht als „die unendliche absolute Negativität" bezeichnet" (4). Die Ironie, sofern sie konkret ist, richtet sich nicht gegen die Wirklichkeit überhaupt, sondern gegen die bestehende, d.h. immer schon gesetzte Wirklichkeit - und zwar um der Idealität willen (5). Die Bewegung der sokratischen Dialektik ist der Versuch einer Überwindung des Realen, in ihrer Hervorbringung des Idealen. Es wird also eine Trennung zwischen zwei einander entgegengesetzten Bereichen vorausgesetzt (6), deren Überbrückung die ironische Haltung versucht. Daß sie sich mit dem Realen nicht zufrieden gibt, ist als ein Antrieb zum Höheren durchaus etwas Positives; ihr Verhältnis aber zum Realen ist völlig negativ. Nicht nur das: insofern sie sich „von Anfang an" negativ zum Realen verhält, ist ihr das Positive versagt; eigentlich vollzieht die Ironie keine Bewegung. Der ständige Vorwurf, den Kierkegaard gegen die ironische Haltung erhebt, ist ihre Unfähigkeit, über den Anfang hinauszukommen. „Aber die Ironie ist der Anfang, jedoch nicht mehr denn der Anfang" (7). „Als Anfang ist er [Sokrates] daher positiv, als nichts denn Anfang jedoch negativ" (8). Sokrates hat nur die Richtung und den Anfang bezeichnet, die Vollendung seines Zweckes ist ihm jedoch nicht gelungen. „Die Bewegung in Sokrates ist die, zum Guten hinzugelangen. Seine Bedeutung in der Entwicklung der Welt ist die, dahin zu kommen (noch nicht einmal die, dahin gekommen zu sein)" (9), woraus klar wird, daß er nichts Konkretes, sondern ein „unendlich Abstraktes"(10) als Ergebnis seines Verfahrens erreicht. Aufgrund ihrer Abstraktheit verwandelt die sokratische Dialektik ständig jede Wirklichkeit in Möglichkeit.

In ihrer Negativität entspricht die Ironie dem Zweifel, da auch der Zweifel jede wirkliche Gegebenheit „einklammert". Der Zweifel hat aber seinen Ort in der Sphäre des Denkens, sein eigentümlicher Bereich ist die Reflexion; die Ironie dagegen ist das unbegreifliche Subjektive: „was der Zweifel für die Wissenschaft ist, das ist die Ironie für das persön-

---

1. Ironie 153.
2. Ironie 260 Anm.
3. Ironie 257.
4. Ironie 258-9.
5. Ironie 276.
6. Vgl. Tag. III,104.
7. Ironie 221.
8. Ironie 223.
9. Ironie 241.
10. Ebenda.

liche Leben" (1). Es stellt sich die Frage, wie es möglich ist, die Leistung der Ironie sowohl positiv als auch negativ zu beurteilen. Die Hervorhebung der Positivität der Ironie ist das sichere Merkmal dessen, daß man ausschließlich den *vor*liegenden positiven Anfang berücksichtigt. Wenn sich die Negativität der Ironie herausstellt, hat man von den *nach*träglichen Ergebnissen her geurteilt.

Sowohl in „vorlings" als auch in „rücklings" schreitender Hinsicht ist die ironische *Hal*tung im Verhältnis zur dialektischen Bewegung als fester Punkt begriffen. Was das Wesen dieses Punktes ist, wird aber nicht geklärt. Weder die negative Positivität, die als Leistung der ersten Hinsicht gilt, noch die scheinbare Negativität der zweiten Hinsicht betreffen den Standpunkt selbst, sondern nur sein Vorher und Nachher. Kierkegaard bezeichnet z.b. den ironischen Standpunkt als „kämpferisch" (2) und „kritisch" (3). Beide Bestimmungen erklären aber den Punkt ebensowenig, da sie auf sein polemisches und kritisches Verhältnis zur Faktizität hinweisen und ihm erst dadurch die genannten Eigenschaften zuerkennen. Der Standpunkt als das Unreflektierte ist unbegreiflich und deshalb durch keine Eigenschaft charakterisierbar. Das Unerklärliche an einer Bewegung ist weder das Vorher noch das Nachher der Bewegung, sondern das Moment des Übergangs.

§ 2. Die Methode der vorliegenden Arbeit

Enthalten die oben stehenden Erwägungen eine Andeutung in Bezug auf die Methode, die man anwenden muß, um Kierkegaards Begriff der Bewegung auszulegen? Der Denker gilt als Ursache und Ziel des Gedachten. Es ist nicht der Denker, der die dialektische Bewegung (4) verfolgen muß, sondern vielmehr ist es die Bewegung, die dem Denker zu-kommen muß. In der Etymologie des Wortes „Methode" ($\mu\varepsilon\theta-\acute{o}\delta\varepsilon\acute{u}\varepsilon\iota\nu$ = einer Sache nachgehen) läßt sich erkennen, daß das Verfahren teleologisch, nämlich hauptsächlich vom Ziel her bestimmt ist. In diesem Zusammenhang ist ein Doppeltes festzuhalten: Einerseits ist eine „Bewegung", in der das Ziel nicht berücksichtigt, und die Möglichkeit seiner Realisierung nur erwartet wird, keine Bewegung, sondern eine „Pausa" (5). Wenn andererseits *das Ziel und im konkreten Fall die Persönlichkeit des Denkers von Anfang an da ist,* dann gibt es nicht mehr viele Verfahrensmöglichkeiten, sondern nur *einen* Weg, nämlich den Weg zur schon „ausgebildeten" Persönlichkeit des jeweiligen Pseudonyms. Die Methode der vorliegenden Arbeit will

---

1. Ironie 331.
2. Ironie 215.
3. Ironie 281.
4. Ein „dialektischer Übergang" besagt bei Kierkegaard einen Fortschritt im Verfahren des Denkens bzw. in der Untersuchung eines Problems, der zu einer bestimmten Erkenntnis führt. Die Pseudonyme setzen diesen Begriff, den Vigilius in Anlehnung an Platos experimentierendes Verfahren im „Parmenides" gewinnt (Angst 83f., Anm.2), der hegelschen „dialektischen Methode" entgegen, die die Erkenntnis nicht vermehrt. Kierkegaard unterscheidet wiederum den redlichen platonischen „dialektischen Übergang" vom „pathetischen Übergang", der kraft des leidenschaftlichen, unendlichen Interesses an der eigenen Existenz vollzogen wird (Pap. IV C 94: „Ein pathetischer Übergang = ein dialektischer Übergang", vgl. *K. Schäfer*, Hermeneutische Ontologie in den Climacus-Schriften S.Kierkegaards, München 1968, S. 205, 209ff., 221. Tag. III,202). Der pathetische Übergang ist vom dialektischen „eine qualitativ verschiedene Dialektik" (Pap. IV C 105).
5. Brocken 77.

entsprechend werkimmanent (1) bleiben, d.h. jedes das Werk transzendierende Urteilskriterium ausschließen.

Wir wollen diese Methode, die den Vorschriften Kierkegaards durchaus entspricht, mit dem aristotelischen Methodenbegriff vergleichen. Aristoteles (2) glaubt erst dann eine Erkenntnis gewonnen zu haben, wenn er die Erkenntnis des Ausgangspunktes (ἀρχή) erreicht hat, da der Ausgangspunkt schlechthin bekannt ist (3). Indem Aristoteles den Ausgangspunkt als etwas nicht mehr Selbstverständliches, als ein festgestelltes Prinzip hervorhebt, gelangt er zur Erkenntnis des Sachverhalts. Der Ausgangspunkt ist und bleibt bei Kierkegaard dagegen das schlechthin Unbekannte, und zwar deshalb, weil Kierkegaard nicht mehr am theoretischen Verstehen des Ausgangspunktes interessiert ist. Jeder Versuch, die betreffende Sache als erklärbar zu bezeichnen, hat schon sein Ziel verfehlt, denn er hat die Wirklichkeit in eine bloß gedachte Möglichkeit verwandelt, während die umgekehrte Richtung die richtige ist. Diese Unterschiede gründen sich darauf, daß Kierkegaard sich nicht auf etwas anderes, sondern auf sich selbst bezieht. Im Vergleich zur „objektiven", d.h. der Entdeckung und Beschreibung des Objekts gewidmeten, von Aristoteles verwendeten Methode, erweist sich die kierkegaardsche als „subjektiv".

Der Vorrang einer Erläuterung der in Vorwort und Namen des jeweiligen Pseudonyms angedeuteten Persönlichkeit wurde schon erwähnt; diese Erläuterung soll den jeweiligen Standpunkt in einem ersten Anlauf klarmachen. Liegt aber nicht den durch die Pseudonyme vertretenen unterschiedlichen Standpunkten letztlich doch *ein* gemeinsamer Standpunkt zugrunde, der alle in einer Einheit verbindet und ihnen den Sinn ihres Daseins gibt? Kierkegaard charakterisiert in seinen Tagebüchern (4) die Anticlimacusschriften als „Werke der Vollendung" und behauptet sie als für das streng Christliche maßgeblich. *Man kann den eigentlichen Sinn der Standpunkte erst dann verstehen, wenn man den religiösen Standpunkt berücksichtigt hat.* In welcher Weise der Standpunkt der Vollendung das Ende der Bewegung vollbringt, ist aber erst dann ersichtlich, wenn die Bewegung selbst geklärt worden ist. Die Abhandlung gliedert sich deshalb in zwei Teile. Der erste Teil beschäftigt sich mit dem Begriff der Bewegung, wie er sich von den Standpunkten ausgibt, die nicht als Maßstab gelten, darstellt. Diese Standpunkte sind vor allem die des Johannes Climacus, des Vigilius Haufniensis, des Constantin Constantius und des Johannes de Silentio. Bei ihnen findet sich sowohl der Begriff des „springenden Punktes" als auch der des Vorher und des Nachher der Bewegung; da aber ihre Betrachtung der Bewegung als „vorlings" schreitende charakterisiert werden muß, ist ihr spezielles Gebiet das *Setzen* bzw. die Bewegung selbst. Mit der Eigentümlichkeit der „rücklings" schreitenden Dialektik des Anticlimacus, deren Gebiet das *Gesetzte* bzw. die Voraussetzung des Christlichen

---

1. L. *Pollmann*, Literaturwissenschaft und Methode, Frankfurt a.M. 1973, 2. Auflage, S. 146, bestimmt diesen Begriff folgenderweise: „Der Begriff werkimmanent besagt (. . .), daß die Analyse im Werk bleibt (immanere), dies sowohl hinsichtlich des Ziels, das in Erkenntnis und Ausdeutung des Werkes liegt, als auch im Hinblick auf die Methode, insofern hier außerhalb des Werkes liegende Feststellungsakte als Urteilsbasis ausgeschlossen bleiben. Die werkimmanente Methode geht ausschließlich von dem aus, was sie im Werk, gegebenenfalls auch in mehreren Werken, doch immer in der konkreten textlichen Wirklichkeit vorfindet". Im Gegensatz dazu gilt: „Werktranszendierend ist eine Methode, die am Werk ansetzt und über es hinausragt, in Richtung auf Geschichtlichkeit, Erwartungshorizont, Leser, Gesellschaft, Autor, Mensch, Bewußtsein, Gesellschaft (sic!), Psyche, Leben etc." (ebd., S. 165, Anm. 4).
2. Vgl. Phys. 184a 10-14.
3. σαφέστερα τῇ φύσει, Phys. 184a 17, vgl. Nik.Ethik 1095b 2-4 und Anal. post. 71b 34ff.
4. Tag. III,105.

ist, befassen wir uns im zweiten Teil. Die Unterteilung der Kapitel ergibt sich gemäß der „pseudonym-immanenten" (1) Interpretationsweise aus dem Ansatz der Pseudonyme (2).

---

1. A. Pieper, ibid., S.8.
2. Das Werk C. *Kühnholds,* Der Begriff des Sprunges und der Weg des Sprachdenkens: eine Einführung in Kierkegaard, Berlin 1975, kam erst nach Abschluß der vorliegenden Arbeit in unsere Hände. Frau Kühnhold eröffnet einen neuen Horizont im Bereich der Interpretation Kierkegaards, indem sie die Hauptbegriffe des kierkegaardschen „Sprachdenkens" etymologisch erforscht und die Übereinstimmung der Auffassung Kierkegaards von der Sprache mit den Ergebnissen der heutigen Sprachwissenschaft zu zeigen versucht. Frau Kühnhold behandelt zudem ausführlich die „Entwicklung der Bewegung des Sprunges" durch das dreigliedrige Schema: Schritt bzw. Stufe des Raumschaffens - Satz bzw. Stufe des Zurechtsetzens - Sprung bzw. Stufe des Wohnens (vgl. ibid. S.91). Dieses Schema aber ist weder im Sinne der eigentlichen, *existentiellen* Intentionen des kierkegaardschen Denkansatzes, noch terminologisch ganz durchsichtig.

I. DAS SETZEN

A. DIE BEWEGUNG BEI CLIMACUS

§ 3. Darstellung des Climacus-Standpunktes

Johannes Climacus, das Pseudonym der frühen Schriften „Philosophische Brocken oder ein Bröckchen Philosophie" (1844) und „Abschließende unwissenschaftliche Nachschrift zu den philosophischen Brocken" (1846) ist ein leidenschaftlicher Denker, der mit Hilfe seines Denkens ständig eine aufsteigende Bewegung zum Glauben hin versucht. Sein Unternehmen ist aber für ihn als einen Ironiker (1) und Zweifler nicht durchführbar, deshalb findet sein Denken keine Vollendung und keine Geschlossenheit: er drückt sich in „Brocken" aus, und seine wiederholten Versuche vermögen nicht mehr zu sein als eine Nachschrift zu diesen Fragmenten. Der Titel seines Werkes ist ein klares Beispiel für seine Selbstironie. Er stellt sein Werk in Antithese zur Wissenschaftlichkeit des Systems, und paradoxerweise eignet er sich dessen Abgeschlossenheit an. Eigentlich will er aber kein Durchgang und kein Übergang, kein Vollender und kein Teilnehmer, kein Wegbereiter und kein Mitarbeiter (2) sein. Als Zweifler hat er jede Verbindung zur vorhergegangenen Geschichte abgebrochen und hat es nur mit dem Möglichen zu tun. Deshalb sieht er sogar das Verhältnis zur Wissenschaft als eine Bindung, von der er sich distanziert hat. In seiner freiwilligen Urteilsenthaltung ($\dot{\epsilon}\pi o\chi\acute{\eta}$) fühlt er sich „gut gehängt", wie er den bewußten Verzicht auf jedes Systematische charakterisiert. „Besser gut gehängt — als durch eine unglückliche Heirat mit aller Welt in systematische Schwangerschaft gebracht" (3). Die Bindung an die Wissenschaft ist eine Torheit, deshalb möchte er „lieber ein ehrbares Leben außerhalb der Wissenschaft führen . . . als töricht in ihr mit dabei sein" (4). Was er eigentlich vermeiden will, ist die Objektivität jeder festen Verbundenheit. Er vergleicht seine Haltung mit der Gleichgültigkeit von Archimedes und Diogenes gegenüber politischen Krisen (5), da er auf jede anerkannte, gesellschaftliche Tätigkeit verzichtet hat (6) und keine „Sicherheit und Behaglichkeit der Existenz" (7) vorausgesetzt hat. Sogar eine eigene Meinung zu haben, ist nach seiner Meinung ein Ausdruck von Objektivität (8). Die Negativität, die in seinem Verhältnis zur Wirklichkeit erkennbar wird, ist nicht von seinem Standpunkt, sondern vom Standpunkt der Allgemeinheit her zu sehen. Er hat sich aber bewußt gegen die Interessen der Gemeinschaft gewendet, und deshalb ist von seinem subjektiven Standpunkt her nur noch das Positive zu sehen (9).

---

1. Die Unterschiede der kierkegaardschen Ironiekonzeption in der Dissertation und in den späteren Schriften können hier nicht erörtert werden. Über die Unterscheidung zwischen einer sokratisch-romantischen und einer „religiösoiden" Ironiekonzeption sowie über die Verschiedenheit der Meinungen von Hirsch und Himmelstrup vgl. E. Pivčević: „Ironie als Daseinsform bei S. Kierkegaard", 1960, vor allem das Kapitel „Ironie und Anfang", S. 45-54.
2. Brocken 166 Anm.
3. UN I,3. Vgl. das Motto der „Brocken".
4. Brocken 166 Anm.
5. Brocken 3-4.
6. „. . . ich tanze nicht", Brocken 6.
7. Brocken 5.
8. Ebenda.
9. Die Positivität des subjektiven Denkens und Denkers bei Climacus ist nicht mit der von Platon negativ aufgefaßten Unvollkommenheit der Doxa zu vergleichen und steht deshalb keineswegs im Gegensatz zum vermeintlich „objektiven" platonischen Erkenntnisbegriff. Die platonische Doxa ist im Anschluß an den sophistischen Relativismus, das subjektive Denken des Climacus aber im Gegensatz zur spekulativen Auflösung des konkreten Subjekts gedacht.

Aus dem Bruch des Climacus mit der bestehenden Wirklichkeit folgt notwendig, daß er in die Sackgassen der Möglichkeit gerät (1). Er wünscht es sich wohl, eine künftige Idealwirklichkeit zu erreichen, er steht aber ständig vor ihrem Anfang als vor etwas noch nicht Erreichtem, da sein Verhältnis zum Idealen ein bloß im Denken realisiertes bleibt (2). Der notwendige Sprung, der ihn zur Wirklichkeit führen könnte, ist in der Gedankenwelt eine Inkonsequenz. Die Konsequenz ist aber die innerste Voraussetzung des Denkens, das nur diskursiv, d. h. stufenweise in einer Gedankenfolge (3) aufsteigen kann. Eine solche Gedankenfolge, die dem Climacus eine Himmelsleiter ist (4), ist aber „nicht immer" lückenlos konzipierbar. Für jedes Glied in der Gedankenfolge ist ein entsprechender Anstoß notwendig, dessen Ausbleiben die Bewegung abbrechen läßt und unvollkommen macht. So ist dieses Aufsteigen immer von Anfang an zu beginnen, ohne einen anderen Erfolg als persönliches Vergnügen zu haben: „an dem Ergebnis war ihm nicht gelegen, nur die Bewegungen interessierten ihn" (5). Dieser Fruchtlosigkeit wegen ist alles und jedes zum Unwirklichen geworden, sogar und vor allem der Anfang der Bewegung, der unverständlicherweise in eine mysteriöse Unerklärbarkeit geriet. „Wie das zuging, blieb Johannes ein Rätsel; ... in einem Nu war alles umgekehrt, das Erklärliche unerklärlich gemacht, das Gewisse zweifelhaft, das Gegenteil einleuchtend" (6). Sein ganzes Leben konzentriert sich auf dieses plötzliche Verschwinden, der nicht da seiende Augenblick wird zu einem leidenschaftlichen Dauerzustand, das Leben selbst zu Denken (7). Dieses Ersetzen des Lebens durch Denken hat keinerlei Beziehung zur griechischen Identifizierung des Seins mit dem Denken; Leben und Denken werden hier von einer ungemeinen Leidenschaftlichkeit beherrscht.

Die Leidenschaft des Climacus, die ihn zwingt, jedes Verhältnis zum Wirklichen aufzugeben, macht ihn zugleich auf die Beständigkeit des vor-liegenden Anfangs der Bewegung aufmerksam. Wenn er nach dem Ausgangspunkt für ein ewiges Bewußtsein fragt (8), fragt er nach seiner persönlichen Rettung - und er erfüllt ja wohl durch seine Leidenschaft die Bedingung einer solchen Möglichkeit. „Die Bedingung für die Rettung eines Menschen ist der Glaube daran, daß es überall und in jedem Augenblick unbedingten *Beginn* gibt" (9).

§ 4. Der Naturbegriff
§ 4.1. Der Naturbegriff bei Aristoteles

Kierkegaard verdankt die behauptete tiefe Bedeutung, die die Bewegung sowohl für das Denken als auch für das Sein hat, den „Logischen Untersuchungen" Trendelenburgs (10). Außerdem hat aber Trendelenburg ihn darauf aufmerksam (gegen Hegel) gemacht, daß die Be-

---

1. Nicht nur die vorhandenen Dinge, sondern auch die Menschen sind ihm gleichgültig geworden; die ganze Umwelt ist für ihn verschwunden. „Er achtete nicht auf die Menschen, dachte auch nicht daran, daß sie auf ihn achten könnten, er war und blieb fremd in der Welt" (Brocken 112).
2. „Jeder Fortschritt auf das Ideal hin ist ein Rückschritt; denn der Fortschritt besteht ja eben darin, daß ich eindringlicher die Vollkommenheit des Ideals entdecke - und also ist mein Abstand von ihm größer" (Tag. IV 237).
3. Dänisch: Consequentsens.
4. Brocken 112. Die Erzählung „Johannes Climacus oder De omnibus dubitandum est" steht als Beilage zu den „Philosophischen Brocken", im 10: Band der Gesammelten Werke Kierkegaards, S. 109-164; wir verweisen auf diese Erzählung mit dem Stichwort „Brocken".
5. Brocken 117.
6. Brocken 115.
7. Brocken 116.
8. Brocken 1.
9. Tag. IV,85.
10. *A. Trendelenburg*, Logische Untersuchungen, I.Band, Berlin 1840.

wegung keinen Platz in der Logik hat, und daß der aristotelische Begriff der Bewegung sehr viel umfassender als der hegelsche ist. Trendelenburg gilt als der „Mann, der sich lieber mit Aristoteles und mit sich selbst hat genügen lassen wollen" (1).

Wir wollen den Begriff der Bewegung bei Climacus und Aristoteles zuerst im jeweiligen Kontext untersuchen. Es stellt sich die Frage, ob der aristotelische Begriff der Bewegung kosmologisch und als solcher dem kierkegaardschen Begriff der Bewegung inkommensurabel ist. Aristoteles behandelt die Bewegung hauptsächlich in seiner „Physik"; dieses Werk entspricht aber nicht einer heutigen naturwissenschaftlichen Untersuchung. Es steht zwar außer Zweifel, daß die von Galilei begründete, als kosmologisch bezeichnete neuzeitliche Naturwissenschaft durchaus eine Aneignung des aristotelischen Ansatzes ist; die Untersuchungen Galileis und der späteren Naturwissenschaftler haben aber nicht die „Physik", sondern die aristotelischen Schriften „De caelo", „De generatione et corruptione" und die „Metaphysik" als Vorbild (2). Die aristotelische „Physik" enthält die Grundlagen für jede andere Wissenschaft; daher kann man sie mit der heutigen Fundamentalontologie vergleichen. Sowohl die Mathematik als auch die Theologie, die nach Aristoteles mit der Physik die theoretische Wissenschaft ausmachen, sind von der „Physik" begründet und abhängig. Die „Metaphysik" als eine der „Physik" nachgeordnete Schrift beschreibt nicht nur dem Namen, sondern auch der Sache nach eine spätere, nicht ohne die „Physik" verstehbare Wissenschaft. Die Logik selbst ist ein Teil der physischen Untersuchungen (3). Mit der Bezeichnung „Kosmologie" kann man eine Wissenschaft charakterisieren, die sich mit den Dingen des Weltalls beschäftigt. Die „Physik" dagegen hat es mit den Prinzipien (ἀρχαί) und Weisen der Erscheinung nicht vom Menschen hergestellter Dinge zu tun (4). Die aristotelischen Prinzipien sind nicht mit den platonischen Ideen verwandt, weil sie nicht als etwas selbständig Fürsichseiendes, sondern im Verhältnis zu etwas anderem begriffen sind (5). Das Prinzip ist ein bestimmter Aspekt eines Dinges; insofern es aber ein Prinzip ist, kann es nicht ein Ding sein. Die verschiedenen Prinzipien, mit denen Aristoteles arbeitet, sind durchaus voneinander unabhängig und stehen in keinem systematischen Zusammenhang, wie der nach allgemeiner Geltung höchst systematische Hegel einsah. Schon die Frage nach einer ordnungsmäßi-

---

1. UN I 102. Im ersten Band seiner „Logischen Untersuchungen" begreift A.Trendelenburg die Bewegung (S.100-122) als eine ursprüngliche, allgemeinste Tätigkeit, die gleicherweise Sein und Denken betrifft. Als eine Kategorie, auf der sich die logischen Kategorien gründen, wird sie vor der Abhandlung der einzelnen Kategorien analysiert. Sie bezeichnet eine ideale, transzendentale Anschauung, deren Aufgabe es ist, zwischen Erkennen und Gegenstand der Erkenntnis zu vermitteln; sie ist die einfache, aus sich selbst ihre Verstehbarkeit gründende Weise des im Erkennen zugänglichen Seins des Seienden. Indem sie sich selbst kontinuierlich transzendiert, ist sie eng mit der Räumlichkeit verbunden; sie ist in ihrer Einfachheit unbestimmbar und unerklärbar, denn sie kann nur angeschaut werden. Ein von ihr untrennbares Moment ist der für das abstrakte Denken in sich widersprüchliche Anfang: er wird als eine Anschauung bestimmt, die aber nichts mit einem Sprung zu tun hat, was allerdings den Hauptunterschied zwischen seinem und Climacus' Begriff der Bewegung ausmacht; vgl. die Bemerkung Kierkegaards: „Trendelenburg sieht auf den Sprung schlechterdings nicht aufmerksam zu sein" (Pap. VA 74). Seine Bewunderung für den deutschen Philosophen drückt Kierkegaard öfters aus, vgl. z.B. Tag.II,81; vgl. K. Schäfer, ibid., S. 115ff. und Anm. 143-8.
2. Vgl. W. Wieland, Die aristotelische Physik. Untersuchungen über die Grundlegung der Naturwissenschaft und die sprachlichen Bedingungen der Prinzipienforschung bei Aristoteles, Göttingen 1962. S. 17f.
3. Vgl. F. Woodbridge, Aristotle's vision of nature, Columbia Univ. Press, New York and London 1965, p.XVII: „Logic is not a method of inquiry, but a part of the doctrine of nature: it is the best expression of nature's structures and categories."
4. Vgl. Metaph. 1025b 6 - 1026a 20.
5. ἡ γὰρ ἀρχή τινός ἤ τινῶν (Phys. 185a 4-5. Vgl. Metaph. 1036a 8).

gen Einheit der Prinzipien setzt eine gewisse Verdinglichung der Prinzipien voraus. Im Erkenntnisverfahren sind die Prinzipien sowohl der Weg als auch das Ziel, sie bezeichnen nämlich sowohl den Anfang der Erkenntnisbewegung im Sinne einer in uns irgendwie schon vorhandenen Vorkenntnis (1) als auch ihr von Natur aus bekannteres Ende. Die Prinzipien sind kein Späteres im Sinne der mathematischen Abstraktionen von der Erfahrung; sie sind Voraussetzungen in dem Sinne, daß sie das Ergebnis einer Untersuchung nach den eigenen Voraussetzungen sind. In der Erkenntnisbewegung von den καθόλου zu den καθ' ἕκαστα sind die Prinzipien schon in den καθόλου enthalten, insofern es sich aber nicht um eine gattungsmäßige Allgemeinheit handelt, sind sie nur in ihrer formalen Einheit durch Analogie erkennbar.

Im zweiten Buch der „Physik" wird nach der Natur (φύσις) gefragt. Es ist bemerkenswert, daß Aristoteles nicht mehr nach einem Prinzip der Naturerkenntnis, sondern nach der Natur als einer Ursache fragt. Die Natur wird als der in sich selbst bestehende Ursprung von Bewegung und Ruhe bestimmt (2). Der Gedanke der Autokinese ist nicht neu; schon im platonischen „Phaidros" (3) wird die Seele als ein sich selbst Bewegendes erklärt. In Platons „Nomoi" (4) wird festgestellt, daß jede Bewegung auf Selbstbewegung zurückzuführen ist; das sich selbst bewegende Bewegen aber ist das Leben. Aristoteles überträgt diesen Gedanken auf den Naturbegriff. Unabhängig von einer Erkenntnis der Prinzipien und somit in jedem unmittelbaren, erfahrungsmäßigen Verhältnis erscheinen die Dinge in der Seinsart der Bewegung, die wie der Ort und die Zeit eine allen Dingen (5) zukommende Bestimmung ist. Obwohl die Bewegung eine allgemeine Erscheinung ist, ist sie kein Gattungsbegriff, sondern eine an der Erfahrung jedes einzelnen Naturdinges antreffbare Struktur. Sie besteht nicht unabhängig von den Dingen und ist auch nicht ein selbständiges Ding (6). Da das φύσει ὄν als solches nicht mittels irgendeiner äußeren Ursache (7), sondern durch sich selbst bewegt wird, ist es klar, daß die Natur eine Dynamis und keine Wirklichkeit des Seienden bezeichnet. Der Begriff der Natur dient nicht wie der Begriff der Bewegung zur Erklärung einer erfahrbaren Tatsache, sondern ist die Erfindung einer Erklärung für das griechische Wort φύσις (8). Die für ursprünglich gehaltene Bedeutung von Natur läßt den allgemeingültigen Sinn des Wortes unberührt, die *Gesamtheit* der einer Möglichkeit der Selbstbewegung unterliegenden Gegenstände bezeichnet. Aristoteles erklärt den Zusammenhang zwischen dem einzelnen Naturding und dem natürlichen Weltall mit Hilfe seiner Kontinuitätstheorie. Wie eine Einheit das Ergebnis der einzelnen Bewegung ist (9), so ist auch die natürliche Gesamtheit ein Einheitliches (10); dieses schließt er

1. Metaph. 992b 31f.
2. Phys. 192b 21f.
3. 245c f.
4. 893b - 895c.
5. πάντων , Phys. 200b 22.
6. Phys. 200b 32f.
7. Aristoteles unterscheidet drei Bewegungsarten (Phys. 225b 5-9): die quantitative Veränderung (Wachsen und Schwinden), die qualitative Wandlung (ἀλλοίωσις) und die Ortsbewegung (φορά). Die Ortsbewegung ist die einzige, die sowohl naturgemäß als auch naturwidrig sein kann (Phys. 230a 19ff.); sie ist deshalb im strengen Sinne planmäßig herstellbar. Die gewalttätige Bewegung ist noch nicht widernatürlich, da sie bei allen Bewegungsarten vorkommt (Phys. 230a 29ff.).
8. φαμέν , Phys. 192b 12.
9. Wie der deduktive Gedankenvorgang vom Allgemeinen zum Einzelnen hin schreitet, so soll auch die Naturbewegung verfahren, vgl. *F. Kaulbach*, Der philosophische Begriff der Bewegung. Studien zu Aristoteles, Leibniz und Kant, Köln/Graz 1965, S.21: „Der Gedanke der Bewegung ist zugleich auch die Bewegung des Gedankens". In seiner Analyse des aristotelischen Begriffes der Bewegung hat Kaulbach das Moment der in der Symphysis erscheinenden „Eins-heit" betont und sowohl die Bewegung als auch die Natur für davon abhängig gehalten. Dabei hat er die umgekehrte Bewegung von der Einheit zur Allgemeinheit außer acht gelassen.
10. Phys. 227a 14ff.

allerdings aus dem kontinuierlich schreitenden, vielfältigen Prozeß des Weltalls.

Ähnlich wie bei Platon, der die Selbstbewegung als das Wesen der Seele behauptet, ist die Selbstbewegung bei Aristoteles nicht ohne Beziehung zur Seele. In der „Physik" ist keine besondere Betonung des Gegensatzes zwischen den Bewegungen in lebenden Wesen und in der unbelebten Welt zu finden. Die Seele wird vorwiegend in der Schrift „De anima" abgehandelt (1). Diese Schrift gehört aber ohne Zweifel zur aristotelischen Naturwissenschaft. Die charakteristische Methode der „Physik", Form und Stoff in ihrer untrennbaren Verbindung zu betrachten, ist bei der Untersuchung der Seele durchaus gültig. Die Beziehung zwischen Seele und Körper entspricht der Beziehung zwischen Form und Stoff, die Seele ist nämlich die Wirklichkeit bzw. Entelechie des Körpers, der das Leben nur der Möglichkeit nach besitzt. So steht die Seele nach ihrer Definition in der Nähe des Begriffes „Leben", wodurch sich mehr ein Zusammenhang mit den niederen psychischen Vermögen als mit dem Denken ergibt (2). Mit der Frage nach dem Verhältnis der Seele zur Bewegung beschäftigt sich Aristoteles in der „Physik"; die Seele erscheint als etwas, das die Bewegung zählt. Die Folge der Tätigkeit der Seele ist die Zeit als das Gezählte. „Gibt es nun außer der Seele, und zwar dem Verstand der Seele, nichts, was zu zählen vermöchte, dann ist eine Existenz der Zeit ohne eine Existenz der Seele ausgeschlossen. Was allein denkbar bliebe, wäre die Existenz des bloßen Zeitsubstrates, etwa die des Prozesses, falls dieser ohne eine Existenz der Seele existieren kann." (3) Seele und Bewegung stehen in einer unaufhebbaren Beziehung zueinander, ohne identisch zu sein. Während Natur das sichbewegende Bewegen ist, enthält die Seele ein solches Bewegen, da sie eine Naturerscheinung ist; nicht jedes Naturding aber ist eine Seele.

§ 4.2. *Der Naturbegriff bei Climacus*

Climacus' Begriff der Bewegung hat nichts mit den natürlichen Dingen zu tun. Sein Fragebereich hat sich bewußt auf eine ganz andere Sphäre verschoben. „Was die Betrachtung der Natur für das erste (humane) Gottesbewußtsein ist, das ist die Betrachtung der Offenbarung für das zweite unmittelbare Gottesbewußtsein (Sündenbewußtsein). An dieser Stelle muß die Schlacht geschlagen werden" (4). Die Betrachtung der Natur ist nach Climacus die unmittelbare Betrachtung eines räumlichen Nebeneinanders. Diese Unmittelbarkeit ist nicht als reine Unreflektiertheit zu verstehen, denn eine Wahrnehmung und Erkenntnis sind schon darin enthalten; doch ist in dieser Erkenntnisweise die Möglichkeit des Irrtums noch nicht da; der unmittelbar Wahrnehmende kennt bezüglich des Wahrgenommenen keine Unsicherheit - nicht weil er von dessen Wahrheit überzeugt ist, sondern weil er es überhaupt nicht in Frage stellt (5). Climacus nimmt sich den Gleichzeitigen bzw. den „Jünger erster Hand" als Beispiel. Dieser ist eng mit dem gegenwärtigen Geschehen verbunden; sein Verhältnis zum Werden ist erkenntnishaft, und das Erkannte ist objektiv richtig. Die notwendige Verdoppelung, die diese Erkenntnis in eine subjektive Beziehung verwandeln würde, liegt als Möglichkeit innerhalb des Werdens selbst; die natürliche Betrachtung übernimmt und verwirklicht aber diese Möglichkeit nicht; somit besteht ihre gesamte Wirklichkeit in einer unrealisierten Möglichkeit (6). Der Gleichzeitige als solcher kann den historischen Charakter des Geschehens nicht auffassen. „Der unmittelbare Eindruck einer Naturerscheinung oder eines Ereignisses ist nicht der Eindruck des Historischen;

---

1. Kierkegaard (Tag. I,340) gesteht, daß ihn das dritte Kapitel des dritten Buches der aristotelischen Schrift „De anima", wo vom Beweger der Seele die Rede ist, tief berührt hat.
2. Vgl. *D.J. Allan*, Die Philosophie des Aristoteles, übers. von P. Wilpert, Hamburg 1955, S. 69-71.
3. Phys. 223a 25-28, übers. von Hans Wagner.
4. Tag. I,324.
5. Brocken 78.
6. Brocken 73.

denn unmittelbar kann das Werden nicht wahrgenommen werden, sondern lediglich das Gegenwärtigsein"(1). Das sinnliche Mittel, das dem Gleichzeitigen zur Verfügung steht, ist nicht geeignet, als Überzeugungsmittel zu dienen. Auf die eigenen Augen soll der historisch Betrachtende verzichten, das Gegenwärtigsein bietet ihm keinen wesentlichen Vorteil im Vergleich zum späteren Historiker (2). Die Natur gilt als erkennbares Objekt einer unmittelbaren Beziehung, die kein geschichtliches Werden kennt. Wer sich gleichzeitig und somit nicht unter der Voraussetzung der Zeitdialektik auf das Vorhandene bezieht, ist ähnlich wie die aristotelische Seele tätig, denn er kann die Bewegung objektiv zählen und nacherzählen (3). Seine Erzählungen sollen als Beweise für eine Sache gelten, die nicht beweisbar ist (4). Was er vom Werden erfaßt, ist nur das Sosein (5); der subjektiv Betrachtende dagegen verhält sich innerlich und aneignend. „Das objektive Denken ist ganz gleichgültig gegen die Subjektivität und damit gegen die Innerlichkeit und die Aneignung; seine Mitteilung ist daher direkt" (6). Die Bewegung steht bei Aristoteles nur zur zählenden Seele in einer Beziehung. Die objektive Weise der Beziehung macht bei Climacus nur die erste Stufe des Verhältnisses aus. Eigentlich aber ist die Bewegung erst für die schon distanzierte Subjektivität da.

§ 5. Der Werdensbegriff

Obwohl Climacus sich persönlich für das Christ-Werden interessiert, faßt er dieses Anderswerden völlig abstrakt auf. Die Schwierigkeiten, die aus einer solchen Auffassung entstehen, lassen sich nur unter ständiger Berücksichtigung des zugrundeliegenden Interesses des Climacus überwinden. Er behauptet allerdings nicht, daß das Werden die einzige Art von Bewegung ist. Seine Frage lautet: „Wie verändert sich das, was da wird; oder welches ist die $\kappa \iota \nu \eta \sigma \iota \varsigma$ des Werdens?" (7) Er versucht das Werden von jeder anderen Art von Bewegung zu unterscheiden, indem er die Voraussetzungen der Bewegung betrachtet. Jede andere Bewegung setzt etwas voraus, während das Werden nichts voraussetzt. Es ist bemerkenswert, daß er jede andere Bewegung mit dem aristotelischen Wort $\dot{\alpha}\lambda\lambda o\iota\omega\sigma\iota\varsigma$ bezeichnet, die nur *eine* von den aristotelischen

---

1. Brocken 77.
2. Brocken 60.
3. „berichten", Brocken 81f. Kierkegaard ist auf die Zweideutigkeit des aristotelischen Begriffes der Unmittelbarkeit aufmerksam geworden (Pap. VA 75) und verweist auf Trendelenburgs Bemerkung: „Da nun das Erkennen eine doppelte Bewegung vom Allgemeinen zum Einzelnen und vom Einzelnen zum Allgemeinen offenbarte: so wird es auch eine doppelte Art der durch sich selbst gewissen Anfänge geben. Beide bezeichnet Aristoteles durch $\ddot{\alpha}\mu\epsilon\sigma o\nu$, unvermittelt, weil sie beide durch sich selbst gewiß sind." (*A. Trendelenburg,* Erläuterungen zu den Elementen der aristotelischen Logik, Berlin 1861[2], S. 103). Im Gegensatz zu diesem Unmittelbaren setzt Kierkegaard in Anlehnung an Trendelenburg den hegelschen Begriff der Unmittelbarkeit als das sinnlich Einzelne fest, das er als willkürlich und subrept kritisiert.
4. Vgl. Einüb. 89f.
5. Brocken 82.
6. UN I,67.
7. Brocken 69. Kierkegaard schreibt das Wort $\kappa\iota\nu\eta\sigma\iota\varsigma$ griechisch, um auf die aristotelische und überhaupt auf die griechische Lehre von der Bewegung zu verweisen. Vgl. Pap.IV C 80: „Die Kategorie des Übergangs hat Hegel niemals gerechtfertigt. Ein Vergleich mit der aristotelischen Lehre über $\kappa\iota\nu\eta\sigma\iota\varsigma$ könnte von Wichtigkeit sein. Vgl. Tennemann, Band 3 S. 125; er übersetzt das Wort $\kappa\iota\nu\eta\sigma\iota\varsigma$ mit Veränderung." Tennemann analysiert in seiner „Geschichte der Philosophie" (III.Band, 1801, S. 125-7) den aristotelischen Begriff der Bewegung in Anlehnung an Phys. 200b ff. Aus dem „Zwischenspiel" geht hervor, daß Kierkegaard außerdem auch die griechischen Quellen benutzt hat.

Arten der Bewegung ist. Er betont sogar, daß das Vergehen (1), das bei Aristoteles mit der γένεσις zusammenhängt (2), insofern jeder anderen Bewegung gleich ist, als sie ebenfalls Etwas voraussetzt. Wir wollen noch mehr auf die Verschiedenheit der Begriffe aufmerksam machen, indem wir feststellen, daß ἀλλοίωσις bei Aristoteles der spezielle Terminus für die qualitative Bewegung ist (3).

Es stellt sich die Frage, warum die Voraussetzung der Bewegung so wichtig für Climacus ist. Meine These ist, daß *die Unterscheidung zwischen einem Entstehen aus Etwas und einem Entstehen aus dem Nichts wesentlich für die Unterscheidung zwischen Sein und Wesen ist*. Das Werden als ein Entstehen aus dem Nichts und somit als eine Bewegung ins Dasein ist die einzige Seinsbewegung, jede andere ist eine Wesensbewegung. Wenn also das Werden ein Übergang von Möglichkeit zu Wirklichkeit genannt werden soll, dann ist der Unterschied zwischen Möglichkeit und Wirklichkeit kein Wesens- sondern ein Seinsunterschied (4). Bedeutet dies: wenn das eine von ihnen ist, ist das andere nicht? Der genannte Seinsunterschied ist nur dann sinnvoll, wenn die Wirklichkeit ist, während die Möglichkeit nicht ist. Dabei darf man die zeitliche Dimension, in der beide Begriffe liegen, nicht für sekundär halten; nicht unbedingt und auf jeden Fall *ist* die Wirklichkeit, sondern nur unter der Bedingung der Aufhebung des Möglichen. Die Behauptung des Nichtseins als Voraussetzung des Werdens dient dazu, den Bewegungscharakter des Seins in seinem Gegensatz zur Unveränderlichkeit des Wesens klar zu machen. Climacus verdeckt zugleich den Widerspruch eines werdenden Seins nicht, sondern er betont ihn, indem er das Denken des Werdens als eine μετάβασις εἰς ἄλλο γένος charakterisiert. Man kann einen ähnlichen Widerspruch in der aristotelischen Definition der Bewegung bemerken; auch Aristoteles will keineswegs die Widersprüchlichkeit des Ausdrucks: Aktualität der Potentialität (5) unterschlagen. Aktualität und Potentialität werden als γένη (6) bestimmt.

Ein werdendes Sein ist ein faktisches Sein im Gegensatz zum Ideellen (7). Das werdende Sein setzt ein Nichts voraus, das in dem Augenblick, in dem etwas entsteht, als Möglichkeit dessen, was aus ihm ins Sein hervorgeht, präsent ist. Ist die Frage nach dem Nichts mit der Frage nach dem Was-war-sein (τί ἦν εἶναι) identisch? Ist somit das Nichts nichts anderes als eine (frühere) Erscheinungsform des Seins selbst? Wenn die Möglichkeit als solche betrachtet wird, ist sie zugleich ein Aufzunehmendes und ein Auszuschließendes. Wenn sie aber vom Standpunkt des Gewordenen her betrachtet wird, ist sie ein Aufgehobenes, was wiederum sowohl das Aufgenommene als auch das Ausgeschlossene enthält. Aristoteles betont in seiner Definition der Bewegung, daß die Möglichkeit nur als solche (8) zu sehen ist. Er erklärt diesen Standpunkt (9), indem er zwischen dem wirklich Seienden und dem Möglichsein unterscheidet. Ein Seiendes *hat* die Möglichkeit, etwas anderes zu werden; dieses Haben ist aber nicht mit der Möglichkeit als solcher identisch, was im Hinblick auf gegensätzliche Möglichkeiten klar wird: es handelt sich um verschiedene Möglichkeiten, wenn man sagt, daß man krank und gesund werden kann. *Wer* es ist, der vom Kranksein zum Gesundsein oder umgekehrt übergeht, ist gleichgültig, denn er bleibt auf jeden Fall als das Substratum (ὑποκείμενον) derselbe. Was für die Bewegung interessant ist, ist folgendes: ob die inhaltlich festgestellte (τί ἦν) Möglichkeit zur Wirklichkeit

---

1. Griechisch φθορά.
2. Vgl. Phys. 201a 12-15.
3. Phys. 226a 26, 243a 7ff.
4. Brocken 71.
5. ἡ τοῦ δυνάμει ὄντος ἐντελέχεια, Phys. 201a 9-11.
6. Ebenda.
7. Brocken 39f. Anm.
8. ἡ τοιοῦτον, Phys. 201a 11.
9. Phys. 201a 29 - 201b 5.

übergeht; der Inhalt der Möglichkeit ist das einzig Wichtige, und zwar deswegen, weil er ein Moment der Verwirklichung bzw. der Entelechie ist. Im Begriff der Entelechie liegt nämlich sowohl der Anfang als auch die Mitte und das Ende der Bewegung.

Climacus interessiert sich für den Inhalt der Möglichkeit überhaupt nicht. Diese Haltung stimmt mit seinem Standpunkt überein: das Nichts ist für ihn nur als eine Voraussetzung der Bewegung gültig. Der Inhalt läßt sich nur als ein Aufgehobenes betrachten. Wenn Climacus zugeben würde, daß das Aufgehobene doch als ein Etwas einmal dagewesen ist, dann müßte er ihm irgendeinen Anteil am Sein zugestehen. Eine graduelle Teilhabe am Sein ist aber ausgeschlossen, soweit es sich um das faktische Sein handelt: „alles, was da ist, hat ohne kleinliche Eifersucht Teil am Sein, und hat gleich sehr Teil daran"(1). Man kann deshalb nicht behaupten, das Mögliche sei in einem unvollkommenen, nur gedachten (ideellen) Zustand da; es gehört als Voraussetzung noch nicht und als Aufgehobenes nicht mehr in den Bereich des Seins. Aristoteles erklärt, wie schon gesagt, die Möglichkeit als Ursprung von Bewegung und Ruhe, weil er vom Standpunkt der Möglichkeit her spricht und sich von der Ursache her zur Sache hin bewegt. Eine solche mit ihrer Erkenntnis unmittelbar verbundene Bewegung erfordert, daß Aristoteles die Möglichkeit als eine Ermöglichung, d. h. notwendige Bedingung der Entelechie versteht, was keineswegs für das Nichts bei Climacus zutrifft (2).

Entspricht der Begriff des Werdens der aristotelischen $\gamma\acute{\epsilon}\nu\epsilon\sigma\iota\varsigma$? Die $\gamma\acute{\epsilon}\nu\epsilon\sigma\iota\varsigma$ unterscheidet sich von jeder anderen Bewegung derart, daß sie aus Nichts, jede andere Bewegung aber ein Substratum voraussetzt. „Wir behaupten ja, etwas werde aus etwas Anderem und etwas werde Anderes, unterscheidend nämlich zwischen Einfachem und Zusammengesetztem" (3). Aristoteles erklärt diese Behauptung, indem er das einfache Werden den $o\dot{\upsilon}\sigma\acute{\iota}\alpha\iota$ zuschreibt, während den übrigen Arten von Bewegung ein Substratum zugrundeliegt. Das einfache Werden ist ein Übergang vom Nichts zum Sein: von der Ungebildetheit ($\mu\dot{\eta}$ $\mu o \upsilon \sigma \iota \kappa \acute{o} \nu$) zur Gebildetheit ($\mu o \upsilon \sigma \iota \kappa \acute{o} \nu$). Bei einem Zusammengesetzten dagegen liegt etwas zugrunde: z.B. wird aus einem ungebildeten Menschen ein gebildeter Mensch; der Wechsel erfolgt an einer Eigenschaft des Zugrundeliegenden. Es fällt aber sogleich auf, daß der Begriff der $o\dot{\upsilon}\sigma\acute{\iota}\alpha$ eine Abstraktion ist, die auf kein selbständiges Werden Anspruch erheben kann. Die Ungebildetheit setzt ja immer einen Menschen voraus. So schließt Aristoteles, daß die Unterscheidung falsch war: jedes Werden wird an etwas Zugrundeliegendem und ist somit immer zusammengesetzt (4). Die Unterscheidung zwischen Einfachem und Zusammengesetztem war keine logische, deren Unrichtigkeit bewiesen wird, sondern eine Unterscheidung im Reden (5); es wird lediglich eine Inkonsequenz des alltäglichen Redens gezeigt.

Man verkennt den Werdensbegriff der „Brocken" völlig, wenn man hier zu einer ähnlichen Konsequenz gelangt. Es ist außer Zweifel, daß ein realer Mensch dem Nichtchristsein und dem Christsein zugrundeliegt; diese Tatsache aber ist dem Climacus gleichgültig und zwar durchaus gemäß seiner Voraussetzungen. Es wurde nämlich schon erörtert, daß das Werden nicht in der Unmittelbarkeit zu suchen ist. Die Unmittelbarkeit ist aber mit der Realität identisch (6), somit ist es nicht Climacus' Aufgabe, den Widerspruch des Entstehens eines Menschen, der schon da ist, real zu erklären (7). Der Widerspruch steht als ein Paradox unerklärbar da. „Indes

---

1. Brocken 40 Anm.
2. Wir wollen die absolute Bedingung des Werdens bei Climacus weiter unten (vgl. § 9) erörtern.
3. Phys. 189b 32ff.
4. Phys. 190b 9ff.
5. $\varphi\alpha\mu\acute{\epsilon}\nu$, Phys. 189b 32.
6. Brocken 155.
7. *H. Fahrenbach*, Kierkegaards existenzdialektische Ethik, Frankfurt 1968, S. 43, behauptet also m.E. nicht richtig, daß im „Zwischenspiel" ein reales Werden gemeint sei.

der, welcher *ist*, kann ja nicht geboren werden, und dennoch wird er geboren" (1). Wir wollen den Standpunkt, auf dem Climacus seine Begriffe konzipiert, als eine Sphäre des Bewußtseins charakterisieren (2), in der die Unterscheidung zwischen Sein und Wesen durch eine Anwendung auf die reale Welt nicht relativiert werden kann. Die Subjektivität des Standpunktes ist vorausgesetzt: Das Nichtsein als Aufgehobensein ist ein Wissen, das nicht objektiv, sondern erst im Augenblick des Werdens erworben wird. „In dem Augenblick wird der Mensch sich bewußt, daß er geboren worden ist; denn sein Vorheriges, auf welches er sich denn nicht beziehen soll, ist ja gewesen, nicht zu sein" (3). So darf man den Begriff des Werdens bei Climacus nicht auf der Basis der aristotelischen Begriffe kritisieren, denn sie stehen unter ganz anderen Voraussetzungen.

Die Abstraktheit, die man dem Begriff des Werdens vorwerfen kann, beschränkt sich auf die Bestimmungen des „Zwischenspiels". Wenn man diese Bestimmungen auf das Ganze der „Brocken" anwendet (4), wird ihre Konkretheit und ihr eigentlicher Sinn deutlich. Es ist nicht zu bezweifeln, daß hinter dem abstrakt beschriebenen „faktischen" Sein das unter der konkreten christlichen Offenbarung geführte Leben steckt. Climacus nennt das Christ-Werden Bekehrung und Wiedergeburt: „Aber dieser Übergang von Nichtsein zu Sein ist ja der der Geburt. (. . .) Laßt uns diesen Übergang die Wiedergeburt nennen"(5). Die Konkretheit des eigentlichen Begriffenen zeigt sich daran, daß es erst und nur dem Wiedergeborenen klar wird, der seinen Einzelfall betrachtet (6). Was der objektive Beobachter nicht verstehen und zugestehen kann, ist weniger die Erkenntnis, *daß* der schon Geborene wiedergeboren wird, als die Behauptung, daß das Christsein „mehr Sein enthält als das Nichtsein, welches der Geburt vorausgeht" (7). Er versteht also den *Inhalt* des Christseins deshalb nicht, weil er ihn nicht erlebt hat. *Die Konkretheit ergibt sich allein aus dem wirklichen Vollzug des Christ-Werdens.*

---

1. Brocken 17.
2. Climacus unterscheidet zwischen Reflexion und Bewußtsein. In der Reflexion erscheinen zwei unversöhnbare Bereiche, die Realität und die Idealität. Die Leistung der Reflexion ist ebendie, das Reale auszusprechen und somit das Ideale erscheinen zu lassen; sie ist aber dazu verurteilt, in der Spaltung zwei einander widersprechender Bereiche zu stehen. Das Bewußtsein entsteht durch diesen Widerspruch; der Widerspruch (bzw. die Reflexion) ist noch nicht das Bewußtsein, sondern nur seine Möglichkeit. Erst durch den Zusammenstoß der einander Widersprechenden *wird* das Bewußtsein (Brocken 158); alsdann sind Realität und Idealität nur noch als Aufgehobenes zu sehen. *H.Radermacher,* Kierkegaards Hegelverständnis, Köln 1958, S.167, hat richtig die entscheidende Rolle des Werdens für die Konstitution des Bewußtseins bei Climacus aufgezeigt. - Ähnlich wie das Bewußtsein ist die Existenz geprägt. Die vorausgesetzte Widersprüchlichkeit ist ein ständiger Anlaß zur Erneuerung der Bewegung; dies ist der Sinn der von Climacus behaupteten Identität von Existenz und Bewegung (UN II,9 und 13).
3. Brocken 19.
4. Genau diesen Sinn hat die sofort nach dem „Zwischenspiel" sich befindende Beilage „Anwendung" (Brocken 83ff.).
5. Brocken 17.
6. Brocken 18. Die abstrakte Weise, in der Climacus seine Begriffe im „Zwischenspiel" konzipiert, hat bei den Interpreten zu Mißverständnissen geführt. So hat z.B. *M. Theunissen,* Der Begriff Ernst bei S.Kierkegaard, Freiburg/München 1958, S.25, die Unterscheidung zwischen Sein und Wesen mit den traditionellen Begriffen existentia und essentia identifiziert. *K. Löwith,* Von Hegel zu Nietzsche, Stuttgart 1953³, S. 166, glaubt ebenfalls, daß das Sein nichts anderes als eine Darstellung des factum brutum der Existenz, des bloßen Daßseins als maßgebende Wirklichkeit ist.
7. Brocken 18.

§ 6. Die Dialektik des Zweifels

Wir können den Standpunkt des Climacus besser verstehen, wenn wir in seinen Begriff des Zweifels eindringen. Es ist charakteristisch, daß Kierkegaard sich mit dem Zweifel vor der Einführung des Pseudonyms „Johannes Climacus" auseinandersetzt, indem er in der unvollendeten Schrift „Johannes Climacus oder De omnibus dubitandum est" (1) seine Gedanken oblique ausführt. Während Kierkegaard diese Erzählung schreibt, hat er noch nicht die Wendung von der hegelschen zur aristotelischen Lehre von der Bewegung vollzogen (2); was aber das Thema betrifft, so hat er schon seine kritische Einstellung dem hegelschen System gegenüber festgestellt. Die Hauptfragen, mit denen sich Climacus anhand des cartesischen Prinzipiums zu konfrontieren hat, ergeben sich aus den drei Aussagen, die das hergebrachte Material des philosophischen Arbeitens Climacus' und die Titel der drei Kapitel des ersten Teils seiner Gedanken ausmachen: „1. Die Philosophie beginnt mit dem Zweifel; 2. man muß gezweifelt haben, um zum Philosophieren zu gelangen; 3. die neuere Philosophie beginnt mit dem Zweifel" (3).

Der Anfang der Philosophie nach den hergebrachten Vorstellungen ist ein dreifacher: a) der *absolute* Anfang, der zugleich das Ende des Systems als der absolute Geist ist. Es ist das fichtesche Ich=Ich gemeint, wobei das Ich als ein Prinzip gilt, das jeden Gedanken begründet. Kierkegaard kritisiert dies schon in seiner Dissertation, indem er die Ironie als den absoluten Anfang des wirklichen Lebens der Theorie Fichtes gegenüberstellt (4). b) Der *objektive* Anfang macht als Sein die reine Unbestimmtheit und Leere in der hegelschen Logik aus. c) der *subjektive* Anfang ist ein Akt des Bewußtseins, durch den das Individuum zum Vorgang des Abstrahierens ansetzt bzw. sich zum Denken erhebt (5). Hegel, dessen Interpretation der Philosophie des Cartesius Climacus als ein Mißverständnis auffaßt, versteht den Zweifel als einen reinen Anfang im Denken: der von allem abstrahierende Zweifel sei der einzige Grund eines völlig voraussetzungslosen Denkens (6). Climacus hält es für notwendig, daß ein zweifelndes Subjekt dem Zweifel zugrundeliegt, ebenso wie Cartesius den alles in Frage stellenden Zweifel auf dem unbezweifelbaren „sum" gegründet sein läßt. Ein Zweifel, der sich selbst begründet, ist dagegen eine abstrakte Überlegung, die vom Zweifel denkt, während sie nichts bezweifelt. Der cartesische Satz vom Zweifel ist kein mathematisches Axiom, das jeder aufstellen kann; notwendige Bedingung dafür, diesen Satz aufzustellen, ist eine Vollmacht, die nicht mit der Fähigkeit identisch sein kann, ein mathematisches Axiom aufzustellen (7). Die Unterscheidung zwischen dem Sprechen vom Zweifel, als ob er schon da wäre, und dem eigentlichen Zweifel hat schon Spinoza gemacht, dessen Worte als Motto der kierkegaardschen Erzählung vorangehen (8). Entweder beginnt die Philosophie unter Ausschließung eines denkenden Subjekts, oder die Philosophie geht zugrunde, wenn sie sich selbst begründen will - in beiden Fällen hat ein Denker noch nicht mit der Philosophie begonnen (9). Der cartesische Satz darf also nicht als eine Basis für die Philosophie gelten; dagegen ist das Subjekt als eine solche Basis festzuhalten.

Es stellt sich die Frage, warum das Zweifeln notwendig ein Subjekt voraussetzen muß. Nun hat die griechische Philosophie nach Kierkegaard nicht mit dem Zweifel, sondern mit der

---

1. Brocken 109-164.
2. Tag. I,340.
3. Brocken 122.
4. Ironie 279,331.
5. Brocken 139.
6. Jub. Ausg. 19,335.
7. Brocken 142f.
8. Brocken 109.
9. Brocken 146.

Verwunderung (1) oder mit der Bewunderung (2) begonnen. Der griechische Anfang gilt im Gegensatz zur Negativität des Zweifels als etwas Positives. „Es ist ein positiver Ausgangspunkt der Philosophie, wenn Aristoteles meint, daß die Philosophie mit Verwunderung beginne, nicht wie in unserer Zeit mit Zweifel. Überhaupt wird die Welt wohl lernen, daß es nicht angeht, mit dem Negativen zu beginnen, und der Grund dafür, daß es bisher gelungen ist, ist der, daß sie sich dem Negativen doch niemals völlig hingegeben haben und somit doch niemals im Ernst getan haben, was sie gesagt haben. Ihr Zweifel ist Getue" (3). Das griechische Denken läßt sich als unmittelbar charakterisieren; der Sich-verwundernde ist nichts anderes als seine Verwunderung, denn er steht in unmittelbarer Beziehung zu ihr. Der Zweifelnde dagegen setzt eine Reflexion auf sich selbst voraus und ist von dieser Reflexion nicht zu trennen. Der Abstand des Zweifelnden von seinem Zweifel und somit vom Gegenstand des Zweifels verlangt nach einer Begründung.

Obwohl mit dem Denken in Zusammenhang gebracht, ist der Zweifel ein inneres Handeln, das streng von allem bloß theoretischen Denken zu unterscheiden ist. Um zweifeln zu können, muß man den Willen dazu haben; erst durch einen Entschluß kann die Dialektik des Zweifels in Gang gebracht werden. In welchem Verhältnis steht denn das zweifelnde Handeln zur Theorie? Eine notwendige Bedingung des Zweifels ist ja die Ungewißheit. Zweifel und Ungewißheit sind aber nicht identisch. Wenn man die eigene Unwissenheit feststellt, wird man wegen dieser bloß theoretischen Feststellung nicht zur Bewegung geführt, sondern bleibt statisch; der Zweifel dagegen ist als ein Trieb zur Gewißheit zu deuten. „Er sah ein, daß im Zweifel ein Willensakt sein müsse; denn sonst würde Zweifeln gleichsinnig werden mit ungewiß sein" (4). Der Zweifel stellt alle überlieferten Vorurteile und alle Voraussetzungen in Frage und beginnt, sie zu überprüfen. Die Ungewißheit dagegen impliziert Ruhe: der Ungewisse läßt die Sache anstehen, indem er sein Verhältnis dazu nicht zu bestimmen versucht (5). Er handelt ebensowenig wie der Ahnungslose bzw. Unwissende: er ist somit tatenlos, weil er eigentlich keinen Gegenstand hat, den er in Frage stellen könnte. Ungewißheit und Unwissenheit gehören zusammen.

Der Zweifel gehört in den Bereich des Willens. Ein Zweifelnder will entweder zweifeln oder das Gegenteil des Zweifels, nämlich seine Aufhebung. Climacus nimmt den Skeptiker als Beispiel für den ersten Fall. „Die griechische Skepsis war sich zurückziehend („Urteilsenthaltung", ἐποχή); sie zweifelten nicht vermöge des Willens (sich nicht hinnehmen lassen- μετριοπαθεῖν" (6). Die Grundeinstellung des Skeptikers zeigt sich in seinem Abstandnehmen von unmittelbarer Wahrnehmung und Erkenntnis - nicht von Gott, der im Gegenteil als das einzig Gewisse gilt. Was im Bereich der Unmittelbarkeit als untrüglich schien, die Sinneswahrnehmung (7), verliert durch das distanzierende Abstandnehmen den Charakter der Selbstverständlichkeit. Sowohl der Trug der Sinne als auch die eigene Unwissenheit sind erst vom Standpunkt der „ ἐποχή " her als solche begreifbar. Dieser Standpunkt selbst ist noch nicht trügerisch; erst im Urteil kann es Irrtum geben. Um nun den möglichen Irrtum zu vermeiden, enthält sich der Skeptiker des Urteilsschlusses. Dieser Verzicht auf das Urteilen bleibt seine einzige These; als völlige Abstraktion vom Unmittelbaren stellt sie aber eine Negation dar. Der Zweifel des Skeptikers setzt den Begriff der Diskontinuität schlechthin, da sowohl sein Ausgangspunkt als auch sein Ziel der Bruch mit dem Unmittelbaren ist. Er ist aber zugleich ein Ruhepunkt: das Zwei-meinen (dis-putare) ist eine akzeptierte Unwissenheit, die zum Wissen nicht weitergehen *will*, weil sie ein Gleichgewicht und eine Gleich-gültigkeit hervorbringt. Was zwei-fällig ist, bringt der Skeptiker zusammen; nicht aber deshalb, um durch das

---

1. Brocken 135.
2. Brocken 77.
3. Tag. I,254.
4. Brocken 163.
5. Brocken 164.
6. Brocken 79.
7. Climacus zitiert Platons Theätet 195c und erwähnt Aristoteles und Cartesius.

Aufzeigen der Widersprüchlichkeit die Unzusammengehörigkeit herauszustellen, sondern um die Gleichwahrscheinlichkeit der Gegensätze zu erweisen und somit die Ruhe des Gleichgewichts zu erreichen (1).

Wer Ärgernis genommen hat, zielt im Gegensatz zum Skeptiker nicht auf die Ruhe, sondern auf die Bewegung zum christlichen Glauben hin, d.h. auf die Aufhebung des Zweifels. Während der Skeptiker sich des Urteils enthält, ist der, der Ärgernis genommen hat, davon überzeugt, daß der Übergang zur Ruhe nicht im Urteil geschieht. „Des Glaubens Schluß ist nicht Schluß sondern Entschluß, und daher ist der Zweifel ausgeschlossen" (2). Wer Ärgernis genommen hat, hat somit nicht mit der Erkenntnis bzw. mit der Wahrnehmung, sondern mit dem Glauben zu tun. Climacus beschreibt den Unterschied zwischen dem Zweifel an der Erkenntnis und dem Zweifel am Glauben folgendermaßen: Das Abstandnehmen des Zweifels ist eine Bewegung von einer Bewirkten, d.h. durch eine Ursache veranlaßten Sache weg. Der zweifelnde Mensch geht also jetzt nicht mehr von dieser Sache aus, um einen Schluß über die Ursache (Gott) zu ziehen, sondern umgekehrt von der Ursache auf die bewirkte Sache hin. Da der Skeptiker zögert, einen Schluß *über* die bewirkte Sache zu ziehen, so kann er auch nicht wissen, *daß* sie eine solche ist; er erreicht diese Sache überhaupt nicht. Der Glaubende verwirklicht diese Bewegung zur bewirkten Sache hin, indem er glaubt, daß sie eine solche ist. Er will allerdings nicht erfahren, *was* diese Sache ist, denn das ist eine Erkenntnisfrage. So ist der Glaube ein Zusammenwirken der Abstraktion - indem er das Zweifeln voraussetzt - und der Unmittelbarkeit - indem er auf eine bewirkte Sache zurückkommt. Aus der Tatsache, daß der Glaube den Zweifel voraussetzt, wird das dem Glauben eigentümliche Element des Willens erklärbar: Der Wille zum Glauben steht im Gegensatz zum Willen des Abstandnehmens. Da ein Wille nötig war, um die Bewegung vom Unmittelbaren weg zu machen, so ist ein Gegenwille nötig, um es wieder zu ergreifen. Die Gegensätzlichkeit, die Climacus zwischen Glaube und Zweifel feststellt (3), besteht formal gesehen in der Entgegengesetztheit der Bewegungen. Das Interesse dessen, der Ärgernis genommen hat, besteht genau gesagt darin, das zwei-fällige Ding ein-deutig zu verstehen. Wer Ärgernis genommen hat, ist deshalb, obwohl er ein Zweifler ist, dem Religiösen am nächsten: „der Melancholische hat am meisten Sinn für das Komische; der Üppigste oft für das Idyllische; der Zweifler für das Religiöse" (4). Aufgrund seines Ärgernisses steht er aber in einem Widerspruch zu sich selbst: er muß ständig kraft des Willens zum Glauben gegen den Willen zur Erkenntnis kämpfen; es besteht somit die Möglichkeit, daß sein Ärgernis erneuert wird: „soll einer der Gott-Mensch sein, so muß das doch auch unmittelbar ganz sicher sein, sagt die Wissenschaft. Nein, besten Dank, sagt Gott, du hast wohl vergessen, was glauben heißt; hier darf gerade nicht die unmittelbare Kenntlichkeit sein, sondern die Möglichkeit des Ärgernisses"(5).

Ein Zweifler, der Ärgernis genommen hat, ist Johannes Climacus. Er ist sich seines Unglaubens völlig bewußt. Er bekennt sich selber als Nichtchristen (6), hat sich aber ganz und gar dem Christwerden gewidmet, und alle seine Fragen können in dieser einen zusammengefaßt werden: „ich frage nun, wie werde ich ein Christ?" (7) So verstanden ist er streng christlich gedacht nicht in der Sünde, denn er strebt nicht vom Glauben fort, und nur ein solches Ärgernis ist Sünde (8). Climacus zeigt starkes Interesse an der Bewegung des Christwerdens und quält sich mit diesem Problem herum. Er betrachtet das Christwerden als ein Problem, das er

---

1. Brocken 81.
2. Brocken 80.
3. Brocken 81.
4. Tag. I,255.
5. Tag. IV,271.
6. UN II,331.
7. UN II,331; I,14.
8. Krankheit 118 Anm.

nicht gelöst hat (1); seine Hauptfrage ist also nicht allgemeingültiger sondern persönlicher Natur: ,,Das Problem geht ganz allein mich an" (2).

Wie schon bemerkt, befindet sich der Skeptiker in Ruhestellung, da er die Bewegung vom Unmittelbaren weg schon hinter sich hat. In-Abstand-sein bedeutet nach Kierkegaard einerseits In-Ruhe-sein: ,,Also muß Abstand her, Ruhe, Zerstreuung" (3). Andererseits bringt aber das In-Abstand-sein die Tendenz mit sich, die verlorene Einheit wieder zu finden; der Mangel einer solchen Tendenz macht deutlich, daß der Zweifel des Skeptikers uneigentlich ist. *Der eigentliche Zweifel gehört bei Kierkegaard nicht zur Kategorie der Ruhe, sondern zur Kategorie der Bewegung.* ,,Der Zweifler ist stets ein Geißelter ($\mu\epsilon\mu\alpha\sigma\tau\iota\gamma\omega\mu\dot{\epsilon}\nu o\varsigma$); er hält sich einem Kreisel gleich für kürzere oder längere Zeit auf der Spitze entsprechend den Peitschenschlägen; zu stehen vermag er nicht, ebensowenig wie der Kreisel" (4). ,,Zweifel ist die innere Bewegung des Gedankens selber" (5). Vom religiösen Standpunkt her ist der Zweifel eine noch nicht wirklich vollzogene Bewegung, ein bloß endlicher Vorgang, der nur durch die Unendlichkeit zur Ruhe kommt (6). Wenn er aber nicht auf sein Gegenteil, auf die Aufhebung des Zweifels gerichtet ist, dann ist er auch vom Denken her als etwas Negatives zu begreifen (7).

Ist der Zweifel überhaupt ein Ausgangspunkt? Seine Negativität ist der Haupteinwand gegen seinen Gebrauch als ein Prinzip der Philosophie. Daß die neuzeitliche Philosophie mit dem Zweifel begann, ist ungereimt (8), und zwar deshalb, weil sie dann nicht mehr Anspruch auf Geschichtlichkeit erheben kann. Die Philosophie muß dem geschichtlichen Prozeß gemäß sein und somit sich mit dem Werden beschäftigen, der Zweifel dagegen ist ein Bruch mit dem Gewordenen: ,,Denn der Zweifel ist eben die Polemik wider das Vorhergehende" (9). Der reflexive Lernprozeß ist außerdem ein Verhältnis zwischen einem Lehrer und einem Schüler. Beginnt der Schüler zu zweifeln, erkennt er nicht mehr die geburtshelferische Macht des Lehrers an, und das Verhältnis erlischt daher. ,,Wer zweifelt, erhebt sich über den, von dem er lernt, und es gibt daher keine Denkungsart, die ein Lehrer am Jünger mehr mißbilligen muß als Zweifel" (10). Der Zweifel scheint wenig mit dem Denken gemein zu haben. Er hat aber viel mit dem Sein zu tun, was schon die griechischen Skeptiker entdecken: sie begreifen, daß der Bereich des Zweifels das Interesse ist, und versuchen ihn durch Gleichgültigkeit (Apathie) aufzuheben. Das Interesse ist mit dem zu identifizieren, was Climacus Bewußtsein bzw. Existenz nennt (11). Wo der Zweifel richtig als Anfang dienen soll, dort ist er ,,der Anfang zur höchsten Form des Daseins" (12). Die hegelsche Philosophie will ebenfalls wie die Skeptiker über den Zweifel hinausgehen, indem sie durch systematische Vollendung eine endgültige Antwort auf alles zu geben versucht. Dies ist ihr aber nicht gelungen, und zwar nicht deswegen, weil sie nicht auf alles antworten kann, sondern weil jedes Systematisieren ein uninteressiertes Verfahren ist (13). Während sowohl das

---

1. UN I,13.
2. UN I,15.
3. Tag. III,77.
4. E/O I,25.
5. E/O II,225.
6. E/O II,374f.
7. *J. Holl* bemerkt in seiner Dissertation (,,Kierkegaards Konzeption des Selbst", 1972, S.28) richtig: ,,Der Zweifel ist kein bloßes Problem des Anfangens. Das Verbleiben in ihm ist vom Denken her Skepsis, vom Christentum her Ungehorsam."
8. So behauptet Kierkegaard bewußt die Innerlichkeit als Ausgangspunkt seiner erbaulichen Schriften (Tag. II,9).
9. Brocken 135.
10. Brocken 148.
11. Vgl. oben § 5, S.23 Anm. 2.
12. Brocken 157.
13. Ebenda.

System als auch die Skeptiker in ihrem Versuch, über den Zweifel hinauszugehen, scheitern, stellt der Glaube die einzige wirkliche Überwindung des Zweifels dar (1).

§ 7. Das wunderbare Geschehen des Glaubens

Wer Ärgernis genommen hat, hat sich dem Glauben zugewandt. Climacus nennt die Hinwendung zum Glauben Aufmerksamkeit (2). Der Übergang vom Zustand der Aufmerksamkeit zum Glauben erfolgt aber keineswegs von selbst. Der Aufmerksame ist aufmerksam auf die Notwendigkeit der Entscheidung für den Glauben; er kann dies sowohl unmittelbar als auch reflektiert sein; der Glaube ist aber etwas Späteres, eine „Unmittelbarkeit nach der Reflexion"(3). Man kann zum Glauben nicht dadurch gelangen, daß man auf die Reflexion einfach verzichtet, sondern erst nachdem man die Tragweite der Reflexion bis zum Ende gebracht hat: erst wenn die durchgearbeitete Reflexion sich in ihrer Nichtigkeit anerkennt, beginnt der Glaube (4). Der Aufmerksame sieht den Gegenstand des Glaubens, und trotzdem sieht er ihn noch nicht. Die aus diesem Widerspruch hervorgehende Frage können wir erst dann beantworten, wenn wir uns mit der Frage nach der „Autopsie des Glaubens" (5) beschäftigen. Der Glaube hat das Wunder nicht nur als seinen Gegenstand, sondern er ist zugleich das Medium, in welchem etwas in ein Wunder verwandelt wird; denn das Wunder als solches läßt sich nicht mit ungläubigen Augen sehen (6). In diesem Sinne kann man sagen, daß das Wunder sich auf etwas Unsichtbares bezieht und ein Paradox ist. „Glaube verhält sich stets zu dem, was man nicht sieht; im Bereich der Natur (. . .) zu dem Unsichtbaren; im Bereich des Geistes (. . .) zu dem Unwahrscheinlichen" (7). Das Wunder findet in der realen Welt statt, aber der Unmittelbare ist blind für das Wunder. So braucht der Glaubende kein Augenzeuge des Wunders zu sein, er kann es trotzdem sehen und somit Zeuge eines neuen Wunders werden. „Aber alsdann ist der Glaube ja ebenso paradox wie das Paradox? Allerdings; wie sollte er sonst am Paradox seinen Gegenstand haben und glücklich sein in seinem Verhältnis zu ihm? Der Glaube selbst ist ein Wunder" (8). Das Gläubigsein ist dem Vernünftigsein nicht kommensurabel. Der Glaube ist genau gesagt ein Verzicht darauf, die Wahrheit als solche erkennen zu wollen: Wenn man die Wahrheit erfährt, dann ist es durchaus vernünftig, an sie als eine solche zu glauben. Wie kann man aber an das Unwahr-scheinliche glauben?

Unter „Paradox" versteht Climacus den Bruch, den das Denken in und mit sich selbst vollzieht, somit ist das Paradox ein Begriff, der den Verstand betrifft (9). Und trotzdem voll-

---

1. Brocken 164.
2. Brocken 90.
3. Tag. II,230.
4. Tag. I,328.
5. Brocken 67.
6. Brocken 89.
7. Tag. II,72.
8. Brocken 62.
9. Der Begriff des Paradoxes ist mit dem Ausdruck „Sprung" verwandt, da beide im strengen Sinne die verstandesmäßige Unbegreiflichkeit des Christ- und Selbstwerdens bezeichnen. Abstrakt gebraucht hat der Ausdruck „Sprung" eine umfangreiche Bedeutung. Er drückt bildlich aus, daß ein bestimmter Zustand von einem anderen plötzlich ersetzt wird. Die Bestimmtheit wird dabei als etwas Quantitatives aufgefaßt, das zu einer qualitativ anderen Bestimmung übergeht (Tag. I,353). Die Notizen Kierkegaards IV C 87-96 (Tag. I,353f., vgl. K. Schäfer, ibid., 221f. und Anm.4) bezeichnen den Sprung sowohl als eine logische Kategorie des Übergangs von einer Qualität zur anderen wie auch als eine Kategorie der Seinsbestimmungen, die nicht logisch oder im reinen Denken (gegen Hegel) begreifbar sind. Kierkegaard gibt in seinen Notizen V C 1-10 (Schäfer, ibid., 209-212) und V A 74 (Schäfer

zieht das Denken hier keine theoretische Bewegung; eigentlich wirkt nur der Wille, der das immanent Theoretische zu zerstören versucht. „Das ist denn des Denkens höchstes Paradox; etwas entdecken wollen, das es selbst nicht denken kann" (1). „Das äußerste, was das menschliche Denken wollen kann, ist, über sich selbst hinaus in das Paradoxe hinein zu wollen" (2). Der Wille zwingt das Denken zu glauben, daß etwas, das ewig ist, geworden ist, daß der ewige Gott geworden ist. Dieses Faktum erkennen wollen, bedeutet, es mißzuverstehen. Der Erkennende kennt das So-sein des Gewordenen, er weiß also, daß das Gewordene seinem Wesen nach wahr ist. Erst wenn man *nicht mehr* nach der Wahrheit des Gewordenen fragt, kann man von der Erkenntnis zum Glauben übergehen. Der Glaubende glaubt „nicht dessen Wahrheit; denn das ist Sache der Erkenntnis, die sich auf das Wesen bezieht, nicht auf Sein" (3). Man kann das historische Faktum der Menschwerdung Gottes durch den Glauben entdecken, denn der Glaube ist „das Organ für das Historische" (4). Man muß aber streng das historische Faktum der Erscheinung Christi vom „Welthistorischen" (5) unterscheiden, denn es ist nicht das Welthistorische, das den Glaubenden interessiert: dieses ist nur quantitativ-dialektisch (6), es kann nämlich keine Qualität hervorbringen. Was meint Climacus, wenn er den Glauben als ein Organ für das Historische charakterisiert? „Soviel ist denn klar, daß das Organ für das Historische in Gemäßheit zu diesem gebildet sein muß" (7). Während das erkenntnishafte Verhältnis zum Gewordenen ein Moment der Ungewißheit enthält, da der Gegenstand der Erkenntnis immer täuschen kann, was seine wahre Natur betrifft, hebt der Glaube die Möglichkeit der Täuschung durch die eigene Ge-

---

214) folgende Beispiele des Sprunges: der platonische Augenblick; der Übergang von Wasser zu Eis; von Gut zu Böse; das Schriftstellerwerden; das Eintreten des Christentums in die Welt; der Übergang von der Ästhetik zur Ethik und von dieser zur Religion; das paradoxe Eintreten des Individuums in das Christentum; Hegels Übergang in Bezug auf Kant; das Erscheinen des Gottesgedankens; die in den Beweisen für die Existenz Gottes gezogenen Schlüsse; die Weise, wie Hegel die schlechte Unendlichkeit abbricht; das Erscheinen des Sündenbewußtseins und der Versöhnung; das Schließen durch Induktion und Analogie; der Übergang von Eudaimonismus zum Begriff der Pflicht; der Übergang zur Tugend; die ethische Entscheidung.
    Der Sprung entspricht dem subjektiven Denken des Climacus, da er nur vom selbstreflektierenden Individuum erfaßbar ist; so gesehen ist er keine Seltenheit und kein noetisch schwer auffindbares Moment wie der archimedische Punkt; andererseits aber verhilft keine noch so scharfsinnige Erfindung irgendeiner Springmaschine zu seiner Verwirklichung (UN I,95). Der Gedanke des Sprunges beinhaltet keine Flucht zu etwas Fremdem, keine Entdeckung und Aneignung von etwas Neuem, sondern ein Zurückgehen in den eigenen *Ur*sprung. Der Sprung der Selbstverwirklichung setzt keine natürliche Anlage des Menschen als eines objektiv gedachten Seienden voraus; er ist keine Möglichkeit, sondern in gewissem Sinne eine Unmöglichkeit des Subjekts, das trotz seiner objektiven Gewißheit über die Absurdität des Unternehmens den Sprung wagt. Der Sprung ist nur als Wirklichkeit, d.h. als Akt des Springens, als Vollzug des Selbstwerdens erfahrbar.

1. Brocken 35.
2. UN I,97.
3. Brocken 82. So entscheidet nicht das Wie des Gewordenen, sondern das Wie des existentiellen Verhältnisses zum Gewordenen über die Wahrheit des Gegenstandes des Glaubens: „Wenn subjektiv nach der Wahrheit gefragt wird, so wird subjektiv auf das Verhältnis des Individuums reflektiert; wenn nur das Wie des Verhältnisses in Wahrheit ist, so ist das Individuum in Wahrheit, selbst wenn es sich so zur Unwahrheit verhielte" (UN I,190).
4. Brocken 78.
5. UN I,147.
6. UN I,132.
7. Brocken 78.

wißheit auf (1). Die Glaubensgewißheit ist hier analog dem faktischen Sein, das das Nichtsein (verstanden als Möglichkeit) in seiner Wirklichkeit aufgehoben hat. Dies ist näher zu betrachten.

Der Begriff der Gewißheit bei Climacus ist analog seinem Begriff des Seins. Wie nämlich das Sein eigentlich kein Endzustand, sondern ein Moment des Werdens, ein Standpunkt ist, von woher das Werden betrachtet wird, so ist auch die Gewißheit des Glaubens stets Anfang einer neuen Bewegung, denn „der Glaube ist jederzeit streitend" (2); ein so verstandener Glaube kann sich nie als Sieger behaupten und mit sich selbst zufrieden Triumphe feiern. Ausgehend von dem bestehenden Zusammenhang zwischen Glaube und Sein kann man noch einmal sehen, daß der Gegensatz zwischen den Begriffen Sein und Werden nicht logischer Natur ist, derart, als ob das Sein kontradiktorisch zum Werden als die Ruhe schlechthin gedacht werden müßte. Als Folge des Werdens ist das Sein mit einem erneuten Werden untrennbar verbunden und von einem späteren Standpunkt her nur als eine aufgehobene Möglichkeit erklärbar. Der Glaube bezeugt seine Verwandtschaft sowohl mit dem Sein als auch mit dem Ärgernis, wenn er als das eigentliche Inter-esse bestimmt wird (3). Climacus weiß, daß das unendliche Interesse ein Begriff der Möglichkeit ist; so bezeichnet er sich selbst als einen unendlich Interessierten. „Lieber will ich dann bleiben, wo ich bin, bei meinem unendlichen Interesse, beim Problem, bei der Möglichkeit. Es ist nämlich nicht unmöglich, daß, wer für seine ewige Seligkeit unendlich interessiert ist, einmal ewig selig werden kann" (4). *Ebenso wie das unendliche Interesse ein ständiges Streben und keineswegs eine Ruhe darstellt, so ist auch der Glaube eine ständige Bewegung zum Christentum hin und nicht ein endgültiger Besitz.*

Der Glaube ist nach dem Gesagten nicht nur ein Sein, sondern zugleich und wesentlich etwas, das werden soll. Aus dieser Behauptung entsteht eine Vielfalt von Fragen, die sich nicht ohne weiteres beantworten lassen. Sofern der Glaube als das Organ für das Gewordene (Veränderliche) verstanden wird, kann man sich ihn als einen seienden (unveränderlichen) Standpunkt vorstellen: der Unterschied zwischen einem Gewordenen und einem es auffassenden Sein ist denkbar. Die bisher für ein unbegreifbarer Widerspruch gehaltene Zusammengehörigkeit von Sein und Werden kann aber nicht ohne Bedenken akzeptiert werden (5). Die entstehenden

---

1. Climacus übernimmt (UN I,198 Anm.) in diesem Zusammenhang die aristotelische These (Rhetorik 1354a 11ff., 1358b), daß das Vorhandensein einer Möglichkeit oder einer Wirklichkeit durch theoretische Mittel übertragbar und somit eine Sache der πίστις ist. Das griechische Wort hat den Sinn a) des Vertrauens, b) der Überzeugtheit und c) des Beweismittels. Climacus spielt mit der Vieldeutigkeit des griechischen Wortes, indem er es auf den Glauben an die paradoxe Bewegung bezieht (vgl. VI A 1, K. Schäfer, ibid., 226). Es ist beachtenswert, daß auch bei Aristoteles die Überzeugtheit (πίστις) einen Akt der Entscheidung voraussetzt (Rhetor. 1377b 16ff., Vgl. Schäfer 146f. und Anm. 213). Über das Verhältnis zur aristotelischen Proairesis vgl. *G. Stack*, Aristotle and Kierkegaard's concept of choice, in: „The modern Schoolman", 1968-9 (46), S. 11-23.
2. Brocken 105.
3. Vgl. UN I, 17f. „. . . der Glaube das unendliche Interesse für das Christentum ist und jedes andere Interesse leicht eine Anfechtung bedeutet."
4. UN I,15.
5. Analog kann man folgendes behaupten: Der Unterschied zwischen Sein und Denken ist leichter als die Identität beider zu verstehen, wenn sie nicht so erklärt wird, als ob das Sein nur den Inhalt des Denkens ausmachte. *Die Frage nach der Einheit von Denken und Sein hängt durchaus mit der Frage nach der Einheit von Werden und Sein zusammen,* und deshalb ist es zweckmäßig, sie in diesem Zusammenhang hervorzuheben. Parmenides und Platon haben, wie bekannt, das Problem entschieden angeschnitten. Der griechische Ansatz ist trotzdem nicht vorbehaltlos auf Climacus' Denken anzuwenden. Kierkegaard stellt fest, daß die Einheit von Denken und Sein, die die einzige Voraussetzung und somit auch den Höhepunkt der platonischen Philosophie ausmacht, nicht über den Bereich der Unmittelbarkeit hinausgehen konnte (Ironie 36).

Fragen sind eng mit dem Begriff der Voraussetzung verknüpft. Es ist schon klar geworden, daß das Sein eine Möglichkeit bzw. ein Nichtsein voraussetzt. Der Glaube, als ein Sein aufgefaßt, steht somit im Gegensatz zum Begriff des vorausgesetzten Nichtseins. Climacus drückt dies folgendermaßen aus: Man soll nicht vom Glauben aus weitergehen, indem man ihn als etwas Vorausgesetztes zurückläßt. Aus der Tatsache, daß das hegelsche System - obwohl es sich für voraussetzungslos hält - den Glauben als gegeben voraussetzt und ihn so versteht, als ob man im Glauben nicht bleiben, sondern weitergehen sollte, zeigt sich, daß das System niemals verstand, was eigentlich Glaube ist (1). Die Frage nach der Einheit von Sein und Werden im Glauben nimmt jetzt diese Form an: erst dann wird es überzeugend, daß der Glaube keine Voraussetzung sein kann, wenn hinreichend begründet ist, daß die Reflexion in ihrer gesamten Tragweite gescheitert und am Ende ist. Bevor wir mit der Untersuchung der Frage nach dieser Voraussetzung beginnen, sei bemerkt, daß diese Frage nicht zufällig vom Standpunkt des Climacus aus gestellt und beantwortet wird. Diese Tatsache gibt uns keineswegs das Recht, dieselbe Frage von irgendeinem anderen Standpunkt aus zu stellen, um eine befriedigendere Antwort als die des Climacus zu erhalten. Die Untersuchung der Voraussetzungen (sogar der uns betreffenden Voraussetzungen des Glaubens) ist nämlich eine Aufgabe des Verstandes, die nur vom Denken her und nicht auch vom Glauben her durchgeführt werden kann.

§ 8. *Die Sünde als eine Voraussetzung des Glaubens in ihrem Verhältnis zur Reflexion*

Climacus unterscheidet zwischen einer objektiven und einer subjektiven Gewißheit; analog läßt sich auch zwischen einer objektiven und einer subjektiven Voraussetzung unterscheiden. Eine objektive Voraussetzung ist eine gesellschaftliche Grundbedingung, die allgemein anerkannt wird. Wer objektiv etwas voraussetzt, erhält eben dadurch einen festen Boden, auf dem er ruht. Auf diese Weise geht das System vor, indem es den Glauben als ein Faktum voraussetzt. Gegen diese These stellt Climacus fest, daß der Glaube keine objektive Voraussetzung sein kann. Climacus erwähnt die eigene Voraussetzung in der Propositio: ,,Die Frage wird getan von dem Unwissenden, der nicht einmal weiß, was dazu Veranlassung gegeben hat, daß er dergestalt fragt" (2). Dies besagt: Der Fragende hat überhaupt kein objektives Verhältnis zur Antwort. Weil die Gedankenführung von einer solchen erkenntnistheoretischen Voraussetzung ausging, und die Grundfrage formell behandelt wurde, sollte eine eventuelle ,,Zweite Position" konkret-dogmatischer, inhaltlicher Gedankenführung zurückgestellt werden (3). Der Erkenntnischarakter erscheint ausdrücklich auch in der zentralen Frage der Climacusschrift: ,,kann man eine ewige Seligkeit gründen auf ein geschichtliches Wissen?" (4) In welchem Sinne sich die These des Climacus vom rein theoretischen Denken unterscheidet, wird durch das sokratische Beispiel deutlich. Wenn Sokrates nach der Erkenntnis der Wahrheit fragt, setzt er diese Erkenntnis schon in der Form der Unwissenheit als etwas Vergessenes voraus. Die Vergessenheit rechtfertigt die Möglichkeit des leidenschaftlichen Verfahrens (5), nach dem Unbekannten zu fragen. Dieses Verfahren setzt ein Nicht*sein* voraus. Was dann positiv entsteht, liegt somit in seiner negativen Form immer schon in der Erinnerung, aus der es der Suchende hervorholen soll. Es wird klar, daß der Suchende nicht nach etwas Neuem, sondern nach dem immer schon versteckt Dagewesenen sucht. Als ein Sicherinnernder bewegt er sich nur noch immanent; seine Aufgabe ist darauf beschränkt, das Verborgene ans Licht zu bringen. Der ,,Augenblick", in dem der Suchende an sein Ziel gelangt, ist nur eine Veranlassung zum Finden der Wahrheit: an sich selber ist er unwichtig.

---

1. UN I,13.
2. Brocken 7.
3. Brocken 168, Anm. 19.
4. Brocken 1.
5. ,,Pathos", Brocken 7.

Solange man im Bereich des Wissens bleibt, kann man das Verborgene als eine Grenze bestimmen. Der Begriff der Grenze setzt eine Bewegung voraus: die Grenze ist der letzte Punkt, zu dem man ständig gelangt (1). Während die Grenze eine Bewegung bestimmt, ist die Verschiedenheit die entsprechende „Bestimmung der Ruhe" (2). Das Verborgene ist das schlechthin Verschiedene, und „die schlechthinnige Verschiedenheit kann der Verstand nicht einmal denken" (3). In seinem Versuch, das Unbekannte als solches zu fassen, scheitert der Verstand. Ebensowenig ist das Falsche verständlich, wenn es nicht streng auf den theoretischen Bereich beschränkt ist. In ihrer Funktion als Kennzeichen und Richter ihrer selbst wie ihres Gegenteils bestimmt nämlich die Wahrheit das Falsche als Unwahrheit im Sinne der Unwissenheit. Ein solches Urteil bleibt aber auf jeden Fall auf den theoretischen Bereich beschränkt, denn es hat nicht den ganzen Umfang des Falschen (d.h. im Sinne des falschen Handelns) berücksichtigt, nämlich seine Tendenz zur Selbstaufhebung: „Somit ist der sokratische Satz richtig, daß alle Sünde Unwissenheit sei; sie versteht sich nicht in der Wahrheit; aber daraus folgt nicht, daß sie ja recht gut sich selbst in der Unwahrheit wollen kann" (4).

In welchem Sinne ist die Voraussetzung des Climacus mit der des Sokrates verwandt, und in welchem Punkt geht sie „unbestreitbar weiter als das Sokratische" (5)? Das Nichtsein, das bei Climacus als Voraussetzung dient, ist das Sündenbewußtsein. Ebenso wie Sokrates die eigene Unwissenheit voraussetzt, so setzt Climacus das Bewußtsein der *eigenen* Unwahrheit voraus. Die Unwissenheit trifft eigentlich den Sokrates nicht, denn sie ist nicht durch eigene Schuld verursacht; der Denker ist als eine unmittelbare Voraussetzung da, und zwar so, daß sein Mangel an Wahrheit keine eigentliche Wirkung auf ihn auszuüben vermag. „Daß ich da bin, war die ewige Voraussetzung der antiken Welt; daß ich ein Sünder bin, ist die neue Unmittelbarkeit des christlichen Bewußtseins; das eine läßt sich ebensowenig beweisen wie das andere" (6). Wer sich seiner Sündhaftigkeit bewußt geworden ist, kann nicht ohne weiteres die Bewegung zur Wahrheit hin machen, denn die Sünde verhindert ein solches Verfahren: nicht die Unwahrheit als etwas von ihm Verschiedenes ist ein Nichtsein, sondern er selber ist durch das Sündenbewußtsein ins Nichtsein geraten; die Rettung aus dem von ihm selbst verschuldeten Nichtsein ist nicht dadurch erreichbar, daß er die Wahrheit ans Licht bringt, sondern er selber soll aus dem Nichts wiedergeboren werden. In diesem Nichtsein sind aber eine ganze Reihe paradoxer Tatsachen enthalten: „daß er zu Nichts wird und doch nicht zunichte gemacht, daß er ihm (dem Gott) alles schuldig ist und doch Freimut gewinnt, daß er die Wahrheit versteht, aber daß die Wahrheit ihn frei macht, daß er die Schuld in der Unwahrheit begreift und daß da wiederum der Freimut in der Wahrheit den Sieg hat" (7). Indem Sokrates die Wahrheit negativ voraussetzt, hat er sie schon im Blick; so kann er nach ihr suchen. Indem Climacus sich als Sünder voraussetzt, wendet er sich *gegen* die Wahrheit und kommt zum offenen Bruch mit ihr. „Die Unwahrheit ist also nicht bloß außerhalb der Wahrheit, sondern ist polemisch wider die Wahrheit" (8). Eine Befreiung vom Zustand der Sündhaftigkeit aus eigener Kraft ist ein für allemal ausgeschlossen; so ist die Bestimmung des Christen durch das Sündigsein geprägt (9). Zusammenfassend kann man den Wissens-Charakter des sokratischen Voraussetzens festhalten, wobei die Unwahrheit als objektiv gegeben gilt. Die Voraussetzung der Sünde ist aber mit ihrer inneren Tendenz (Wille) zur Selbstaufhebung und somit mit einem Handeln verbunden; mit einer nur theoretischen Voraussetzung hat ja das Handeln nichts zu tun.

---

1. Vgl. Pap. V A 74, K. Schäfer, ibid., S. 214: „ . . . das Höchste nur als Grenze erreicht wird".
2. Brocken 42.
3. Ebenda.
4. Brocken 48 Anm.
5. Brocken 107.
6. Tag. I,324.
7. Brocken 28f.
8. Brocken 13.
9. Tag. I,324.

Es ist schon auf eine grundlegende Ähnlichkeit zwischen dem, was wir Voraussetzung und dem, was wir Setzung genannt haben, hingewiesen worden. Mit der Ungereimtheit, daß die Voraussetzung etwas Vorhandenes sein kann, das wegen seiner Durchsichtigkeit zu keiner Frage auffordert, setzt sich Climacus in Anlehnung an Trendelenburgs „Logische Untersuchungen" auseinander. Wie schon gesagt (1), bezeichnet Trendelenburg die Bewegung als eine unerklärbare Voraussetzung sowohl des Denkens als auch des Seins. Während die Ruhe aus der Bewegung erklärbar ist, läßt sich die Bewegung nach Trendelenburg nicht aus der Ruhe erklären. Die Bewegung ist nicht nur eine Voraussetzung des Denkens, sondern das Denken selbst ist eine Bewegung. In Anlehnung an die von Trendelenburg festgestellte Untrennbarkeit von Bewegung und Anfang behauptet Climacus, daß *nichts beginnen kann, sofern es nicht irgendwie vorausgesetzt ist.* Schon in seiner Dissertation betont Kierkegaard die Tatsache, daß die Voraussetzung nicht nur den Anfang, sondern auch das Ende des Denkens ausmacht: „Jede Philosophie, die mit einer Voraussetzung anhebt, endet natürlich bei der gleichen Voraussetzung" (2). Wenn ich z.B. einen Beweis für das Dasein Gottes führe, so habe ich von Anfang an das Dasein Gottes vorausgesetzt, und zwar „nicht als zweifelhaft (welches ja eine Voraussetzung nicht sein kann, dieweil sie eine Voraussetzung ist), sondern als ausgemacht, dieweil ich sonst nicht beginnen würde" (3). So wird jede philosophische Setzung vom Vorausgesetzten ermöglicht.

Die Frage, die Climacus stellt, lautet zunächst nicht, wie man einen geschichtlichen Ausgangspunkt für eine ewige Seligkeit bekommen (und denken) kann, sondern inwiefern durch einen geschichtlichen Ausgangspunkt eine ewige Unseligkeit ausgeschlossen werden kann. Der Verstand scheitert an dieser Frage, denn die *Voraussetzung* einer ewigen Unseligkeit, die ausgeschlossen werden muß, ist eine unlösbare Aufgabe für ihn. Nicht eine Bewegung zur Setzung der vorausgesetzten Ewigkeit ist nötig, sondern ein Sprung in *die* Geschichte, die erst in ein Verhältnis zur Ewigkeit setzen kann. Wenn Sokrates sich in seiner Erinnerungslehre für eine immanente Bewegung zur Ewigkeit interessiert, nimmt er sich aus der endlichen, konkreten Existenz heraus (4). Während er sich an das Ewige wiedererinnert, hebt er das Geschichtliche auf; die Frage nach der Beziehung der Ewigkeit zur Geschichtlichkeit ist also nicht beantwortet. „Das Paradox des Christentums besteht darin, daß es ständig die Zeit und das Historische in Beziehung auf das Ewige gebraucht; alles Denken aber liegt in der Immanenz" (5).

Wir wollen im nächsten Paragraphen untersuchen, inwiefern die Seligkeit, die mit theoretisch-immanenten Mitteln nicht realisierbar ist, durch eine Entscheidung zustande kommt. Diese Frage ist aber hier nicht zum ersten Mal gestellt. Die den Climacus interessierende Entscheidung ist nämlich keine andere Setzung als diejenige, die wir bisher unter den Namen des Werdens und des Übergangs zum Glauben durch Aufhebung des Zweifels erörtert haben.

§ 9. Der durch Entscheidung hervorgebrachte Anfang

Die Ausdrücke: Anfang, Augenblick und Entscheidung werden bei Climacus synonym gebraucht. Sie stehen im Gegensatz zur Voraussetzung der Sünde und zugleich wegen ihrer „entscheidenden Bedeutung" im Gegensatz zum griechischen Ausgangspunkt. „Sokratisch gesehen, ist jeglicher Ausgangspunkt in der Zeit eo ipso ein Zufälliges, ein Verschwindendes, eine Veranlassung" (6). Sokrates selber als derjenige, durch den diese Veranlassung geschieht, wird

---

1. Vgl. oben § 4.1., S.17 Anm. 1.
2. Ironie 36.
3. Brocken 37.
4. UN I,208.
5. UN I,88.
6. Brocken 9.

auch zu etwas Unbedeutendem, da er sich immer mehr in seiner Autorität zurücknimmt. Indem er als ein Geburtshelfer auftritt, veranlaßt er den Lernenden zum Gebären: er macht sich aber immer unwichtiger, um den Lernenden auf die Notwendigkeit der Selbständigkeit und des Selbstwissens aufmerksam zu machen. Der als bloße Veranlassung begriffene Ausgangspunkt ist ein Nichts (1); da man nämlich entdeckt, daß man immer schon die Wahrheit von Ewigkeit her besaß, wird der Augenblick der Aneignung zu einem zufälligen Augenblick in der Ewigkeit und verliert jede „entscheidende" Bedeutung.

Climacus festigt seine Auseinandersetzung mit der Tradition dieses Begriffs durch eine Kritik des hegelschen Systembegriffs. Die Behauptung Hegels, daß das System einen absoluten Anfang habe, indem es mit dem Unmittelbaren und somit voraussetzungslos beginne, kritisiert Climacus durch den Einwand, das System erreiche nur durch Reflexion diesen Anfang; es sei aber ein Widerspruch, mit dem Unmittelbaren durch Reflexion zu beginnen (2). Ein Anfang beim Unmittelbaren ist nach Climacus wohl erforderlich, er kann aber nur dann gemacht werden, wenn die Reflexion durch eine Entscheidung, d.h. durch einen Übergang zum Handeln zum Stehen gebracht wird (3). Als unendlich abstrahierend ist die Reflexion unfähig, von selbst aufzuhören; nur etwas ganz Anderes vermag sie zum Stehen zu bringen. Dieses Andere muß aber die Struktur des Anderen der Reflexion aufweisen, d.h. es ist das Unmittelbare und somit das Konkrete. So darf das Nichts, mit dem man anfängt, nicht eine Abstraktion von allem Vorhergehenden sein, wie das beim Abstandnehmen des Zweifels der Fall ist; vielmehr stellt es sich als der konkrete Sprung der Entscheidung dar (4). „Die Aussage selbst, 'mit Nichts anfangen',

---

1. Brocken 11.
2. UN I,104.
3. UN I,106.
4. Climacus behandelt den Begriff des Sprunges weitgehend in UN I,91-8, indem er hauptsächlich Lessings „stilistische Wendung" (UN I,91) analysiert und als Kategorie der Entscheidung hervorhebt. Climacus behauptet, daß er durch Johannes de Silentio auf den Sprung aufmerksam wurde und dann die Gedanken Lessings las. Er läßt dagegen offen, ob Johannes de Silentio durch Lessing auf den Sprung aufmerksam wurde. In Wirklichkeit hat Kierkegaard für kein anderes „logisches" Thema so viel Material gesammelt, wie sich aus seinen Notizen VI B 13, V C 1-10 und 12 ergibt, vgl. K. Schäfer, ibid., 205f., 208-212. So erwähnt er z.B. den Hegelianer Heinrich Theodor Rötscher, der den Übergang vom theoretischen zum praktischen Verhalten einen Sprung nennt („Cyclus dramatischer Charaktere", Berlin 1844, S.109). Kierkegaard hat seine eigenen Ansichten vor allem in den Climacusschriften und in der Vigiliusschrift dargelegt.

Lessing hat nach Climacus die Isolierung als Voraussetzung des sich entscheiden müssenden Individuums und den Unterschied zwischen der qualitativen Dialektik des Sprunges und dem approximierenden Übergang erkannt. Lessing schließt die direkte Mitteilung eines solchen Themas sehr richtig aus. Lessings Geständnis, daß er nicht fähig ist zu springen, ist keine dogmatische, sondern eine rein dialektische Aussage; trotz der darin enthaltenen Ironie ist diese Aussage keineswegs spielerisch, sondern ernst gemeint. Lessing hat den Bereich des Sprunges richtig festgestellt: eine geschichtliche Wahrheit kann keine Vernunftwahrheit begründen, und aus einer Vernunftwahrheit läßt sich keine geschichtliche Wahrheit ableiten außer durch einen Sprung (UN I,86); Lessing hat aber diesen Gedanken nicht weiter verfolgt (UN I,98). Es handelt sich um eine religionsphilosophische Feststellung, deren ontologische Problematik Climacus übernimmt; ihr Ursprung ist bei Spinoza zu suchen.

Im Gegensatz zum spinozistischen Fatalismus sieht Climacus in der Hervorhebung des freien menschlichen Willens die Hauptleistung Jacobis. Der Sprung ist bei Jacobi eine konkrete Entscheidung für das unmittelbare, vorbegriffliche Bewußtsein von Gott und für den ethisch-religiösen Bereich der Idealität; er ist aber nach Climacus unzulänglich aufgefaßt und trifft nicht Lessings Problem (UN I,92ff. Für den Dialog, der zwischen Lessing und Jacobi stattfindet, verweist Climacus auf Jacobi, S.W., 4. Band, I. Abt., S.74).

ist, auch abgesehen von ihrem Verhältnis zum unendlichen Akt der Abstraktion, betrügerisch" (1), denn sie ist von einem abstrakten Standpunkt her konzipiert und beinhaltet daher die Aufhebung des Anfangs.

Nach Climacus geschieht im „Augenblick" die Aneignung der Wahrheit, die sich durch eine persönliche Entscheidung vollzieht. Da der Augenblick durch ein Handeln entsteht, ist er nicht von zufälliger und verschwindender, sondern von entscheidender Bedeutung. Wer in der Entscheidung im Augenblick steht, soll nicht durch Erinnerung eine Verbindung seines jetzigen Zustandes mit dem Vorhergehenden herzustellen versuchen, er soll nicht das Gegenwärtige in das Vergangene integrieren wollen; sonst kann der Augenblick keine entscheidende Bedeutung erlangen. Was der Wiedergeborene verstehen soll und kann, ist folgendes: daß das Vorhergehende nicht mehr da bzw. nunmehr nichts ist. Ist aber die persönliche Entscheidung das einzige, was dem Augenblick zu entscheidender Bedeutung verhilft? In der sokratischen Auffassung sind der Augenblick und die Unwichtigkeit des Lehrers eng miteinander verknüpft; der Lernende soll fähig zur Selbständigkeit werden und für die Folgen der Aneignung der Wahrheit aufkommen, sie allein tragen. Während bei Sokrates der Lehrer nichts vorschreiben kann und in keinem wesentlichen (Wissens-) Verhältnis zum Lernenden steht, ist der die Wahrheit Aneignende bei Climacus völlig vom Willen Gottes abhängig.

In Anlehnung an Aristoteles begreift Climacus Gott vermittels des Begriffs der Bewegung. Aristoteles bestimmt Gott als etwas Bewegendes, das selbst ein Unbewegtes ist (2). Gott ist sowohl Ousia als auch Energeia. Als das Gute ist er das erste Gedachte und das erste Gewünschte und somit das Worumwillen (οὗ ἕνεκα) des Wünschens und Denkens. Das Worumwillen ist zweierlei, sowohl der Nutzen für jemanden (οὗ ἕνεκα τινί) wie auch das Endziel eines Strebenden (οὗ ἕνεκα τινός). Von beiden ist nur das Zweite unbewegt. Das unbewegte Bewegende als Telos ist wie ein Geliebtes, das den Liebenden zu sich zieht; im Gegensatz dazu ist alles andere ein sich-Bewegendes, weil und insofern es zugleich Bewegtes ist. Kierkegaard ist auf den aristotelischen Gottesbegriff durch Schellings Berliner Vorlesungen aufmerksam geworden (3). Er hat diesen Gottesbegriff übernommen, bemerkt aber zugleich die Abstraktheit und die Zweifelhafte eines solchen Bewegers. „Es ist eigentlich der abstrakte Begriff von Unveränderlichkeit, und sein [Gottes] Wirken ist daher eine magnetische Zauberwirkung gleich einem Sirenensang" (4). Die Wirkung des aristotelischen Gottes ist nach Climacus mittelbar vollziehbar und hat mit dem historischen Dasein Gottes nichts zu tun; Aristoteles beschäftigt sich naturgemäß mit dem Problem der Erscheinung Gottes überhaupt nicht. Gott ist nach seiner Erklärung der erste Grund der Bewegung, der Ursprung alles Bewegens. Climacus dagegen geht davon aus, daß keine menschliche Veranlassung Gott zum Hervortreten zu bewegen vermag. Die griechische Erklärung faßt die menschliche Liebe zur Wahrheit als Veranlassung auf, aber „keine Veranlassung kann ihn [Gott] in dem Sinne veranlassen, daß an der Veranlassung ebenso viel läge wie am Entschluß" (5). Nicht aufgrund eines Bedürfnisses,

---

1. UN I,107.
2. Met. 1072a 24f.: κινοῦν ἔστι τι ὃ οὐ κινούμενον κινεῖ.
3. In der Tatsache, daß Kierkegaard die Offenbarkeit Gottes als *Dialektik* von Offenbarung und Verborgenheit (d.h. Unbegreifbarkeit) versteht, sieht *M. Theunissen* („Die Dialektik der Offenbarung. Zur Auseinandersetzung Schellings und Kierkegaards mit der Religionsphilosophie Hegels", Philos. Jahrbuch 1964/5 (1972), S.134-160) einen „qualitativen" Unterschied zum hegelschen Axiom der totalen Offenbarkeit Gottes. Dabei sei auf den nicht weniger wichtigen Unterschied zwischen der weiten hegelschen Auffassung Gottes, die Gott pantheistisch mit der gesamten Natur identifiziert, und der engen kierkegaardschen Auffassung hinzuweisen, die Gott auf die Erscheinung Christi beschränkt.
4. Pap. IV A 157; Brocken 173, Anm.59.
5. Brocken 22.

als ob Gott z.B. gezwungen wäre, sich zu äußern, soll Gott erscheinen, sondern aus Liebe: „denn diese hat ja die Befriedigung des Bedürfnisses nicht außerhalb ihrer, sondern in sich" (1). Die Entscheidung Gottes ist völlig anderer Art als eine bloß geschichtliche Entscheidung, denn sie ist ewig, besser ausgedrückt: aus der Ewigkeit gekommen. Um geschichtlich zu werden, braucht sie eine geschichtliche Veranlassung; diese ist keineswegs mit der menschlichen Liebe zu verwechseln, denn sonst sind wir wieder bei dem Sokratischen; vielmehr ist sie die Sünde des Menschen. Der Augenblick der Erscheinung Gottes ist ein zunächst zufälliger Augenblick (2), der plötzlich mit Bedeutung erfüllt wird. In der Zusammensetzung der göttlichen Entscheidung und der Veranlassung entsteht das Paradox, daß beide in ihrer Inkommensurabilität eins werden. „Der Augenblick tritt gerade zutage durch das Verhältnis, das der ewige Entschluß zu der ihm nicht gemäßen Veranlassung hat" (3). Gott ist erst dann in seiner Vollkommenheit da, wenn er als der Ewige der Zeitlichkeit begegnet, so, daß er in der Fülle der Zeit (4) kommend einen durchaus zufälligen Augenblick in den einzig wichtigen Ausgangspunkt verwandelt.

Gott vollzieht eine Bewegung in der Zeit, deren Ursache seine Liebe und deren Ziel die Gewinnung des Menschen ist. Es lohnt sich in diesem Zusammenhang, das Verhältnis der Ursache zum Ziel dieser Bewegung zu erklären. Climacus behauptet, daß beide identisch sind: „wie seine [Gottes] Liebe der Grund ist, so muß auch die Liebe das Ziel sein; denn es wäre ja ein Widerspruch, daß der Gott einen Beweggrund hätte und ein Ziel das dem nicht entspricht" (5). Die behauptete Identität ist nicht begreifbar, wenn man nicht den Standpunkt, von dem her sie sich ergibt, angibt. Wenn der Christ die göttliche Liebe als Ursache der Erscheinung Gottes versteht, sieht er zugleich ein, daß diese Liebe kein anderes Ziel als die Vereinigung Gottes mit dem Menschen hat. Da er aber schon im Glauben ist, hat er den Augenblick der Offenbarung Gottes erlebt, er stellt sich also nicht bloß theoretisch eine von ihm verschiedene, objektiv geschehene Bewegung, sondern das Erlebnis seiner Vereinigung mit Gott vor. Die Vereinigung Gottes mit dem Menschen bildet den Hintergrund der Einheit von Ursache und Ziel, und sie ist ohne den festen Standpunkt eines Christen überhaupt nicht verständlich: „denn erst in der Liebe wird das Ungleiche zu Gleichem gemacht, erst in der Gleichheit oder der Einheit ist das Verständnis, aber ohne das vollkommene Verständnis ist der Lehrer nicht der Gott, es wäre denn der Grund bei dem Lernenden zu suchen, der nicht wollte was ihm möglich gemacht wird"(6). *Das Verständnis der Einheit ist keine transzendentale Erkenntnis, sondern fußt auf dem persönlichen Erlebnis der Liebe.* Obwohl Climacus in gewisser Weise transzendental den Augenblick als die Bedingung der Möglichkeit der christlichen Existenz denkt, begreift er diese Bedingung nicht objektiv-theoretisch (7), sondern weist auf ihren am Ende jeder Reflexion stehenden *unmittelbaren* (8), erlebnishaften Charakter hin, der den einzigen Weg zur Anerkennung des Augenblicks darstellt. Die Tatsache, daß sowohl der Augenblick als auch seine Erkenntnis, sowohl die Ursache als auch das Endziel der Bewegung auf eine Unmittelbarkeit hinweisen, ist nicht zu verkennen. Nicht nur ist der Augenblick des Glaubens unmittelbar, sondern auch alles andere, das von diesem Augenblick an unter demselben Standpunkt gesehen wird, wird von dieser nach der Reflexion entstehenden Unmittelbarkeit geprägt und somit neu verstanden (9).

---

1. Ebenda.
2. „Solange das Ewige und das Geschichtliche eins außerhalb des anderen stehen, ist das Geschichtliche nur Veranlassung" (Brocken 57).
3. Brocken 23.
4. Brocken 16.
5. Brocken 23.
6. Ebenda.
7. Vgl. A. Pieper, ibidem, S.35.
8. Vgl. oben die Bestimmung des Glaubens als einer Unmittelbarkeit nach der Reflexion (§ 7, S.28).
9. Daß Climacus keine positive Weltanschauung hat, ist aus seinem Ungläubigsein erklärbar. Da er im Bereich der Reflexion verharrt, ist eine gläubige Haltung ausgeschlossen. Seine Aussagen zielen trotzdem auf diesen unmittelbaren Bereich. Er ist ja gerade interessiert an

Wir wollen im weiteren dem Begriff des Unbewegten näher kommen. Aus der herakliteischen Behauptung, daß alles Seiende in einem ständigen Werden ist, ergibt sich die Frage, ob überhaupt ein Unbewegtes ist. Die Behauptung aber, daß alles in Bewegung ist, enthält als ihren notwendigen Zusatz die scheinbare Gegenbehauptung, daß nichts in Bewegung ist. Im selben Sinne ist alles unwahr, wenn alles wahr sein soll. Zur Erwiderung gilt somit: Der Satz selbst, der die Bewegtheit, Veränderlichkeit von allem behauptet, ist ja eine ihrem Gehalt nach unveränderliche These, abgesehen davon, daß dieser Satz auf der Voraussetzung einer Abstraktion von der Zeit beruht; so „ist das, daß alles in Bewegung ist, wenn man auch die Zeit fortnehmen und sagen will, daß alles immerfort Bewegung ist, eo ipso Stillstand" (1) - eine Kritik übrigens, die schon Platon am Denken Heraklits geübt hatte. Wenn irgendeine Bewegung sein soll, dann ist das Unbewegte nicht ihr Gegensatz; vielmehr ist es als ihr Maß von ihr logisch unabtrennbar. „Das Unbewegliche gehört mit zur Bewegung als das Maß der Bewegung, sowohl in der Bedeutung von Telos als auch von Metron" (2). Nun interessiert sich Climacus nicht für das reale Sein oder das Sein überhaupt, sondern für die menschliche und christliche Existenz. Die Frage nach dem Unterschied zwischen einer bewegten und einer unbewegten Existenz beantwortet Climacus mit Hilfe eines aristotelischen Satzes: die handelnde Existenz unterscheidet sich aufgrund ihres Telos von der ausschließlich reflektierenden Existenz (3). Das Telos der Bewegung einer handelnden Existenz ist die Entscheidung und die Wiederholung (4); die Entscheidung, die nach dem oben Gesagten mit den Begriffen des Anfangs und des Augenblicks zusammenhängt, ist also eine Bestimmung der Ruhe, das an sich selber unbewegte, unveränderliche Maß. In diesem Sinne stimmt Climacus der sokratischen Auffassung des berühmten protagoreischen Satzes, daß der Mensch das Maß aller Dinge ist, zu; der Mensch wird nicht als das andere Gegenstände bestimmende Maß, sondern als das Maß seiner selbst verstanden (5). Die Erkenntnis des Unbewegten, gleichgültig ob es Gott oder die Entscheidung für das Christsein ist, ist nicht die Folge einer Suche nach dem Maß; sie ist aber eine Voraussetzung für den Gedanken eines Maßstabs. Wenn Sokrates die Zweckmäßigkeit der Außenwelt herauszustellen sucht, so kann sein Versuch nur deshalb erfolgreich sein, weil er an der Voraussetzung des Daseins Gottes festhält und durch das methodische Verfahren des Denkens an diese Voraussetzung selbst zurückgelangt (6). Ein solches Verfahren sucht aber nur immanent nach dem Maßstab, indem es sich auf die eigene Voraussetzung zurückwendet: es ist nach Sokrates nicht zweckmäßig, sich durch eine schlechthinnige Transzendenz seiner selbst mit dem unbewegten Grund und Maß der Bewegung zu vereinigen; Sokrates blickt nur darauf, „den Gedanken der Zweckmäßigkeit zu fahen" (7). Wie aber begreift nun Climacus das transzendente Ziel?

Es ist vor allem auf die Unterscheidung zwischen dem absoluten Telos und den immanenten, relativen Zielen hinzuweisen. Das absolute Telos wird in der Hauptfrage der „Brokken" eine ewige Seligkeit genannt; die Frage zielt auf das Verhältnis von ewiger Seligkeit und Geschichtlichkeit(8). Ein solches Ziel setzt ein absolutes Verhalten, ein existentielles Pathos vor-

---

   der ewigen Seligkeit. So hat *E. v. Hagen* („Abstraktion und Konkretion bei Hegel und Kierkegaard", Bonn 1969) m.E. nicht recht, wenn er auf die Climacusschriften verweisend eine völlige „Abstraktion, Negation von allem Endlichen, von aller „Welt", von aller Gegenwärtigkeit und Unmittelbarkeit" im Verhältnis Kierkegaards zu Gott bemerkt (S.68-79), die an eine „radikale Weltverneinung Kierkegaards" (S.90) als letztes Ergebnis gelangt.
1. UN II,13.
2. Ebenda.
3. UN II,14.
4. UN II,13.
5. Brocken 36.
6. Brocken 42.
7. Ebenda.
8. Brocken 1.

aus. Die ewige Seligkeit ist kein geträumtes Ideal, dessen Verwirklichung man erst in einem zukünftigen Leben erwarten kann; sie ist nichts anderes als der aus Geschichtlichkeit und Ewigkeit zusammengesetzte Augenblick selbst. Dies ist so zu verstehen: Obwohl diese Seligkeit mit dem Ewigen zu tun hat, ist sie kein reines Bewußtsein der Ewigkeit wie bei Sokrates, und von daher *ergibt sich die Wichtigkeit eines geschichtlichen Ausgangspunktes als des konstitutiven Moments schlechthin.* Das Transzendieren zum Geschichtlichen ist kein Herausgehen aus sich selbst, um etwas bisher Fremdes zu erreichen, sondern ein Umschaffen des Strebenden selbst. „Wenn das absolute Telos dadurch, daß es sich zur Existenz des Individuums verhält, diese nicht absolut umschafft, so verhält sich das Individuum nicht existentiell-pathetisch, sondern ästhetisch-pathetisch" (1). Dieses absolute Umschaffen im Augenblick ist nicht in dem Sinne verwirklichbar, daß es - nur in *einem* Augenblick geschehend - die übrige Zeit den relativen Zielen widmen kann, sondern liegt als eine Aufgabe ständig *vor* und läßt sich nie als Vergangenes erfassen. „Aber das absolute Telos hat die merkwürdige Eigenschaft, daß es in jedem Augenblick das absolute Telos sein will" (2). Wenn man sich einmal ein solches Ziel gesetzt hat, kann man es nicht wie alle anderen Ziele in einem einebnenden „sowohl - als auch" anstreben. So liegt der Schlüssel der Eigentümlichkeit einer solchen Zielsetzung im entsprechenden absoluten Verhalten: dieses Streben ist nicht darauf gerichtet, eine endliche Belohnung zu erhalten. Der sich absolut Verhaltende setzt wohl alles auf die Erwartung; was er aber in der Zeitlichkeit zu erwarten hat, sind lauter Leiden (3). Das Verhältnis zum Absoluten steht nicht nur zu relativen Zielen, sondern auch zur Entfernung von Gott im Gegensatz. Durch die Sünde hat sich das Individuum von Gott entfernt, und indem es resigniert, wendet es sich ihm wieder zu; diese Rückbewegung macht Climacus im Ausdruck „Respekt" (4) deutlich. Während man vor die Aufgabe gestellt wird, absolut nur auf diese rückwärts gerichtete Bewegung zu blicken, ist ein relatives Verhältnis zu relativen Zielen zugleich möglich. Was die Vermittlung nicht und nur die Innerlichkeit verstehen kann (5), ist folgendes, daß nämlich eine Vermischung des Absoluten mit dem Relativen nicht erlaubt ist. „Aber das Maximum der Aufgabe besteht darin, zugleich sich absolut zum absoluten Telos und relativ zu den relativen (Zielen) verhalten zu können, oder: das absolute Telos immer bei sich zu haben" (6). Eine Innerlichkeit, die sich aller Äußerlichkeit verschließt, kann sehr leicht sich selbst betrügen, nämlich sich allerlei Selbsttäuschungen hingeben; dann muß man vorsichtig sein, ob diese Innerlichkeit nicht selbst zur Äußerlichkeit wird. Wenn andrerseits das absolute Verhältnis nicht als eine ständige Aufgabe verstanden wird, dann ist es kein absolutes Verhältnis mehr, denn „dann und wann sich zu seinem absoluten Telos verhalten, heißt sich relativ zu seinem absoluten Telos verhalten; (. . .) das Verhältnis ist das Entscheidende"(7).

Kann man behaupten, daß der Begriff des Augenblicks bei Climacus eine schlechthinnige Transzendenz im Gegensatz zur Immanenz des aristotelischen Begriffs des Telos bedeutet? Aristoteles hat allerdings im Begriff der Entelechie die transzendentale Selbstbestimmtheit dessen begriffen, was immer schon unmittelbar und als Unmittelbarkeit ist. Die Entelechie ist aber nicht in dem Sinne Immanenz, daß das Seiende immanent in seiner Unmittelbarkeit bleibt, denn die zweckhafte Tätigkeit ist ein Hinaustranszendieren vom Unmittelbaren weg. Sie ist eine Immanenz (8), wenn man das Ausgeschlossensein alles Äußerlichen berücksichtigt; die Entelechie

---

1. UN II,93.
2. UN II,107.
3. UN II,108.
4. Von lat. respicere = zurücksehen, vgl. UN II, Anm. 284.
5. UN II,113.
6. UN II,120f.
7. UN II,114.
8. „Die Entelechie ist Immanenz ihrer Transzendenz oder, ebenso sinnvoll, Transzendenz ihrer Immanenz, sie ist Immanenz und Transzendenz als dasselbe an und für sich" *(U.Arnold,* Die Entelechie. Systematik bei Platon und Aristoteles, Wien und München 1965, S.162).

enthält nichts anderes als das, was schon vorausgesetzt war; sie ist ἐκείνη ἣ ἐνυπάρχει τὸ τέλος καὶ ἡ πρᾶξις(1). Die Handlung ist nichts anderes als der vorausgesetzte Zweck (2), und da die Energeia im Begriff der Entelechie enthalten ist, ist die Transzendenz darin vorausgesetzt. Anders ausgedrückt: Das Seiende erreicht seinen Zweck, indem es die immer schon in ihm vorhandene Möglichkeit verwirklicht. Die Verwirklichung vernichtet die vorhandenen Zwecke nicht, sondern bringt sie zur Vollendung. Unter Beachtung der jeweils verschiedenen Terminologie kann man den Unterschied zwischen Aristoteles und Climacus etwa so ausdrücken: Während die aristotelische Bewegung eine Verwirklichung des durch seine Möglichkeit Bedingten ist, ist die Entscheidung bei Climacus eine Zusammensetzung des aufzuhebenden Vorausgesetzten und des entstehenden Neuen bzw. des entscheidenden Ewigen und des veranlassenden Geschichtlichen. Diese streng als eine Forderung aufgefaßte Zusammensetzung kennt Aristoteles nicht.

Eine umfassende Darstellung der Reflexion eines Individuums, das vor der Entscheidung steht, gibt Kierkegaard in seinem Werk „Entweder-Oder". Es gibt nur wenig im ersten Band (3) zu lernen; mehr bietet die Kritik, der der „B" des zweiten Bandes den pseudonymen Verfasser des ersten Bandes unterzieht (4). Es gibt wohl eine Dialektik der Entscheidung auch im Ästhetischen. Sie geht aber völlig in der Reflexion auf, die die Wahl verhindert statt sie vorzubereiten. Für den ständig Reflektierenden besteht die Gefahr, daß er ein „Universalkritiker aller Fakultäten" wird (5). Wenn die Aufgabe, die ein Individuum zu erfüllen hat, nicht die Entscheidung, sondern das Reflektieren wäre, dann hätte der Ästhetiker diese Aufgabe unschwer erfüllt. Während die Frage nach der Entscheidung bei dem Ästhetiker zu einem unfruchtbaren Weder-Noch wird, behauptet der Ethiker: „entweder man muß aesthetisch leben oder man muß ethisch leben" (6). Aber auch für das Pseudonym des zweiten Bandes ist die ethische Entscheidung noch nicht gefallen, vielmehr bewegt sich dieses Pseudonym im Bereich der Reflexion. „Handlung ist wesentlich futurisch", bekennt es (7). Es hat den Unterschied zwischen Denken und Freiheit erkannt (8), sieht aber die Versöhnung beider als seine Aufgabe an.

§ 10. Der Begriff der Möglichkeit
§ 10.1. Die Möglichkeit im Verhältnis zur Wirklichkeit

Es wurde schon erwähnt, daß Climacus das Moment der Möglichkeit als etwas durch Handeln Aufgehobenes begreift. Ist eine solche Berücksichtigung des Möglichen nicht einseitig? Oder ist sie vielmehr die einzig mögliche? Eine solche Auffassung ergibt sich vom Standpunkt der Wirklichkeit her. Könnte Climacus diesen Standpunkt einmal verlassen, um die Möglichkeit nicht als aufgehobene und somit in ihrer eventuellen Wichtigkeit aufzufassen? Die Frage, ob die Möglichkeit wichtiger als die Wirklichkeit ist, hat nur dann einen Sinn, wenn der Standpunkt des Fragenden festgestellt wird. „In bezug auf die Wirklichkeit steht, vom poetischen und intellektuellen Standpunkt aus gesehen, die Möglichkeit höher; das Ästhetische und das Intellektuelle ist interesselos. Aber es gibt nur *ein* Interesse, nämlich das, zu existieren; Interesselosigkeit ist der Ausdruck für Gleichgültigkeit gegen die Wirklichkeit" (9). Der von der Möglichkeit her Spekulierende setzt die eigene Existenz in Klammern, indem er sie für unwichtig in bezug auf das

---

1. Met. 1048b 23f.
2. Met. 1050a 22: τὸ γὰρ ἔργον τέλος.
3. Vgl. vor allem E/O I,41 ff.
4. E/O II,168 ff.
5. E/O II,176.
6. E/O II,179.
7. E/O II,181.
8. E/O II,184.
9. UN II,19.

Denken hält. Dieser abstrakte Standpunkt bestimmt aber jeden entstehenden Gedanken, so läßt sich das Wirkliche nicht mehr in seiner Wirklichkeit denken, sondern wird zu einer Möglichkeit. Es ist nach Climacus falsch, wenn die Spekulation behauptet, das Gedachte sei die Wirklichkeit. Während der spekulative Denker den Gedanken der Wirklichkeit als solchen nicht fassen kann, hält ihn der ethisch Denkende an seiner richtigen Stelle fest. „Vom ethischen Standpunkt aus gesehen steht die Wirklichkeit höher als die Möglichkeit" (1). Der Ethiker hebt nicht das eigene Selbst auf; er verwandelt dagegen durch Entscheidung seine Gedanken und Urteile in Handlungen. Ein Mensch, der den Inhalt seines Denkens nicht handelnd verwirklicht, hat mit der Wirklichkeit nichts zu tun. Der späte Kierkegaard notiert: „ 'Wirklichkeit' läßt sich nicht begreifen. Das hat schon Joh. Climacus richtig gezeigt, und zwar ganz einfach. Begreifen heißt, Wirklichkeit in Möglichkeit auflösen" (2). In diesem Sinne ist nicht alles ethisch Gedachte eine Wirklichkeit: wenn man z.B. die ethische Wirklichkeit eines anderen denkt, dann hat man sie schon in eine Möglichkeit verwandelt, somit ist es jemandem unmöglich, ein Urteil darüber zu fällen bzw. ethisch die fremde Wirklichkeit zu richten. Sogar die eigene Wirklichkeit ethisch denken, heißt, sie als Möglichkeit zu sehen; wenn man aber nicht interessolos nach ihr fragt, dann betrachtet man ihre Verwirklichung als eine zu bewältigende Aufgabe. Wer nun unendlich interessiert nach einer Wirklichkeit, die nicht die eigene ist, um ihrer Aneignung willen fragt, der will diese Wirklichkeit glauben - und ein solches Verhalten ist „das paradoxe Verhältnis zum Paradox" (3). Dieses Verhältnis ist nicht mehr nur ethisch, sondern geschichtlich: sowohl der ethisch als auch der gläubig Fragende ist nämlich unendlich interessiert; während aber ethisch die Frage auf die eigene Wirklichkeit zielt, geht es dem Glauben um die Aneignung einer fremden Wirklichkeit (z.B. auf die geschichtliche Erscheinung Gottes).

Die Schwierigkeit in der Trennung (4) von Möglichkeit und Wirklichkeit liegt in der Tatsache, daß beider Inhalt identisch sein kann. Zwischen der Handlung und dem Denken der Handlung besteht dem Inhalt nach kein Unterschied, wohl aber der Form nach (5). Das Gedachte *ist nicht* eine ebenso objektiv vorhandene Wirklichkeit wie die Handlung: während die Handlung *ist*, ist das Gedachte nicht. Dem Denken entspricht die Möglichkeit, da es das Gedachte interessolos und objektiv betrachtet, dem Handeln dagegen entspricht die Wirklichkeit als Subjektivität (6). So wie der Gedanke keine vorhandene Wirklichkeit neben der Handlung ist, wird das Handeln als eine Überwindung des bloß Möglichen verstanden (7).

§ 10.2. Die Möglichkeit im Verhältnis zur Ewigkeit

Im Gegensatz zum augenblickshaften Charakter des Existierens und in enger Beziehung zur Möglichkeit steht der Begriff der Ewigkeit bei Climacus. Ebenso wie das objektive Denken aufgrund seiner Abstraktion vom zeitlichen Faktor nur mit der Möglichkeit zu tun hat, ist die Ewigkeit dank eines Ausschlusses der Zeit ein Begriff der Ruhe. Das Paradox betrifft

---

1. UN II,21.
2. Tag. IV,106.
3. UN II,25.
4. Da in diesem Paragraphen der Begriff der Möglichkeit zu klären ist, beschäftigen wir uns mit dem Unterschied zwischen Möglichkeit und Wirklichkeit und nicht mit der Einheit beider. Das letzte soll im nächsten Paragraphen unter dem Begriff der Notwendigkeit thematisiert werden.
5. UN II,44.
6. UN II,42.
7. Hier ist zu bemerken: Es ist nicht zutreffend, in dieser Überwindung die Veräußerung eines inneren Vorgangs zu sehen. Die Auffassung der Wirklichkeit als einer äußeren Handlung ist ein Mißverständnis. Während das Gedachte als etwas Objektives äußerlich ist, ist die Handlung etwas Inneres, das die bloß objektive Gültigkeit des Gedachten aufhebt.

nicht diese ewige Ruhe; daß das Ewige als Unbewegtes da ist, ist ein durchaus verständlicher Gedanke. Daß aber das Ewige in die Zeit kommt, ist eine undenkbare Vorstellung, ein Bruch mit dem Verstand, somit ein Widerspruch. „Der Mensch ist seiner Möglichkeit nach ewig, und wird sich dessen in der Zeit bewußt: das ist der Widerspruch innerhalb der Immanenz" (1). Folgt aus der Behauptung, das Ewige sei möglich, daß das Mögliche als der Standpunkt dienen kann, von dem her das Ewige begriffen werden kann? Daß ein solcher Gedanke in sich widersprüchlich ist, wird daraus klar: das Ewige läßt sich nicht als etwas verstehen, das es aufzuheben gilt, sondern nur als etwas Zukünftiges. So kommt das Ewige eigentlich überhaupt nicht im Denken vor, sondern erst im Zusammenstoß mit dem Zeitlichen, was nur im Handeln und durch das Handeln geschieht. Eine solche Ewigkeit ist nicht etwa mit dem aufzuhebenden Sein Hegels verwandt, das als der Anfang des logischen Denkens seine Selbstaufhebung fordert und eben dadurch mit dem Nichts identisch ist: die Ewigkeit ist kein Anfang, wohl aber nimmt sie ihren Anfang in der Zeit. Das ist das Paradox.

Die Ewigkeit läßt sich nur als eine Aufgabe denken: als die Aufgabe einer ewigen Seligkeit. Der Standpunkt eines solchen Gedankens ist ein konkreter zeitlicher Augenblick, und der Denker macht keine rückwärts gerichtete, erinnernde Bewegung, die eine bloße Illusion wäre. Die Ewigkeit kann ebensowenig wie die Möglichkeit als Standpunkt dienen. Existenz und Bewegung vom Standpunkt der Ewigkeit her (sub specie aeterni) zu denken, ist eine unerlaubte Abstraktion und Aufhebung (2). Im Gegensatz zur als objektiver Standpunkt dienenden abstrakten Ewigkeit ist die subjektive Aneignung der Ewigkeit ein konkretes Verhältnis. Wenn man die Ewigkeit richtig betrachtet, dann erscheint sie als das Kontinuierliche der Bewegung mit dieser untrennbar verbunden. „Das Ewige ist die Kontinuierlichkeit der Bewegung, eine abstrakte Ewigkeit aber ist außerhalb der Bewegung, und eine konkrete Ewigkeit im Existierenden ist das Maximum der Leidenschaft" (3).

Die Ewigkeit ist abstrakt gedacht eine objektive Wahrheit, die in einem bloß äußerlichen Verhältnis zum Existierenden steht. Wenn man den Kunstwerken eine objektive, ewige Wahrheit zuschreibt, so betrifft diese den Existierenden im Grunde nicht: sie ist bar jeder Leidenschaft. Die abstrakte Ewigkeit hat keine bestimmte Stelle, sie verschwindet in einer „verborgenen Immanenz" (4), in einem „ubique et nusquam" (5). Sowohl in der abstrakten als auch in der konkreten Auffassung der Ewigkeit wird sich das Individuum dessen bewußt, daß es ewig ist. Während aber in der abstrakten Auffassung die Ewigkeit des Individuums eine Voraussetzung ist, ist das Individuum konkret gedacht nicht ewig gewesen, da es zuvor überhaupt nicht war, sondern es *wird* ewig, „und wohlgemerkt etwas wird, was *die* Dialektik hat, daß es, sobald es ist, gewesen sein muß; denn dies ist die Dialektik des Ewigen" (6). Diese paradoxe „Geschichte" des Ewigen hat keine unmittelbare Gewißheit; da das Ewige in die Zeitlichkeit gekommen ist, ist es ebenso wie das Werden trügerisch und widersprüchlich geprägt. Das Ewige ist wohl im Individuum vorhanden, trügerisch aber in der Form der Möglichkeit des Todes, die in jedem geschichtlichen Augenblick da ist (7). Wie ist dann aber die Tatsache zu verstehen, daß *der Tod möglich, nicht aber notwendig* ist?

---

1. UN II,292.
2. UN II,9.
3. UN II,13.
4. UN II,283.
5. =Überall und nirgends, ebenda.
6. UN II,285.
7. UN I,74.

§ 11. Der Begriff der Notwendigkeit

„Kann das Notwendige werden? Werden ist eine Veränderung, aber das Notwendige kann überhaupt nicht verändert werden, da es ständig sich zu sich selbst verhält, und sich auf eine und dieselbe Art zu sich selbst verhält" (1). Nach diesen Worten ist das Notwendige etwas Unveränderliches, das es nur mit sich selbst in einem einseitigen Verhältnis zu tun hat. Als nicht geschichtlich ist das Notwendige ganz anders als das Werden, somit auch als die Momente des Werdens, Möglichkeit und Wirklichkeit, und wird ihnen nur zum Vergleich gegenübergestellt. Was sein Verhältnis zum Werden betrifft: das Notwendige ist nicht nur das Nichtgewordene, sondern das grundsätzlich von der Möglichkeit des Werdens Ausgeschlossene; es stellt sich als Negation der Veränderbarkeit dar. So denkt z. B. der Historiker, der alles Vergangene als ein schicksalhaftes Nichtandersseinkönnen betrachtet. Gegen eine solche Betrachtung wendet sich Climacus mit seiner Polemik. Wie ist es denn möglich, fragt er sich, daß die *Wirklichkeit* des einmal Gewesenen als eine Notwendigkeit gilt? Was vergangen ist, *ist* ja heute nicht notwendigerweise. Was geworden ist, ist nicht durch sein Werden notwendig geworden; jedes geschichtliches Werden ist ja zufällig. Wie kann man denn eine solche zufällig gewordene, einmal gewesene Wirklichkeit für etwas Notwendiges halten? Wahrscheinlich liegt der Grund darin, daß der Historiker nicht unmittelbar ist, denn dann würde es ihm niemals einfallen, das Augenscheinliche für notwendig zu halten; der Historiker ist vielmehr so weit vom Geschehen entfernt, daß er aufgrund des Abstands alles entstellt sieht. „Würde das Vergangene mittels der Auffassung notwendig werden, so gewönne das Vergangene von der Auffassung verlöre, da sie etwas anderes auffaßte, und das ist eine kümmerliche Auffassung" (2). Ebensowenig wie man die Notwendigkeit des Zukünftigen voraussehen kann, darf der Historiker das Vergangene für notwendig erklären. Die Ungewißheit, die den Voraussagen eines Propheten eigentümlich ist, soll gleicherweise beim Historiker als einem „rückwärts gewandten Propheten" (3) die Grundlage seiner Gewißheit ausmachen. Im Gegensatz zum unmittelbaren Betrachter steht der nicht durch Bewunderung motivierte Historiker in keinem Verhältnis zum Geschichtlichen, wenn er es als eine in sich abgeschlossene Konstruktion mißversteht. Man soll aber die Aufgabe des Historikers nicht etwa so verstehen, daß er willkürlich durch seine Bewunderung das Vergangene wieder in Bewegung setzen kann, um die „Pause" des Werdens zu vermeiden, sondern so, daß er durch die Aneignung des Geschichtlichen eine Umschaffung seiner selbst erreicht; nicht das Historische, sondern der Historiker selbst soll sich ändern, und zwar nicht immanenterweise, indem er die objektive Notwendigkeit der eigenen Ewigkeit entdeckt, wodurch das Ziel „in seinem Rücken" (4) erscheint, sondern durch eine transzendente Entscheidung.

Wenn der Historiker das Vergangene als etwas betrachtet, das notwendig in sich abgeschlossen ist, vergißt er den Charakter des Werdens, der mit dem Vergangenen verbunden ist. Solchermaßen verwandelt er ein Bewegtes in ein Unbewegtes. Dadurch schließt er zugleich jede spätere Veränderung, „z. B. die der Reue, die eine Wirklichkeit aufheben will" (5), von vornherein aus. So wird die Freiheit aufgehoben, die der einzige Ursprung des Werdens ist (6), bzw. scheint sie eine Notwendigkeit hervorzubringen (7). Im Gegensatz zum Gedanken, daß das Not-

---

1. Brocken 70.
2. Brocken 76.
3. Ebenda.
4. Brocken 77.
5. Brocken 74.
6. Zu einer ausführlichen Erörterung des Begriffs der Freiheit bei Kierkegaard vergleiche weiter unten (§ 17).
7. *H. Schweppenhäuser* („Kierkegaards Angriff auf die Spekulation. Eine Verteidigung", Frankfurt 1967, S.77) behauptet, die Freiheit sei bei Climacus nur deshalb mit dem Werden verknüpft, weil sie abstrakt-logisch als ein Gegenbegriff zur Notwendigkeit aus bloßer Opposition entstanden sei. Schweppenhäuser geht davon aus, daß der Begriff des Werdens

wendige der logische Grund für das Werden ist, stellt Climacus fest, daß nichts Werdendes aus einem Grunde, wohl aber aus einer historischen Ursache wird. Der Begriff einer freiwirkenden Ursache, die der Ursprung jeder anderen Ursache ist (1), und somit der Begriff eines als causa sui verstandenen Gottes ist aus der freiwilligen, ewigen Entscheidung Gottes, aus seiner Liebe zum Menschen abzuleiten.

Das Notwendige ist ebenso wie das ungeschichtliche Ewige ein abstrakter Begriff. Die im Werden waltende Wirklichkeit von solchen Standpunkten her denken, bedeutet, sie in eine logische Abstraktheit zu überführen. Der Begriff der Natur, deren Gesetzlichkeit schon im griechischen Denken im Zusammenhang mit dem Begriff der Notwendigkeit steht, ist auch abstrakt. Die Natur ist nach Climacus, verglichen mit der Geschichte, unvollkommen, und vollkommen, was ihre eine Geschichtlichkeit andeutende Vergangenheit betrifft; es ist dagegen „des Ewigen Vollkommenheit" (2), daß es in keinem Verhältnis zur Geschichte steht. Es ist richtig, daß in einem abstrakten Denken die Ewigkeit bzw. der ewige Gott als notwendig begriffen wird; eine solche Annahme ist somit kein Glaube, denn sie ist wie beim Sokratischen durch eine rückwärts gehende Reflexion bzw. Erinnerung erworben. Obwohl Gott als notwendig behauptet wird, vermag eine solche Behauptung das Sein Gottes nicht zugänglich zu machen. Die Notwendigkeit bestimmt das Wesen Gottes, sie sagt aber nichts über die Möglichkeit oder Wirklichkeit Gottes aus: diese unterscheiden sich als Bestimmungen des Seins von einer Bestimmung des Wesens. Wenn man behauptet „Gott ist", ist noch nicht klar, inwiefern diese Behauptung das Wesen oder das Sein Gottes betrifft; erst das jeweilige Verhältnis des Menschen zu diesem Satz kann über seinen Sinn entscheiden. Man muß zwar zugestehen, daß das Wesen erst dann als solches feststellbar ist, wenn es an einem Seienden angetroffen worden ist. *Man unterscheidet nämlich reflexiv erst zwischen Wesen und Sein, nachdem beide im Augenblick vereinigt waren.* Das Zeichen der vorangegangenen Einheit ist aber ein für allemal geblieben: das Wesen *ist*. Climacus drückt somit nichts weniger als die Tatsache aus, daß die Unterscheidung zwischen Wesen und Sein eine nachträgliche ist, wenn er behauptet: „das Notwendige *ist*" (3). Daß „des Gottes ewiges Wesen in die dialektischen Bestimmungen des Werdens hineinkonjugiert wird" (4), ist eine durch Erkenntnis feststellbare Tatsache; sie ist für Climacus nicht besonders wichtig, weil sie mit der ursprünglichen Bewegung wenig zu tun hat. Es ist aber nicht ohne Interesse, die Bestimmungen zu verfolgen, vermittels derer Climacus diese Nachträglichkeit konzipiert. Die Ewigkeit Gottes ist eine Bestimmung der Kontinuität (5). Wie begreift nun Climacus die Kontinuität?

---

  rein logisch aufgefaßt ist, eine Täuschung, die auf den spielerisch abstrakt geschriebenen Seiten des „Zwischenspiels" fußt. Wenn man das Werden mit der Entscheidung als einer möglichen freien Wahl in Verbindung bringt, wird die Gültigkeit der *geschichtlichen* Freiheit sofort auffällig. Freiheit und Notwendigkeit sind bei Climacus nicht logisch entgegengesetzt, da der Gegensatz zwischen faktischem, werdendem Sein und ideellem, notwendigem Wesen (vgl. oben § 5, S.21f.) dahinter steckt. Über den Unterschied eines Gegensatzes in der Logik und in der geschichtlichen Freiheit sagt Kierkegaard in E/O II,184, daß „man zwei Sphären miteinander verwechselt, die des Denkens und die der Freiheit. Für den Gedanken ist der Gegensatz nichts Bestehendes; er geht über in das Andere und darauf zusammen zur höheren Einheit. Für die Freiheit ist der Gegensatz ein Bestehendes; denn sie schließt ihn aus".

1. Brocken 71f.
2. Brocken 72.
3. Brocken 70. Climacus ist sich dessen bewußt, daß das „ist" des Notwendigen keine Anwendung des Begriffs des Seins ist, sondern es bezeichnet das Wesen des Notwendigen. Unter Berücksichtigung dieser Tatsache können wir H.Schweppenhäuser (ibid., S.70) nicht zustimmen, nach dem der Begriff des Seins in den „Brocken" äquivok ist.
4. Brocken 84.
5. UN II,13.

Nicht nur die Ewigkeit sondern auch die Natur (1) ist als Kontinuität zu deuten: „die Natur (...) ist bestimmt in Zusammenhang mit sich selbst" (2). Wenn man das Leben im Glauben als eine zweite Natur versteht, dann heißt das sich in der Unmittelbarkeit vollziehende Leben eine erste Natur. Diese Unterscheidung setzt voraus, daß kein Mensch mit seiner zweiten Natur geboren wird, sondern daß man die zweite Natur später durch Entscheidung bekommt. Wenn das Gegenteil vorausgesetzt wird, daß man nämlich die Wahrheit von Geburt besitzt, erscheint eine Analogie zu den sokratischen Begriffen; bei Sokrates ist die menschliche Natur in der Ewigkeit kontinuierlich, und durch die Entdeckung der Wahrheit entsteht keine zweite Natur; damit ist aber wieder die rückwärts gehende Denkbewegung charakterisiert. „Hier hingegen ist alles vorlings und geschichtlich" (3). Wenn man jetzt versucht, die Folge der Entscheidung für den Glauben logisch in ihrem Verhältnis zur verursachenden Entscheidung zu verstehen, wird man die Gleichartigkeit von Folge und Ursache feststellen. Aus der Tatsache, daß das logische Denken diese Gleichartigkeit feststellen kann, folgt aber nicht, daß die Logik entweder die Folge oder ihre Ursache begrifflich erklären kann. Da die Ursache ein Paradox war, ist auch die Folge ein Widerspruch und einem immanenten, logischen Denken unzugänglich; es ist unsinnig anzunehmen, eine Folge könne den paradoxen Charakter ihrer Ursache umschaffen (4). Da der Sicherinnernde in der Immanenz bleibt, bestätigt er den Zusammenhang seines Bewußtseins, den Climacus lobend als den höchsten Gedanken des Sokrates charakterisiert: „die Ewigkeit und der Zusammenhang des Bewußtseins ist im Sokratischen der Tiefsinn und der Gedanke" (5). Sowohl Sokrates als auch Climacus haben das Kontinuierliche nur operational gebraucht, nicht aber hypostasiert (6). Als das Maß der Bewegung ist das Kontinuierliche bei Climacus die Bestimmung einer Funktion, die ein notwendiges Moment der Bewegung, ja sogar der Existenz selber ist. „Insofern Existenz Bewegung ist, gilt, daß es doch ein Kontinuierliches gibt, das die Bewegung zusammenhält, sonst gibt es nämlich keine Bewegung" (7).

Vermittels seiner Unterscheidung zwischen Notwendigkeit und Zufall bzw. zwischen Wesen und faktischem Sein kritisiert Climacus Spinoza und Hegel. Die Notwendigkeit des Daseins Gottes wird nach Spinoza aus der Vollkommenheit Gottes bewiesen, die aber in einem tautologischen Verfahren aus seinem Mehrsein erklärt wird: Gott ist, weil er vollkommen ist;

---

1. In der aristotelischen „Physik" ist die Bewegung eng mit der Kontinuität verknüpft. Die als Grund der φύσις gedachte Bewegung läßt sich nur als kontinuierlich denken. Das Kontinuierliche (συνεχές) ist vom Berührenden (ἁπτόμενον) und vom Benachbarten (ἐφεξῆς) zu unterscheiden. Kontinuierlich ist das Seiende, dessen äußerste Grenzen eins sind; berührend ist das, dessen Grenzen zugleich sind; benachbart ist, zwischen dem nichts von der gleichen Art ist (Phys. 231a 22f.). Diese Bestimmung des Kontinuierlichen ist eine Ergänzung der etymologischen Erklärung, die in Phys. 227a 10-12 zu finden ist. Die endgültige Bestimmung des Kontinuierlichen ist aber: teilbar in immer wieder Teilbares (Phys. 231b 16), wobei das Schwergewicht auf der Teilung liegt. Das Kontinuierliche ist kein aus gegebenen Teilen Zusammengesetztes; sein Hauptmerkmal ist die Irreduzibilität (nämlich die Unmöglichkeit, es auf unteilbare Teile zurückzuführen), die als Gegenposition zu den zenonischen Paradoxa die *Anschaulichkeit* (bei Climacus: *Unmittelbarkeit*) der Bewegung retten soll.
2. Brocken 93.
3. Ebenda.
4. Brocken 92.
5. Brocken 93f. Vgl. *Aristoteles*, Met. 1078b 27-29, wo Sokrates ähnlich gelobt wird.
6. Vgl. ibid., 1078b 30f.
7. UN II,13.

und vollkommen bedeutet, mehr Sein in sich zu haben. Climacus erwidert: Eine Unterscheidung zwischen mehr und weniger faktischem Sein ist sinnlos, denn nur dem Schein nach kann ein Gradunterschied im Sein bestehen. „Eine Fliege, wenn sie ist, hat ebensoviel Sein wie der Gott" (1). Man kann nur zwischen den qualitativen Bestimmungen des Wesens unterscheiden, eine quantitative Unterscheidung im Sein ist sinnlos. Die Notwendigkeit des ideellen, d.h. denkerischen Daseins Gottes ist keine faktische, denn sie ist nur das Wesen dieses ideellen Seins. „Jedoch sobald ich ideell von Sein spreche, spreche ich nicht mehr von Sein, sondern vom Wesen" (2). Spinoza löst nicht das Problem des Seins der Idealität Gottes, da er ihr Verhältnis zum faktischen Sein umgeht. Hegel verfährt ähnlich, wenn er sich ideell mit den Bestimmungen des Seins beschäftigt und das Dasein der absoluten Notwendigkeit behauptet (3). Durch eine Anmerkung in der „Unwissenschaftlichen Nachschrift" (4) wird klar, daß Climacus die hegelsche Lehre vom Wesen in der „Enzyklopädie" kennt und in Anlehnung an Trendelenburg die Notwendigkeit des Übergangs in der Logik kritisiert. Wenn Hegel die Eigentümlichkeit des Existierens vom Wesen her als einen Grund des Seins betrachtet, verknüpft er nach Climacus seinen Begriff der Existenz mit der Vorstellung vieler zusammenhängender materieller Dinge, und so löst sich die Existenz in eine Vielfalt von Existenzen auf.

§ 12. Die Position als ein zusammenfassendes Ergebnis des Denkens des Climacus

Während Kierkegaard in seiner Dissertation das Negative des sokratischen Ansatzes hervorhebt, indem er sich mit dem ironischen Standpunkt auseinandersetzt, beschäftigt sich Climacus ständig mit der Positivität der Bewegung zum Glauben. Climacus stellt jedoch seine Gedanken nicht als eine Gegenthese zur sokratischen Negativität heraus; seine Stellung zum Sokratischen kann vielmehr als wohlwollend charakterisiert werden. Die sokratische Negation beabsichtigt nach Climacus die Aufhebung der Vielheit, damit die grundlegende Einheit erscheint. Wie ein Monotheist, der an einen einzigen Gott glaubt, keineswegs negativer einzuschätzen ist als ein Polytheist, so ist Sokrates, der an einen einzigen, absolut gültigen Gedanken festhält, nicht negativer einzuschätzen als die relativ gültigen spekulativen Gedanken (5). Durch die Unterscheidung der Einheit vom Vielfältigen setzt sich Sokrates das Ideale bzw. das Unendliche als Ziel, was eine schlechthin positive Setzung bedeutet. „Was ist das Positive, was das Negative? Das positive Wissen ist das unendliche Wissen, das negative das endliche. Insofern ist das positive Wissen das negative, das negative das positive" (6). Der Ausgangspunkt und Höhepunkt des Sokratischen ist die Beziehung zwischen Mensch und Mensch, die aber dadurch, daß durch sie nichts Neues zu entstehen vermag, auf das Dasein des Absoluten hinweist. Beschränkt auf die menschliche Relativität, polemisiert Sokrates gegen die menschlichen Unzulänglichkeiten, weil er ein Liebhaber des Göttlichen ist (7).

In scharfem Gegensatz zum Sokratischen überhaupt steht die Voraussetzung des Climacus, die als das Bewußtsein der eigenen Sündhaftigkeit begriffen ist. Sie ist mehr als ein nur theoretisches Wissen um die eigene Schuld; dieses gehört zur Immanenz und unterscheidet sich streng von der transzendenten Bewegung des Sündenbewußtseins (8). Die Sünde vernichtet (nicht in der Realität sondern im Bewußtsein) den Menschen selbst, indem sie ihm klar den un-

---

1. Brocken 40 Anm.
2. Ebenda.
3. Jub. Ausg. 4,695; 8,330ff.
4. UN I,1.
5. Brocken 8, Anm. 2.
6. Tag. I,352.
7. Brocken 21.
8. UN II,242 und 297.

endliches Leid hervorbringenden Widerspruch der sündhaften Entfremdung von der Wahrheit zeigt. „In der religiösen Sphäre ist das Positive kenntlich am Negativen, das Verhältnis zu einer ewigen Seligkeit kenntlich am Leiden" (1). In Nichts geraten, hat der Mensch keinen festen Standpunkt mehr, und keine gedachte Ewigkeit kann ihm als ein Standpunkt dienen, denn eine mögliche Rettung muß konkret geschehen. Was diese Negativität in eine Positivität verwandeln kann, ist das Pathos (2). Beim existierenden, subjektiven Denker, der um Wahrheit bemüht ist, fügen sich Negatives und Positives, Komik und Pathos zusammen, und dieser Widerspruch hält ihn ständig in Bewegung (3). Das objektive, positive Denken ist ein Betrug im Bereich sowohl der Sinnlichkeit als auch des historischen Wissens und des Spekulierens. „Die sinnliche Gewißheit ist Trug (vergl. die griechische Skepsis und die ganze Darstellung in der neueren Philosophie, woraus man sehr vieles lernen kann); das historische Wissen ist Sinnestäuschung (da es Approximationswissen ist); und das spekulative Resultat ist Blendwerk" (4). Der negative Denker ist dagegen dadurch im Vorteil, daß er sich nicht mit einer fremden, sondern mit der eigenen Negativität auseinandersetzt. Das Positive liegt beim subjektiven Denker nicht in einer schon vorhandenen Eigenschaft, sondern als eine Aufgabe vor. Die Negativität ist somit eigentlich nicht mehr da, da sie alles vernichtet hat, und die Positivität ist noch nicht da, insofern sie im Streben liegt. Eine ständig negative Bewegung vermag nicht zum Ziel zu gelangen, denn es handelt sich ja nicht um eine kontinuierliche, denkimmanente Bewegung. Sie ist keine allmähliche Approximation; das einzige, was ständig zunimmt, ist das Bewußtsein des unendlichen Abstands vom absoluten Ziel. Der subjektive Denker wird sich immer mehr seines Gegenstandes bewußt, dies aber hat ein Zunehmen des Bewußtseins der eigenen Negativität zur Folge: „denn seine Positivität besteht in der fortgesetzten Verinnerlichung, in welcher er um das Negative weiß"(5).

Als ein Zweifler negiert Climacus nicht das Unmittelbare, sondern die eigene Negativität. Er hat die ironische Einstellung zum äußerlich Gegebenen überwunden, vermittels der Ironie gegen die eigene Nichtigkeit zielt er nunmehr auf ein innerliches Setzen. Das zu Setzende ist wiederum nicht einfacher Natur, sondern durch die Zusammensetzung einer Entscheidung mit einer Veranlassung bzw. des Ewigen mit dem Zeitlichen geprägt. Bei Climacus be-steht weder das eine noch das andere. Das einzig Be-ständige ist die Bewegung; somit ist sie eine Position.

---

1. UN II,243.
2. Der „pathetische Übergang" ist als Möglichkeit in jedem Menschen angelegt, denn er hat nicht wie der „dialektische Übergang" nur mit dem denkerischen Talent, sondern mit dem Willen zu tun, vgl. Tag. IV C 12, K. Schäfer, ibid., Anm.5: „Einen pathetischen Übergang kann jeder Mensch verstehend durchführen, wenn er es will; denn zu jener Unendlichkeit, die im Pathos steckt, gehört nur Mut ...".
3. UN I,72.
4. UN I,73.
5. UN I,76.

B. DIE BEWEGUNG BEI VIGILIUS

§ 13. Darstellung des Vigilius-Standpunktes

Das Hauptproblem des Climacus war der Anfang. Der Zweifel, das Ärgernis, die Bewunderung und die Verwunderung galten bei ihm als Ausgangspunkte, von denen aus er auf den Anfang zielte. Vigilius Haufniensis scheint dagegen unbefangen zu sein. Sorglos schreibt er „frisch weg sein Buch wie der Vogel sein Lied singt" (1); er hat nicht die Absicht, „ein Zeitalter, eine Epoche mit seinem Buch anfangen zu lassen" (2). Gegen die Bewunderung, die ethisch gedacht eine Bewegung ist, die die Ähnlichkeit mit dem Bewunderten erstrebt (3), hat er einzuwenden, daß sie insofern ein Mißverständnis ist, als der Bewunderer sich selbst und seinen Gegenstand nicht versteht und kennt, was aber eine notwendige Bedingung seiner Bewunderung ist (4). Das wissenschaftliche Vorgehen des Vigilius ist statisch. Er behandelt seinen Gegenstand psychologisch; die Merkmale der Psychologie sind eine „spionierende Unerschrockenheit" (5) und eine sympathetische oder antipathetische Neugierde. Es gibt kein dynamisches Motiv in der psychologischen Tätigkeit, „denn die Psychologie verhält sich eigentlich weiblich" (6). Nicht einmal der Gegenstand der Psychologie hat etwas mit Bewegung zu tun. „Womit die Psychologie zu schaffen haben soll, das muß ein Ruhendes sein, das in bewegtem Ruhestande verbleibt, nicht ein Unruhiges" (7). In welcher Beziehung die Angst, die sowohl Gegenstand als auch Stimmung (8) der psychologischen Betrachtungen des Vigilius ist, eigentlich zur Bewegung steht, wollen wir im nächsten Paragraphen ausführlich erörtern. Aber schon in dem lateinischen Namen Vigilius liegt ein Hinweis auf die Unbewegtheit dieser pseudonymen Persönlichkeit. In seinem Geburtsort (Haufniensis = aus Kopenhagen) ist Vigilius ein Wächter, ein aufmerksamer Beobachter von seinem Standort aus.

Die Psychologie ist sich ihrer erklärenden Fähigkeit bewußt, sie beschränkt sich aber vorsichtig auf ihr Gebiet und erhebt keinen Anspruch darauf, das Unerklärliche erklärlich zu machen. „Die Wissenschaft, die es mit der Erklärung zu tun hat, ist die Psychologie, welche doch lediglich auf die Erklärung zu erklären kann, und sich vor allem hüten muß, den Anschein zu erwecken, als erkläre sie, was keine Wissenschaft erklärt" (9). Sowohl ihr Gegenstand als auch ihre Methode sind dialektisch, und zwar derart, daß die entstehende Erklärung durch eine „geschmeidige Zweideutigkeit" geprägt wird (10). Diese Erklärung gilt aber keineswegs als eine endgültige Leistung der Psychologie. Vigilius Haufniensis ist nicht nur Psychologe. Er setzt die Dogmatik voraus und ist sich dessen bewußt, daß die Psychologie nur im Dienste dieser Wissenschaft ihren tiefen Sinn findet (11); jede psychologische Bemerkung hat ausschließlich das Ziel, in den Bereich der Dogmatik vorzustoßen: sobald die Psychologie mit ihrem Gegenstand fertig ist, soll sie ihn an die Dogmatik abliefern (12).

---

1. Angst 4.
2. Ebenda.
3. Tag. III,95.
4. Angst 5; vgl. Tag. III,137.
5. Angst 12.
6. Ebenda.
7. Angst 19.
8. „Die Stimmung der Psychologie ist aufdeckende Angst und in ihrer Angst zeichnet sie die Sünde ab, indessen sie sich ängstigt und aber ängstigt vor der Zeichnung, die sie selbst hervorbringt" (Angst 12).
9. Angst 37.
10. Angst 39.
11. Angst 20f.
12. Angst 169.

Vigilius bezeichnet sich durch den zweiten Namen, den er für sich selbst vorschlägt (Christ Madsen) (1), als einen naiven Christen. Schon in seinem Motto preist er die „einfältige" sokratische Weisheit (2). Diese Naivität verhält sich gleichgültig gegenüber jeder anerkannten Autorität. Vigilius ist unterwürfig, was den Befehl einer Autorität betrifft, und verzichtet auf eine Entscheidung. „Diese Entscheidung geht über meinen Verstand"(3), bemerkt er ironisch. Wenn er aber auf diese Weise gleichgültig gegenüber dem Realen ist, dann gerät er im Gegensatz zum Sokratischen in die Nähe der Sophisten, die sich mit dem Realen begnügen und nicht zum Idealen tendieren (4). Vigilius greift die sokratische Negativität trotz seiner Gleichgültigkeit kraft seiner Leidenschaft des Unterscheidens auf, indem er streng zwischen dem vom Kaiser und dem von Gott Gefragten unterscheidet. Er bewundert so sehr die sokratische Fähigkeit des Unterscheidens, daß er sie mit Weisheit identifiziert (5). Seine Leidenschaft des Unterscheidens zwingt ihn, von Anfang an die wissenschaftlichen Probleme ihrer Stellung und ihren Grenzen nach zu bestimmen und vor allem die Methode, die Voraussetzungen und das Gebiet einer jeden Wissenschaft von denen der anderen zu trennen; er ist sich zugleich dessen bewußt, daß diese Begrenzung seiner wissenschaftlichen Tätigkeit die Richtigkeit seiner psychologischen Überlegungen nicht sichert (6). Seine Sorge um die richtige Abgrenzung läßt sich meistens aus der Unterteilung der Paragraphen ersehen. Selbst das Psychologische behandelt er höchst vorsichtig getrennt von seinen dogmatischen Voraussetzungen. Der Hintergrund, das Ziel und die zweideutige Dialektik seiner Aussagen sind nur verständlich, wenn man seine ausschließliche Beschäftigung mit der Psychologie und seine Bewegung zum Dogmatischen hin berücksichtigt. Inwiefern seine Überlegungen keine „verdächtige Vervollkommnungsfähigkeit" (7), wohl aber eine legitime Selbständigkeit erreichen, ist in jedem einzelnen Moment seiner Dialektik zu zeigen.

§ 14. Die Dialektik der Angst

Als Gegenstand der psychologischen Betrachtung muß die Angst ein Ruhendes sein, das irgendeine Bewegtheit enthält. In welchem Sinne die Angst Gegenstand der Psychologie sein kann, und wie dieser Widerspruch einer in der Ruhe enthaltenen Bewegung zu verstehen ist, verlangt eine Auslegung. Daß die Psychologie mit einem Beharrlichen zu tun hat, wird nämlich schon dadurch fragwürdig, daß sich nicht der Behauptung des Vigilius nicht mit einem gegebenen Daß, sondern mit dem Wie des Entstehens beschäftigt, und zwar mit dem möglichen Wie des Entstehens der Sünde (8). Noch rätselhafter soll aber die Angst sowohl eine Möglichkeit als auch eine „disponierende Voraussetzung" der Sünde sein. Daß eine Voraussetzung zugleich als Möglichkeit gelten kann, daß diese zugleich ruhend und bewegt ist und daß diese überall zu findende Widersprüchlichkeit keine oberflächliche Zweideutigkeit ist, bedarf der näheren Betrachtung.

„Angst ist der erste Widerschein der Möglichkeit, ein Aufblitzen" (9). Hier wird die Angst als der Anfang eines Prozesses charakterisiert. Vigilius nennt den Zustand, der im Prozeß des Sündigwerdens die Rolle der Möglichkeit spielt, Unschuld. Es stellt sich die Frage, inwiefern der Begriff der Unschuld etwas faktisch Vorhandenes meint und nicht vielmehr ein methodisches Hilfsmittel zur Konstruktion einer Dialektik ist, die nur im Verstand und deshalb eigent-

---

1. Angst 5.
2. Angst 2.
3. Angst 5.
4. Ironie 215.
5. Angst 2.
6. Angst 21.
7. Angst 6.
8. Angst 19.
9. Tag. III,292.

lich nirgendwo in der Realität einen Platz hat. Hegel nennt ein solches unwirkliches Moment, das „zu keiner Zeit da ist" (1) und sich nur als reines Sein denken läßt, die Unmittelbarkeit (2). Die Unmittelbarkeit ist mit dem gedachten Nichts identisch, da ein faktisches Dasein ein Mittelbares, richtiger gesagt: etwas schon Vermitteltes ist. Vigilius kritisiert die hegelsche Logik auf folgende Weise: Wie kann eine Bewegung unter Abstraktion von der Zeit stattfinden? Eine nur im Denken vorhandene Unmittelbarkeit bewegt sich nicht in der Wirklichkeit, hebt sich somit nicht auf. „Die Unmittelbarkeit *wird* nicht durch die Mittelbarkeit aufgehoben, sondern indem die Mittelbarkeit zum Vorschein kommt, *hat* sie im gleichen Augenblick die Unmittelbarkeit aufgehoben" (3). Das Moment der Unmittelbarkeit ist bloß reflexiv, so verstanden entbehrt es aber einer Bewegung vom reflexiven Nichts zum faktischen Sein, somit auch einer Bewegung zum faktischen Nichtsein. Von der Vermitteltheit her gesehen kann die Unmittelbarkeit ein Nichts sein, insofern sie aufgehoben ist, vorausgesetzt, daß sie zu irgendeiner Zeit gewesen ist. In welchem Verhältnis steht nun der Zustand der Unschuld zur Unmittelbarkeit? Genügt die Behauptung, beide seien von einem Späteren her gesehen aufgehoben, damit sie als Aufgehobene bestimmt werden?

Nicht umsonst vermag Vigilius in ausgezeichneter Weise Unterscheidungen zu treffen. Er kann jeden Begriff durch eine Abgrenzung der jeweiligen Voraussetzungen richtig lokalisieren. Unmittelbarkeit und Unschuld gehören in verschiedene Wissenschaften. „Der Begriff Unmittelbarkeit gehört in die Logik, der Begriff Unschuld aber in die Ethik, und man muß über jeden Begriff sprechen von der Wissenschaft her, der er zugehört" (4). In welchem Sinne die Unschuld in die Ethik gehört, wird verständlich, wenn die Grenzen und das Ziel der Ethik berücksichtigt werden. Die Ethik hat nichts mit der Wirklichkeit, wohl aber mit der Möglichkeit zu tun. Vigilius nennt die ethische Möglichkeit ideal. Die Ethik beschäftigt sich nicht mit dem Versuch, die bestehende Wirklichkeit zur Idealität emporzuheben, sondern genau umgekehrt: ihre Bewegung besteht darin, das Ideale in die Wirklichkeit hineinzubringen (5); sie bewegt sich zur Wirklichkeit hin, ohne sie erreichen zu können. Die Ethik hat nicht einmal zur Wirklichkeit der Sünde eine Beziehung, sondern nur insofern sie die in ihr enthaltene Möglichkeit betrachtet. Vigilius nennt nun die Möglichkeit der Sünde Unschuld. Während es in der Logik zutreffen kann, daß die Unmittelbarkeit aufgehoben werden muß, wenn die Mittelbarkeit erscheinen soll, wäre es in der Ethik unethisch zu behaupten, die Unschuld solle (im Sinne einer Aufgabe!) durch die Schuld aufgehoben werden. Während es in der Logik fraglich ist, inwiefern diese Wissenschaft mit der als Wirklichkeit begriffenen Mittelbarkeit zu tun hat, ist es völlig in Ordnung, daß die Ethik sich mit der Unschuld als einer Möglichkeit und nicht als etwas Aufzuhebendem beschäftigt.

Wenn die ethische Bewegung von der Möglichkeit zur Wirklichkeit hin stattfindet, was für eine Bewegung ist der Logik zuzuweisen? Die Bewegung in der Logik ist der Punkt, an dem die Polemik des Vigilius gegen Hegel ansetzt. Ein Haupteinwand gegen eine Bewegung in der Logik ist ihre Immanenz. Die Reinheit, die die Logik voraussetzt, erlaubt ebensowenig einen transzendenten Übergang ins Empirisch-Faktische wie einen Anspruch auf Dasein und erfahrungsmäßige Wirklichkeit. Der Schwerpunkt liegt aber nicht nur auf der reinen Voraussetzung. Die Hauptgefahr liegt in der Verfälschung des Begriffs der Bewegung, wenn der immanent-logischen Denkbewegung der gleiche Rang zuerkannt wird wie der transzendent-ethischen. Wenn die Ethik Anspruch auf eine echte Bewegung erhebt, dann kann es eine logische Bewegung im strikten Sinn nicht geben. Mit dem Bereich des Möglichen hat, wie schon gesagt, auch die Ethik zu tun, doch ist eben eine transzendente Bewegung zum Wirklichen hin das Ziel des Ethischen.

---
1. Angst 33.
2. Jub. Ausg. 8,203 und 209; 4,87f.
3. Angst 34.
4. Angst 33.
5. Angst 13.

Vigilius nennt jetzt die psychologische Möglichkeit eine *reale* Möglichkeit, eine Bestimmung allerdings, die in sich einen Widerspruch enthält. Dies bedarf der näheren Betrachtung: Nicht daß ein bloß gedachtes Nichts wegen einer späteren Transzendenz als ein reales Nichts charakterisiert würde; das Faktum selbst, daß durch die Transzendenz ein Etwas entsteht, ist ein sicheres Anzeichen dafür, daß das Frühere kein Nichts war, sondern ein Nichts *geworden* ist dadurch, daß es durch die Bewegung aufgehoben wurde. Vigilius behauptet die Realität der psychologischen Möglichkeit, wobei das Faktum, daß sie meistens als aufgehobene Unschuld erscheint, nicht im Widerspruch zu ihrer Realität steht. „Die Unschuld ist etwas, das durch eine Transzendenz aufgehoben wird, eben weil die Unschuld *Etwas* ist. (. . .) Die Unschuld ist eine Qualität, sie ist ein *Zustand*, der recht gut zu bestehen vermag" (1). In welchem Sinne ist jetzt zwischen Unschuld und Angst zu unterscheiden?

Man kann vom Standpunkt der schon gesetzten Sünde her feststellen, daß der Zustand der Unschuld kein bloß gedachter war. Es ist aber noch mehr zu sehen: Von diesem Standpunkt aus erscheint jetzt die Unschuld als etwas Aufgehobenes, d.h. als eine nicht mehr vorhandene Möglichkeit, somit als ein Nichts; von dorther kann das Was-sein dieser Möglichkeit nicht aufgedeckt werden. Für die Ethik ist die Betrachtung des Möglichen als solchen und das heißt seiner Realität nicht möglich. Sie kann höchstens feststellen, daß es von einer inneren Unruhe beherrscht wurde, und daß nunmehr die Reue als Aufgabe bevorsteht. Für die Ethik ist die Gewißheit wichtig, daß die Sünde als solche real ist. Während die Ethik mit der Forderung des Übergangs zur Reue zu tun hat, betrachtet die Psychologie das Mögliche als einen Zustand. „In diesem Zustand [der Unschuld] ist Friede und Ruhe; aber da ist zu gleicher Zeit noch etwas Anderes, welches nicht Unfriede und Streit ist; denn es ist ja nichts da, damit zu streiten. Was ist es denn? Nichts. Aber welche Wirkung hat Nichts? Es gebiert Angst" (2). Das psychologisch betrachtete Nichts ist somit nicht wie das ethische ein Nichtmehr, sondern ein Nochnicht, das ebenso real wie das Nichtmehr ist. Ethisch betrachtet ist die aufgehobene Möglichkeit der Sünde Unschuld, psychologisch betrachtet ist sie Angst. Die Zweideutigkeit des Phänomens Angst ist damit angedeutet; was für die Ethik eine unwesentliche Rolle spielt, ist für die psychologische Betrachtung als dialektischer Anlaß für die Bewegung vorhanden.

Beide Wissenschaften - Ethik und Psychologie - haben es mit demselben Gegenstand von verschiedenen Standpunkten aus zu tun und verstehen ihn je anders. Das Verstehen ist außerdem gar nicht das Hauptziel der Ethik, denn sie ist immer „anklagend, urteilend, handelnd" (3). Die Psychologie hat nur mit der Beobachtung zu tun, die im Gegensatz zum ethischen Handeln ein Abstandnehmen von ihrem Gegenstand voraussetzt. Während sich die Ethik keine Zeit nimmt, um sich mit der Möglichkeit zu beschäftigen, findet die Psychologie ihr Vergnügen darin, ungestört die Struktur der Möglichkeit zu untersuchen. Beide Wissenschaften finden in einer dritten Wissenschaft ihren tieferen Sinn, in der Dogmatik, die als Voraussetzung beider gilt. Diese Wissenschaft hat einen anderen Gegenstand. „Indessen die Psychologie die reale Möglichkeit der Sünde ergründet, erklärt die Dogmatik die Erbsünde, das heißt die ideelle Möglichkeit der Sünde" (4). Die Erbsünde ist somit eine Voraussetzung der realen Möglichkeit der Sünde und macht zugleich das Ziel beider Wissenschaften aus. Hier ist ein weiterer Unterschied dieser Wissenschaften zu bemerken: das Ziel der Ethik wird ihr bewußt, und sie strebt handelnd danach; die Psychologie dagegen steht „ohne es zu wissen" (5) im Dienste der Dogmatik, und erst aus dieser soll die Erklärung des empirischen Details entstehen, eine Erklärung, auf die sich die Psychologie zu bewegt, ohne sie erreichen zu können.

---

1. Angst 35.
2. Angst 39.
3. Angst 20.
4. Angst 21.
5. Angst 20.

Die ideelle Möglichkeit der Sünde, die den Gegenstand der Dogmatik ausmacht, ist die Erbsünde. Der traditionellen Dogmatik ist es nicht immer gelungen, den Begriff der Erbsünde sachgemäß zu entwickeln, denn er wird meistens mit der Erklärung der Sünde Adams verwechselt. Die Erklärung der geschichtlich ersten Sünde erhob den Anspruch, den Anfang der menschlichen Geschichte zu deuten. Indem man die übernatürliche Fähigkeit einer Urgerechtigkeit zusprach, die kein späterer Mensch haben konnte, da sie durch Adams erste Sünde ein für allemal verloren wurde, stellte man sich Adam „phantastisch" außerhalb des menschlichen Geschlechtes vor. Die Sünde Adams gleicht, richtig erklärt, in ihren Hauptzügen jeder späteren ersten Sünde, was im Grunde genommen auf die Unerklärbarkeit jeder Sünde hinweist. Wenn die Erbsünde eine wichtige Rolle bei jeder späteren Sünde spielt, dann hat sie eine ebenso wichtige Rolle bei der Sünde Adams gespielt. Man nimmt nicht durch das Verhältnis zu Adam, sondern durch das Verhältnis zur Sünde selbst an der Erbsünde teil. Der Begriff eines wichtigen Anfangs, der in der Vergangenheit stattgefunden hat und nur noch in seinen Folgen da ist, ist also eine Erfindung: die Erbsünde kann keineswegs eine einfache Folge der Sünde Adams, sondern nur in einer vollen Ursprünglichkeit da sein. Obgleich viele Jahrhunderte den heutigen Menschen von Adam trennen, ist die Ursprünglichkeit der Sünde damals wie heute dieselbe als eine ideell gesetzte Möglichkeit der Sünde. Die Unterscheidung zwischen einer ursprungsetzenden und einer ursprunggesetzten Sünde (1) ist nicht berechtigt, wenn der Begriff der Sünde aufrecht erhalten werden soll. Und wiederum ist eine Erklärung der Sünde Adams, die von der Erbsünde als einem ursprünglichen Verhältnis zur Sünde absehen will, überhaupt nicht sinnvoll. Was ist denn das - die Ursprünglichkeit?

Das Ursprüngliche ist zuerst in seinem Unterschied zum Abgeleiteten zu verstehen. Alle Menschen, die von Adam abstammen, sind abgeleitet (2), sie unterscheiden sich von ihm durch die schon geschehene, quantitativ ständig wachsende Geschichte. Schon Eva ist im Vergleich zu Adam abgeleitet, und das „Abgeleitete ist nie so vollkommen wie das Ursprüngliche" (3). Vigilius erklärt aus dieser Tatsache die von altersher allgemein anerkannte größere Schwäche der Frau (4). *Der Unterschied zwischen Ursprünglichem und Abgeleitetem ist demnach ein quantitativer.* Die Betrachtung, die auf diesen quantitativen Unterschied stößt, vergleicht zwei auf derselben Ebene objektiv begriffene Größen. Das zeitlich Spätere weist einen quantitativen Unterschied zum Original auf. „Das spätere Individuum hat im Vergleich mit Adam ein Mehr, und im Vergleich mit anderen Individuen abermals ein Mehr oder Minder"(5). Solange man vom Abstand eines objektiven Beobachters her diesen quantitativen Unterschied feststellt, hat dieses Ergebnis keine qualitative Bedeutung. Hier wie überall in den Schriften Kierkegaards ist seine Überzeugung klar zu erkennen, daß sich der Wissenschaftler seinem Objekt gegenüber „entscheidend" verhält, wenn es um die Unterscheidung zwischen zwei Gegensätzen geht. Wenn der Beobachter das Ursprüngliche nicht mehr unbeteiligt als eine Möglichkeit des betrachtenden Individuums selbst auffaßt und es in die Dialektik der Bewegung hineinzieht, dann zeigt sich das Ursprüngliche als die quantitativ wachsende Zeitfolge; es handelt sich nämlich jetzt darum, den Bezug des aus der Vergangenheit gekommenen Ursprünglichen zur zukünftigen qualitativen Setzung herzustellen. *Der Ur-Sprung ist im Vergleich zum Sprung eine bloße Quantität.* Um dasselbe konkret auszudrücken: sowohl die ideelle als auch die reale Möglichkeit der Sünde sind im Vergleich zur bevorstehenden qualitativen Setzung eine quantitative Anhäufung.

In der Unterscheidung zwischen Qualität und Quantität wird das Quantitative zu einem Nichts. Daher bestimmt Vigilius den Gegenstand der Angst als ein Nichts. „Aber welche

---

1. Angst 24.
2. Angst 51.
3. Angst 63.
4. Ebenda.
5. Angst 77.

Wirkung hat Nichts? Es gebiert Angst" (1). Alle quantitativen Bestimmungen, Angst, Ursprünglichkeit, Unschuld und Nichts, gehören insofern zusammen, als sie sich vom qualitativen Sprung unterscheiden: sie sind eine noch nicht verwirklichte Möglichkeit. ,,Nichts, die ängstigende Möglichkeit zu *können*" (2). Der sich in der Möglichkeit Befindende kann den Inhalt dieses Könnens nicht ahnen, denn der Geist ist unwissend-träumend (3). Das Daß des Könnens kann er auch nicht für etwas Nichtiges halten, denn erst nach dem Setzen des Wirklichen ist das Können als etwas Aufgehobenes erweisbar. ,,In dem Augenblick, da die Wirklichkeit gesetzt ist, geht die Möglichkeit beiseite als ein Nichts" (4). Diese vorausgegangene Ursprünglichkeit erweist sich für das Entstehen des Wirklichen als notwendig, wie Kierkegaard im Hinblick auf Sokrates bemerkt: Wenn Sokrates als *Wendepunkt* charakterisiert wird (ein Begriff der Bewegung, der auch bei Hegel zu finden ist (5)), dann ist die sokratische Ursprünglichkeit für das Entstehen dieser Wende notwendig; das dritte Kapitel der Ironieabhandlung unternimmt den Versuch, dies zu beweisen (6). Kierkegaard bestimmt die Vieldeutigkeit des Nichts in dreifacher Hinsicht: a) als spekulatives Nichts, begriffen als ,,das in jedem Augenblick vor der Konkretion Verschwindende, da es selber des Konkreten Trieb, des Konkreten nisus formativus ist", b) als mystisches, nur für die Vorstellung daseiendes Nichts und c) als ironisches Nichts: die Totenstille, ,,in welcher die Ironie als Wiedergängerin Spuk macht" (7). Das im ,,Begriff Angst" konzipierte Nichts stellt die Unfähigkeit des Quantitativen dar, in eine Qualität überzugehen; es scheint somit mit dem spekulativen Nichts verwandt zu sein. Wie versteht Vigilius das völlig qualitätslose quantitative Nichts?

§ 15. Die Unterscheidung zwischen Quantität und Qualität

Der eigentliche Gegenstand, vor dem man sich ängstigt, ist das Nichts. Steht das von Angst beherrschte Individuum in einer erkenntnishaften Beziehung zum Nichts? Es ist angedeutet: man ist sich dessen bewußt, daß dieses Nichts ein Können bedeutet; man betrachtet das Daßsein der Möglichkeit; was aber diese Möglichkeit inhaltlich ist, weiß man nicht. ,,Was es ist, das er kann, davon hat er keine Vorstellung; denn andernfalls setzt man ja, wie es gewöhnlich geschieht, das Spätere voraus: den Unterschied zwischen Gut und Böse. Bloß die Möglichkeit zu können ist vorhanden als eine höhere Form von Unwissenheit" (8). Die Möglichkeit liegt in einer doppelten Unbestimmtheit vor: Weil sie noch nicht bestimmt ist, verhält sich der Geist zu ihr wie zu einem Traum. Wenn man die Bedeutung eines Traums nicht kennt, verhält man sich zu ihm sowohl sympathetisch als auch antipathetisch (9), sowohl liebend als auch fliehend (10). Vigilius bestimmt den Zustand der Unschuld in Anlehnung an die Erzählung der Genesis als Unwissenheit (11). Eine äußerliche Betrachtung kann das negative Moment in der Unwissenheit *in Bezug auf* das Wissen feststellen, und eine Bewegung zum Wissen hin daraus schließen. Eine solche Betrachtung trifft die Unwissenheit der Unschuld überhaupt nicht, denn sie schließt etwas Unwirkliches durch Vorwegnahme des Späteren ein. Ebensowenig ist hier Platz für die Annahme, das aus dem Gebot Gottes resultierende Wissen Adams vom Verbotenen

---

1. Angst 39.
2. Angst 43.
3. Diesen Standpunkt festhaltend, behauptet Vigilius, daß die Angst eine Bedingung der Möglichkeit der Sünde ist, sie aber nicht erklären kann (Angst 94).
4. Angst 48.
5. Vgl. Jub. Ausg. 18,42.
6. Vgl. vor allem Ironie 205.
7. Ironie 263.
8. Angst 43.
9. Angst 40.
10. Angst 43.
11. Angst 35.

sei eine Erklärung des qualitativen Sprungs. Ein solches Wissen stellt zwar ein Verhältnis des noch nicht in Sünde gefallenen Adams zum zukünftigen Sprung dar, dieses Verhältnis vermag den Sprung aber nicht vorherzubestimmen. Diese Annahme Baaders bezüglich der Versuchung (1) räumt letzten Endes einen experimentierenden Gott ein; eine dogmatische Erklärung muß doch eine psychologische Zwischenbestimmung berücksichtigen und nicht auf Kosten der Psychologie eine voreilige These beibringen wollen. Die psychologische Zwischenbestimmung ist nicht die concupiscentia, denn diese setzt die Schuld irgendwie vor der eigentlichen Setzung der Sünde voraus, sondern die Angst vor der Setzung. Daß die concupiscentia keine zweideutige Bestimmung ist, ist schon ein Zeichen dafür, daß sie nicht zur Psychologie gehört.

Die Angst vor dem unbekannten Nichts ist kein Zeichen ethischer Schwäche oder physischer Unvollkommenheit (2). Wir können den Grund dieser Behauptung mit Hilfe der Begriffe des Quantitativen und Qualitativen aufhellen: diese Begriffe werden gleichermaßen als geistige Zustände bestimmt (3). Die Unterscheidung zwischen Qualität und Quantität enthält

---

1. Angst 37f. Anm.
2. Angst 45 Anm.
3. Erst bei Anti-Climacus ist eine religiöse Versöhnung der Spaltung zwischen Quantität und Qualität und somit der tiefere Sinn dieser Begriffe zu finden. Die übrigen Pseudonyme haben das als Versöhnendes dienende Dritte nicht als solches aufgefaßt, deshalb bleiben sie im Paradoxon der Spaltung stecken. Es geht um den Begriff des Maßstabs. Der Maßstab für einen Menschen ist das, worin der Mensch seine Qualität entdeckt und woran er gemessen wird. Ein Hirt kann seine Herde, ein Herr seinen Knecht, ein Kind seine Eltern, ein Mann den Staat (Krankheit 78) als Maßstab für seine Leistungen anlegen. Die Qualität des jeweiligen Menschen hängt von der Qualität seines Maßstabs ab. Das „theologische Selbst", nämlich der Mensch, dessen Maßstab Gott ist, ist durch eine ganz andere Qualifikation als der Mensch bestimmt, dessen Maßstab ein Ding oder ein anderer Mensch ist. Die Gleichartigkeit der messenden und gemessenen Qualitäten wird hier vorausgesetzt, ebenso wie sich nur gleichartige Größen zusammenzählen lassen. Bezeichnenderweise wird also Gott als gleichartig mit dem an ihm gemessenen Menschen bestimmt. Im Gegensatz zu einem solchen an Gott sich messenden Menschen charakterisiert Anti-Climacus jeden anderen als „bloß menschlich" (Krankheit 77). Der Maßstab wird jetzt durch eine Übertragung in die Sphäre des Ethischen mit dem Ziel gleichgesetzt. Zwar gibt es den Fall, daß der unter der Voraussetzung der Freiheit wirkende Mensch seinem Ziel nicht qualitativ gleich ist. Dann können der Maßstab und das Ziel diese fehlende Qualifikation verurteilen und als Zeichen dafür dienen, was der Mensch trotz seiner Zielsetzung aus eigener Schuld nicht ist.
Der Gedanke des göttlichen Maßstabs erhält seinen tiefen Sinn, wenn die absolute Verschiedenheit zwischen Gott und Mensch berücksichtigt wird. Diese Verschiedenheit entsteht nicht erst durch eine bestimmte menschliche Handlung, sondern gehört zum Wesen der gegenübergestellten Qualitäten. Der Mensch kann nach diesem Werk Kierkegaards seinem Wesen nach als „Sünder vor Gott" bestimmt werden. *Die Bestimmung des Sünderseins bezeichnet die Verschiedenheit.* „Als Sünder ist der Mensch von Gott geschieden durch den tief klaffenden Abgrund der Qualität" (Krankheit 123). Nicht nur der Mensch entfernt sich, indem er sündigt, von Gott, sondern Gott entfernt sich auch vom Menschen „durch den gleichen klaffenden Abgrund der Qualität" (ebenda), indem er die menschlichen Sünden vergibt; denn „in Einem gelangt der Mensch nimmermehr dazu, Gott zu gleichen, im Vergeben der Sünden" (ebenda). Die in der Bestimmung „Sünder vor Gott" vorausgesetzte Verschiedenheit zwischen Mensch und Gott kann aber nicht ohne die Annahme eines prinzipiell möglichen Verhältnisses des Menschen zu Gott berücksichtigt werden. Dieses Verhältnis zeigt sich in der Bestimmung des Menschen als Geist; der Mensch ist solange nicht Geist bzw. ein Selbst, wie er sich nicht zu demjenigen verhält, „welches das ganze Verhältnis gesetzt hat" (Krankheit 9). Die in der wesensmäßigen Einheit erscheinende absolute Verschiedenheit drückt Anti-Climacus durch ein Wortspiel aus. Das dänische Wort „sammenligne" bedeutet sowohl zusammenhalten, nebeneinanderstellen als auch vergleichen.

keine ethische oder sonstige Qualifizierung, denn sie macht den ontologischen Grund jeder Qualifizierung aus. Sie beruht nicht auf einer objektiven Unterscheidung der Zeitmomente: die Feststellung eines Nochnicht im Quantitativen hängt von einer ganz besonderen Blickrichtung ab und enthält im Vergleich zum Späteren keine Spur irgendeines qualitativen Minus. Vigilius kann deswegen an seiner Unterscheidung festhalten, weil er den Standort, von wo aus die Unterscheidung getroffen wird, immer vor Augen hat. Ebenso ist die Verschiedenheit des Wissens, die beide Momente charakterisiert, vom jeweiligen Standpunkt aus zu umgrenzen. Wie schon gesagt, ist das quantitative Moment, das im Zustand der Unschuld liegt, eine Unwissenheit, die dem späteren Wissen gegenübergestellt wird; der Unschuldige kann sich der Tatsache der eigenen Unwissenheit nicht bewußt werden, denn ihre Feststellung setzt das Wissen um die schon entstandene Qualität voraus. Der Unschuldige begreift das Qualitative zwar nicht inhaltlich, wohl aber als etwas Unbegreifliches. Solange der Unschuldige sich in der Möglichkeit befindet, begreift er nicht die Bewegung zur Wirklichkeit. Während also geistig gesehen die Quantität eine Unwissenheit ist, hält der Unwissende die Qualität für unbegreiflich. Der Unterschied zwischen beiden Betrachtungen darf aber nicht statisch, sondern muß mit Rücksicht auf die im Hintergrund liegende Bewegung verstanden werden: der Wissende betrachtet die Unwissenheit nicht als solche, sondern nur in ihrer Eigenart als aufgehobene Möglichkeit; der Unwissende hat wiederum die Qualität nicht nur als einen Zustand vor Augen: was für ihn unbegreifbar bleibt, ist die Bewegung, die zu diesem Zustand führt. So ist die *Wirk*lichkeit der Quantität vom Wissen her nicht einzusehen (weil sie unerlaubt, unethisch ist); die qualitative Bewegung ist wiederum für den Unwissenden unbegreiflich.

Unsere These lautet daher: Vigilius begreift die Unterscheidung zwischen Quantität und Qualität konkret unter den Bestimmungen Geschlecht und Individuum. Die Geschichte des Geschlechts ist das Fortschreiten der Sündhaftigkeit in quantitativen Bestimmungen (1). Die Bewegung des Individuums vollzieht sich völlig anders: es nimmt an dieser Geschichte diskontinuierlich durch den qualitativen Sprung als Sündenfall teil. Das Individuum nimmt nicht dadurch an der geschichtlichen Bewegung teil, daß es durch seine Bewegung den Anfang seines Geschlechts bildet, sondern dadurch, daß es mit seinem Geschlecht immer wieder von vorne anfängt.*Die Teilhabe an der quantitativen Geschichte beginnt mit der qualitativen Bewegung.*Das Unbegreifliche dieses Anfangs wollen wir im nächsten Paragraphen unter dem Begriff der „ersten Sünde" auslegen. Sofern die individuelle Bewegung das Kontinuierliche durchbricht, ist die Alternative unmöglich, daß sich die Qualität durch Anhäufung von quantitativen Bestimmungen ergibt, da die quantitative Kontinuität „keineswegs imstande ist, ein Individuum zuwege zu bringen" (2). Der Sprung hat zur Folge, daß die Teilhabe des Geschlechtes am Individuum entscheidend für die Bestimmung des Geschlechtes selbst ist (3). Da die Momente dieser Synthesis das Individuelle und das Allgemeine sind, widersprechen sie sich; gleichwohl bringen sie als Ausdruck ihrer untrennbaren Zusammengehörigkeit eine Bewegung hervor. Die Bewegung entsteht aber nicht nur aus dem Widerspruch der das Individuum konstituierenden Momente, sondern auch aus der Einheit des in ihm enthaltenen Grundes und Zieles: das Individuum soll nicht etwas anderes als sich selbst verwirklichen; der Ausgangspunkt der Bewegung ist zugleich ihr Ende. Das Individuum weicht im Gegensatz zur pelagianischen Auffassung nicht von seinem

---

Ebenso wie man zwei verschiedene Farben vergleicht, indem man sie nebeneinander stellt, so leuchten die Gegensätze überhaupt durchsichtiger auf, wenn man sie zusammenhält (Krankheit 123 und 182 Anm. 130). Anti-Climacus betrachtet in der Sünde diejenige Verbindung von Mensch und Gott, die die höchste Verschiedenheit deutlich zeigt. Die Sünde bezeichnet einmal das Sein des Menschen als völlig von Gott abhängig. Es ist auf der anderen Seite unmöglich, die Eigenschaft des Sündigseins entweder via negationis oder via eminentiae mit Gott zu verknüpfen. „Über Gott aussagen (im gleichen Sinne wie daß er nicht endlich ist, mithin via negationis, daß er unendlich ist), daß er nicht ein Sünder sei, ist Gotteslästerung" (ebenda).

1. Angst 31.
2. Angst 32.
3. Angst 25 Anm.

Geschlecht ab; die zu verwirklichende Bewegung konstituiert die vollkommene Teilhabe an der je eigenen Allgemeinheit bzw. Ganzheit. „Vollendetheit in sich selbst ist daher das vollkommene Teilhaben am Ganzen" (1). Die Bewegung der Selbstverwirklichung ist in ihrer Eigentümlichkeit da und muß zugleich als ständige Aufgabe begriffen werden. Die Konkretheit dieser Dialektik liegt im Begriff des Individuums als einer Synthese von qualitativer Bewegung und quantitativen Bestimmungen. Die qualitative Bewegung findet im konkreten Individuum statt, trotzdem ist das konstante Moment der Ganzheit ständig da (2).

Fassen wir die bisherigen Ergebnisse zusammen. Es wird eine in sich widersprüchliche Zusammengehörigkeit (3) von Bewegung und Ruhe behauptet. Das Allgemeine ist das Quantitative; es ist als nicht sich selbst Genügendes unvollkommen und gelangt erst durch die qualitative Bewegung des Einzelnen zur Vollendung. Die Bewegung soll nicht im Allgemeinen, sondern vielmehr im Einzelnen stattfinden. So gesehen wird das Allgemeine zum nicht qualitativ Bestimmten, und das Einzelne zu dem die Bewegung Ermöglichenden. Wenn man das Qualitative vom Standpunkt der noch nicht gesetzten Qualität her betrachtet, ist die qualitative Bewegung unbegreifbar. Vom Standpunkt der gesetzten Qualität her wird die sich als Möglichkeit darstellende Unwissenheit aufgehoben. Vigilius bemerkt, daß es ungereimt ist, vom Standpunkt des Quantitativen her das Qualitative begreifen zu wollen, und greift die hegelsche Logik heftig an: „Daher ist es ein Aberglaube, wenn man in der Logik meint, durch fortgesetztes quantitatives Bestimmen komme eine neue Qualität zum Vorschein"(4). Hegel begreift die qualitative Bewegung ebenfalls als einen Sprung (5), da er ihn aber in der Logik abhandelt, faßt er ihn im voraus

---

1. Angst 26.
2. Anti-Climacus hebt einen anderen Aspekt am Individuum, sofern es im Vergleich zum Allgemeinen steht, hervor, indem er das Verhältnis unter der Voraussetzung der Sünde betrachtet. Obwohl die Sünde ein Wesensmerkmal aller Menschen ist, kann sie nicht als eine allgemeine Vorstellung dienen, die die Menschheit in Gesellschaften oder Gemeinschaften zusammenfaßt: sie vereinzelt nicht nur den Menschen, indem sie jede „Menge" und somit jede quantitative Bestimmung ausschließt, sondern sie macht auch die Abstraktheit des Begriffes der Gesellschaft (etwa im soziologisch-empirischen Sinn, aufgefaßt in Abgrenzung zum Individuum) deutlich. Im Gegensatz nämlich zu einer tierischen Gesellschaft, in der das Einzelne weniger als die Art ist, ist das sündige Individuum „mehr" als die Gesellschaft. Diese Unterscheidung zwischen Mensch und Tier ist keine traditionelle, sondern eine qualitative (Krankheit 122 Anm.).
3. *K. Schäfer*, a.a.O., S.255 Anm. 114, gliedert die gesamte Schrift über die Angst unter Berücksichtigung des Bezugs der Angst (Quantität) zur Sünde (Qualität) folgenderweise:
„1) Logik des Zusammenhangs von Quantität und Qualität:
   a) als eines strukturellen (Kap. I),
   b) als eines durch den variablen Faktor Geschichte veränderlichen (Kap. II).
2) Die Dialektik des Zusammenhangs zwischen Qualität und Quantität:
   a) bei noch verborgener Qualität (Kap. III),
   b) bei bekannter Qualität (Kap. IV).
3) Dialektik des Zusammenhangs neuer und alter Qualität (befreiter und unfreier Existenz) (Kap. V)."
4. Angst 27.
5. Hegels Lehre vom Sprung, wie sie im Kapitel über die „Knotenlinie von Maaßverhältnissen" abgehandelt wird (Jub. Ausg. 4,455-462), setzt voraus, daß jedes Seiende eine Quantität ist. Durch eine Veränderung dieser Quantität kann es vernichtet werden. Das Substrat eines Seienden ist nichts anderes als „eine *Knotenlinie* von Maaßen auf einer Skala des Mehr und Weniger" (Jub. Ausg. 4,457). Die Veränderung der Quantität kann sowohl quantitativ und allmählich als auch qualitativ sein. „Aber die Allmählichkeit betrifft bloß das Äußerliche der Veränderung, nicht das Qualitative derselben" (Jub. Ausg. 4,458). Die neue Qualität verhält sich gegen die vorherige gleichgültig (Was Hegel mit dieser Gleichgültigkeit ausdrük-

vom Standpunkt der Quantität her und daher unzureichend auf. Entweder verliert eine so behandelte Qualität ihren geschichtlichen Charakter, oder die Logik selber müßte „ein andres Bewußtsein ihrer selbst und ihrer Bedeutung bekommen" (1). Da die Quantität als solche, d.h. als Standpunkt aufgefaßt, die Möglichkeit des Übergangs in die Qualität nicht hat, kann sie den Übergang auch nicht erklären, obwohl sie bei der Geschichte der Sündigkeit als Anlauf zum Sprung mitwirkt (2).

Als Psychologe betrachtet Vigilius den Zustand, der eine Folge der qualitativen Bewegung ist; die Betrachtung der Bewegung ist ihm nicht möglich. Der Psychologe kann als Zählender charakterisiert werden, der mit dem Mehr oder Weniger der Folgen bzw. der Möglichkeit zu tun hat, deren Umrißlinien er nachzeichnet und deren Winkel er berechnet (3) ; er kennt aber nicht den Vollzug der Veränderung, da er nicht an ihr partizipiert. Er begreift die Folge der Sünde nicht nur als solche, sondern auch als Möglichkeit einer erneuten Bewegung. Da er das Dogmatische voraussetzt, ist für ihn die Wirklichkeit der Sünde eine Voraussetzung. Er stellt fest, daß die im Bereich seiner Betrachtung liegenden Phänomene aufgrund dieser Voraussetzung zu Möglichkeiten der Sünde werden; während er den „vorlings" gerichteten Übergang für möglich hält, betrachtet er nur diesen einen Aspekt der vorausgesetzten Wirklichkeit, welchen er ausdrücklich als Zustand (4) bezeichnet. Diese Widersprüchlichkeit einer als Zustand begriffenen Möglichkeit ständig vor Augen zu haben, macht Vigilius zum Glaubenden, wenn man die Bemerkung Kierkegaards heranzieht: „Glaube heißt eigentlich: die Möglichkeit festzuhalten"(5). Vigilius hält die Möglichkeit als „die schwerste aller Kategorien" (6) fest. Sie ist nicht, wie man oft behauptet, leichter zu fassen als die Wirklichkeit; eine solche Behauptung stellt sich die falsche Möglichkeit von endlichen Gütern (Glück, gesellschaftliche Anerkennung usw.) vor. Die Unendlichkeit einer Möglichkeit, in welcher alles gleich möglich ist, ist entseelicht und erzieht den Menschen zur Unbedingtheit. Die schwerste Wirklichkeit ist kinderleicht im Vergleich zu den Qualen, die der durch die unendliche Möglichkeit Gebildete erleidet (7). Notwendige Bedingungen einer solchen Ausbildung sind die Redlichkeit gegen die Möglichkeit und der Glaube. Solchermaßen ist die Glaubensgewißheit, ähnlich wie sie von Hegel aufgefaßt wurde, eine Vorwegnahme der Unendlichkeit (8). Andrerseits ist der Glaube die Vollendung und somit das Ende einer solchen qualvollen Ausbildung; er bezeichnet die Ruhe, und zwar nicht einen Ruhepunkt zwischen anderen, sondern den Ruhepunkt schlechthin, „denn jeder andre Ruhepunkt ist lediglich Geschwätz, mag es auch in Menschenaugen Gescheitheit sein" (9).

---

ken will bleibt dabei fraglich); das Verhältnis beider zueinander ist völlig äußerlich, somit bildet keine von beiden die Grenze der anderen. Aus diesem Mangel an Beziehung schließt Hegel die beiderseitige Unbegreiflichkeit. „Die Schwierigkeit für solchen begreifen wollenden Verstand liegt in dem qualitativen Übergang von Etwas in sein Anderes überhaupt und in sein Entgegengesetztes" (Jub. Ausg. 4,461). Beispiele einer qualitativen Änderung nimmt Hegel aus dem natürlichen Zahlensystem, aus dem musikalischen Bereich, aus den chemischen Verbindungen, aus den Metalloryden und aus den Wassertemperaturen. Er zeigt damit, daß es entgegen der allgemeinen Vorstellung einen Sprung in der Natur gibt. Eine qualitative Veränderung findet aber auch im Moralischen und Politischen statt.

1. Angst 28 Anm.
2. Angst 29 Anm.
3. Angst 20.
4. Angst 83.
5. Tag. III,78.
6. Angst 162.
7. „Wenn also ein so Erzogener aus der Schule der Möglichkeit hervorgeht (. . .), so wird er für die Wirklichkeit eine andre Erklärung haben; er wird die Wirklichkeit preisen, und sogar wenn sie schwer auf ihm lastet, wird er daran denken, daß sie gleichwohl weit weit leichter ist als es die Möglichkeit gewesen" (Angst 162f.).
8. Angst 163.
9. Angst 164.

§ 16. Das Paradox einer ersten Sünde

Um das schon in diesem Zusammenhang Angedeutete zusammenzufassen, wollen wir uns an die Voraussetzung der Schrift des Vigilius erinnern: während die reale Möglichkeit den Gegenstand seiner Untersuchungen bildet, ist die nur dogmatisch feststellbare, ideelle Möglichkeit der Sünde sowohl Voraussetzung als auch Ziel seines Forschens; die reale Wirklichkeit der Sünde kommt in diesen Begriffen überhaupt nicht in den Blick. Der Fehler, den die traditionelle Dogmatik in der Erklärung der Erbsünde begeht, besteht in der Auffassung der Sünde Adams als einer Bedingung der Sündigkeit jedes späteren Menschen. Die Folgen dieser irrigen Erklärung zeigen sich nicht nur im Mißverständnis des Verhältnisses Adams zum menschlichen Geschlecht, sondern auch in der Fehldeutung der Sünde als einer erblich bedingten. Vigilius gebraucht den Ausdruck „erste Sünde", um die Absolutheit der Sünde erkennen zu lassen. Es stellt sich die Frage: In welchem Sinne erhebt die Sünde als ein Anfang den Anspruch auf Unbedingtheit? Wie begreift Vigilius einen absoluten Anfang?

Die erste Sünde ist nicht das erste Glied einer möglichen Sündenfolge von zweiten, dritten usw. Sünden. Die Methode der empirisch-psychologischen Betrachtung bestimmt nicht den Inhalt dieses Begriffs; auch der Prozeß der über Jahre hinweg wachsenden Sündigkeit ist nicht entscheidend; der objektive, die Sache uninteressiert betrachtende Zugang führt hier nicht zum Ziel. Ein nach dem aristotelischen Zeitbegriff zählendes Verfahren ist aufgrund seiner Relativität auch nicht geeignet, den absoluten Charakter dieser Bewegung begreifbar zu machen. „Es ist nicht die numerisch erste Sünde in der Biographie eines Menschen gemeint, sondern der „Augenblick", in dem sich der Einzelne als Sünder entdeckt und annimmt, gleichgültig, wieviele tatsächliche Sünden er vorher bereits begangen hat" (1). Die „erste Sünde" bezeichnet das Faktum des Bewußtwerdens der eigenen Sündigkeit als eines absoluten Faktums: der Mensch wird sich dessen bewußt, daß er durch eigene Tat die Sündigkeit in die Welt gesetzt hat und sie ständig weitersetzt. Die Quantität der schon begangenen Sünden ist irrelevant, weil der anfängliche Charakter des Augenblicks keine Spur einer quantitativen Bestimmung enthalten darf. Die Erstmaligkeit der Sünde betrifft im wesentlichen das Bezogensein auf das Faktum der Sünde und somit auf das Wesen der Sünde selbst. „Die erste Sünde ist die Qualitätsbestimmung, die erste Sünde ist die Sünde" (2). Wenn man im Begriff der ersten Sünde Adams die zeitliche Erstmaligkeit berücksichtigt, würde man die Sündigkeit selbst vom Quantitativen her begreifen und überhaupt nicht zur Erklärung der Schwierigkeit kommen, inwiefern die Sündigkeit anders als durch eine generatio aequivoca (3) die Qualität der Sünde hervorbringen kann. Genau in der Erklärung der Setzung als einer qualitativen scheitert der quantitative Standpunkt.

„Die Sünde kommt also hinein als das Plötzliche, d.h. durch den Sprung" (4). Der Sprung bezeichnet nicht die Sünde in ihrer Gesamtheit, sondern nur in ihrem Entstehen. Die Sünde ist sowohl der transzendente Sprung als auch „die spätere Immanenz" (5), sowohl das Setzen als auch die Gesetztheit. *Der Sprung als solcher meint keine inhaltliche Bestimmtheit (Qualität), sondern nur das unbegreifliche Moment ihrer Setzung.* Wenn nur die Qualität und nicht der Akt des Setzens begriffen werden soll, kann man sich nur an die späteren Folgen halten, weil „im gleichen Augenblick der Sprung in die Qualität verkehrt" (6) ist, und die Sünde nur noch als Immanenz erscheint. Um das gesamte Phänomen der Sünde zu fassen, muß man anders verfahren: nimmt man als Standpunkt die Qualität, so muß man den Sprung voraussetzen; und umgekehrt: wenn der Sprung als Standpunkt gilt, so muß die Qualität vorausgesetzt

---

1. A. Pieper, a.a.O., S. 151.
2. Angst 27.
3. Angst 28.
4. Angst 29.
5. Angst 30.
6. Angst 29.

werden. Die zirkelhafte Struktur des Begriffes der Sünde ist kein Hinweis auf das Verstehen, sondern auf die Unbegreifbarkeit der Sünde. Der Kreis ist somit nicht spekulativ begreifbar; sowohl das konkrete Hineinkommen als auch die spätere Bestimmtheit werden spekulativ auf der gleichen Begriffsebene gedacht und somit der „Kreis in eine gerade Linie auseinandergelegt" (1). Was unverständlich bleibt, ist so formulierbar: während der Sprung die Qualität voraussetzungslos setzt, da man sonst bereits vor dem Setzen der ersten Sünde als Sünder gedacht werden müßte, ist im Begriff der Sünde - der ja nach ihrer Setzung entwickelt wird, und sich insofern auf eine abgeschlossen vorliegende Tatsache beziehen muß - die Qualität vorauszusetzen. Es ist allerdings ausgeschlossen, vom Standpunkt der Unschuld aus die Sünde zu begreifen. Selbst der sich mit der Möglichkeit der Sünde beschäftigende Psychologe kann keineswegs die Unschuld als seinen Standpunkt wählen. Denn die Unschuld als solche weiß ja weder vom Sprung noch von der durch ihn und mit ihm entstehenden Qualität; zudem ist der Stand der Unschuld schon verlassen, wenn man nach der Bedingung der Sünde fragt.

Die Psychologie kann und will die rätselhafte Zirkelhaftigkeit der Sünde nicht erklären; indem der Psychologe als objektiver Beobachter seinen Gegenstand wissenschaftlich erörtert, sieht er sich durch diese Einstellung dazu gezwungen, sich selber zu vergessen. Der innerste Kern der Frage nach der Sünde wird aber aufgrund des Absehens von sich selbst verfehlt, denn das Selbst ist das eigentlich Erfragte und zugleich dasjenige, welches eine Antwort ermöglicht. Der Grund des Vorwurfs, den Vigilius gegen den Psychologen erhebt, liegt aber nicht in dieser unerläßlichen Abstraktion von sich selbst, sondern in der Verkennung der Tatsache, daß die Frage nach der Sünde überhaupt nicht als eine wissenschaftliche Frage gestellt werden kann. Es darf nämlich nach der Sünde nicht so gefragt werden, als ob sie etwas wäre, das niemanden persönlich betrifft (2). Dann aber fragt es sich: Ist die Sünde vielleicht gar kein Gegenstand der Psychologie? Vigilius formuliert seine Frage so: in welchem Verhältnis steht die Psychologie zur Sünde? Um diese Frage zu beantworten, muß man nach dem Verhältnis fragen, in dem eine Wissenschaft zum Unerklärlichen steht. Die Antwort lautet dann: „Eine jede Wissenschaft liegt entweder in einer logischen Immanenz, oder in der Immanenz innerhalb einer Transzendenz, welche sie nicht zu erklären vermag. Die Sünde ist nun eben jene Transzendenz" (3). Während die Logik nur immanent mit sich selbst zu tun hat, basiert die Psychologie auf der Transzendenz der Sünde als ihrer unerklärlichen Voraussetzung, hat mit ihr aber nur immanenterweise und deshalb nur mit ihrer realen Möglichkeit zu tun. Dieses Verfahren stimmt mit den Begriffen des Vigilius überein, „denn etwas benutzen, das man nirgends erklärt, heißt doch es voraussetzen" (4). Vigilius betrachtet die Unbewegtheit der Möglichkeit als seinen Gegenstand, er nimmt die Bewegung als eine unerklärliche Voraussetzung an und unterzieht die hegelsche Logik einer scharfen Kritik, denn sie setzt die Prinzipien der Bewegung: Übergang, Negation und Vermittlung, ohne sie zu erklären, einfach voraus, während sie zugleich den voraussetzungslosen Anfang der Philosophie behauptet (5). Die Logik kann nichts Unerklärliches weder zum Thema noch zur Voraussetzung haben, eben weil ihr einziger Bereich die Immanenz und somit sie selbst ist.

Die Sünde ist sowohl eine unerklärliche Voraussetzung als auch das durch den Sprung entstehende Neue, je nach der betrachteten Hinsicht. Wenn man das Spätere für eine quantita-

---

1. Ebenda.
2. Angst 49.
3. Angst 48.
4. Angst 82.
5. „Die Negation, der Übergang, die Vermittlung sind drei vermummte, verdächtige Geheimagenten (agentia), welche sämtliche Bewegungen [in der hegelschen Logik] erwirken. Unruhige Köpfe würde Hegel sie freilich niemals nennen, da sie ihr Spiel mit Allerhöchst seiner Genehmigung treiben, so ungeniert, daß man sogar in der Logik Ausdrücke und Wendungen braucht, die aus der Zeitlichkeit des Übergangs geholt sind: „darauf", „wann", „als seiend ist es dies", „als werdend ist es dies" usw." (Angst 83).

tive Folge der sprunghaften Bewegung der Sünde hält, dann ist die Sünde das Vorausgesetzte. Wenn das Vorausgesetzte die quantitative Bestimmung ist, dann ist das später Kommende die Setzung der Sünde, die nur in ihrer Möglichkeit zugänglich und deshalb in ihrer Wirklichkeit unerklärlich bleibt. So gesehen ist der Sündenfall ein *Erstes* („erste Sünde"), und die Angst als seine reale Möglichkeit ein *Letztes* („der letzte psychologische Zustand")(1). Die sprunghafte Setzung der Sünde hebt die Möglichkeit nicht ein für allemal auf, denn dann würde der Kreis unterbrochen. Nur momentan ist die Möglichkeit scheinbar nicht gegenwärtig, und dann ist sie wieder in voller Macht da. „Der qualitative Sprung ist ja die Wirklichkeit, und insofern ist ja die Möglichkeit aufgehoben samt der Angst. Dies ist jedoch nicht so. (. . .) Die Angst kehrt also wieder im Verhältnis zu dem Gesetzten und zum Zukünftigen" (2). Der Gegenstand der Angst ist scheinbar nicht mehr ein Nichts, sondern eine Qualität; die Angst in ihrer Form als Reue vermag aber den Charakter der Gesetztheit zu negieren und ihn ständig in eine neue Möglichkeit zu verwandeln. Die Dialektik von Möglichkeit und Wirklichkeit stellt sich immer wieder ein, wobei das jeweilige Glied eine Suspension des Früheren ist. Wenn Vigilius die Möglichkeit der Sünde als einen Zustand begreift, hebt er den Bewegungscharakter der Sünde auf; dieser Begriff zielt im Gegenteil auf die Erfassung der Sünde als des *ständig* Aufzuhebenden. „Aber die Sünde ist kein Zustand. Ihre Idee ist, daß ihr Begriff ständig aufgehoben wird" (3). Es ist wichtig festzuhalten, daß Möglichkeit und Wirklichkeit radikal voneinander verschieden sind, und es unmöglich ist, Möglichkeit und Wirklichkeit desselben Dinges zugleich zu betrachten. Wenn die Sünde als Wirklichkeit begriffen werden soll, dann ist hinzuzufügen, daß sie eine in sich widerspruchsvolle Wirklichkeit ist, und deshalb ihre Aufhebung aufgegeben ist. Diese Aufgabe ist nicht nur für wenige da; die Sünde betrifft alle.

§ 17. Das als Befreiung begriffene Gute

Die Psychologie erwies sich als unfähig, den Zustand der Möglichkeit der Sünde und ihre sprunghafte Setzung als Einheit zu begreifen. Indem sie die Sünde einseitig betrachtet, hat sie ständig die Spaltung von Bewegung und Zustand vor Augen, wenn sie auch eine rätselhafte Zusammengehörigkeit von Bewegung und Ruhe schon in der Möglichkeit der Sünde feststellt. Vigilius begreift aber doch die Einheit des Zustandes und der Bewegung; dies ist der Fall im Begriff des Guten: „denn allein im Guten ist Einheit von Zustand und Bewegung"(4). Wie ist der Unterschied zwischen Sünde und Gutem zu verstehen, und wieso konnte Vigilius die grundlegende Einheit der Sünde übersehen, die des Guten aber einsehen?

Wir beginnen unsere Erörterung, indem wir die Verwandtschaft feststellen, die zwischen Freiheit und Sünde besteht: sie sind beide Gegensätze zum Logischen. Ebenso wie die Sünde kein logischer, sondern ein existentieller Widerspruch ist, der an einer alle Menschen betreffenden Bewegung entdeckt wird, so ist auch die Freiheit die existentielle, nicht der logische Ort der Bewegung (5). „Es ist daher nicht logisch, sondern mit Beziehung auf die geschichtliche Freiheit zu verstehen, wenn Aristoteles den Übergang von Möglichkeit zu Wirklichkeit eine Bewegung (κίνησις) nennt" (6). Es stellt sich die Frage nach dem Ausgangspunkt und

---

1. Angst 95.
2. Angst 114.
3. Angst 12.
4. Angst 116.
5. Durch Trendelenburgs „Elementa Logices Aristotelicae" ist ein „Verdacht gegen die Logik" in Kierkegaards Denken geweckt worden, aufgrund dessen er ausdrücklich jede Beziehung seines Begriffs des Sprungs zur Logik negiert. Der Sprung „hat seinen Ort wesentlich in der Sphäre der Freiheit, wenn er auch vorbildlich in der Logik angedeutet und vor allem nicht lügnerisch wegpraktiziert werden sollte, wie Hegel das macht" (Pap. V C 12; K. Schäfer, ibid., 212).
6. Angst 83 Anm.

dem Ziel einer geschichtlich-freien Bewegung. Die Sünde ist bereits als ein Übergang vom Zustand der Unschuld zur wissenden Setzung der Qualität erklärt worden. Die Angst gehört dabei zusammen mit der Unschuld in den Bereich der realen Möglichkeit der Sünde, wenn diese Möglichkeit einmal ethisch und einmal psychologisch gedacht wird. Wenn man jetzt die Freiheit vom psychologischen Aspekt her betrachtet, so scheint sie sich als Angst darzustellen. „In der Unschuld war die Freiheit nicht gesetzt als Freiheit, ihre Möglichkeit war in der Individualität Angst" (1). Die Angst ist die formale Bedingung der Möglichkeit sowohl der Sünde als auch der Freiheit; im Zustand der Angst ist die Freiheit noch nicht da, denn „die Freiheit ist niemals möglich; sobald sie ist, ist sie wirklich" (2). Die Psychologie hat also eigentlich nichts mit der Freiheit zu tun, da sie sich entweder mit der Möglichkeit oder mit den Folgen der wirklichen, freien Setzung beschäftigt, während sie ebenso wie die Sünde hauptsächlich die Aktualität der Setzung betrifft. Wenn die Angst als Möglichkeit betrachtet wird, ist die Freiheit noch nicht da; wenn die Angst als eine Folge der Setzung erscheint, dann ist die Freiheit nicht mehr da, sondern zugrundegegangen. „Indem also die Möglichkeit der Freiheit sich vor der Möglichkeit zeigt, sinkt die Freiheit hin" (3). Dies bedeutet nicht, daß die Freiheit niemals wirklich ist, sondern daß sie *nur* wirklich ist, und die psychologische Betrachtung ihren Sinn nur als eine Grenze erfassen kann. So ist es psychologisch richtig, die im Zustand der Unschuld enthaltene Bewegung als „eine Bestimmung hin zur Freiheit" (4) zu erklären.

Was geschieht in diesem Übergang von der Unschuld zur Freiheit bzw. Schuld? Vigilius bietet die folgende psychologische Beschreibung an: Im Augenblick des Sprungs stoßen zwei entgegengesetzte Mächte zusammen: der unendliche Geist, der „die Synthesis setzen will", und die Endlichkeit des menschlichen Vermögens. Die Angst, von der das Individuum in diesem kritischen Augenblick ergriffen wird, wird mit einem Schwindel verglichen. „In diesem Schwindel sinkt die Freiheit zusammen. (. . .) Den gleichen Augenblick ist alles verändert, und indem die Freiheit sich wieder aufrichtet, sieht sie, daß sie schuldig ist" (5). Der Übergang geschieht nach dieser Darstellung nicht im Bewußtsein der Freiheit, sondern in einer Art passiver Ohnmacht. Von einer Unzurechenbarkeit, die sich aus einer solchen Bewußtlosigkeit ergibt (6), kann man nur vom psychologischen Standpunkt her sprechen, der sich überhaupt nicht für eine ethische Beurteilung des Sündenfalls interessiert. Das Phänomen einer solchen Ohnmacht und Unzurechenbarkeit weist auf das Scheitern der psychologischen Dialektik hin, die genau im kritischen Moment den Höhepunkt ihrer Zweideutigkeit erreicht: Die Ohnmacht soll ja die „letzte" psychologische Bezeichnung der Freiheit sein. Vigilius charakterisiert den in diesem Augenblick auftretenden Schwindel als das Selbstischste, das, vom Unendlichen berührt, sich selbst unendlich zu überschreiten sucht und eben dadurch sich in seiner Unmöglichkeit begreift. So verstanden ist der Untergang der Freiheit eine selbstische Überschreitung der eigenen Möglichkeit, die die träumende Zweideutigkeit durch die eindeutige Setzung der Freiheit bzw. der Sünde verläßt. Diese Transzendenz ist trotzdem nicht bloß die Folge eines selbstischen Egoismus; nicht nur das eigene Wille, sondern auch der gähnende Abgrund der unendlichen Möglichkeit, in die das Auge hinabschaut, ist die Ursache des Schwindels (7).

Wie ist die angedeutete Zusammengehörigkeit beider Momente, Freiheit und Sünde, im Bereich des Wirklichen zu verstehen? Darf man aus dieser Zusammengehörigkeit auf eine Identität im Inhalt schließen? Der Sprung geschieht weder in Freiheit, da die Freiheit im kritischen Augenblick zusammenbricht, noch in Schuld, denn erst nach dem Sprung ist die Sünde da.

---

1. Angst 127. Vgl. Angst 161: „Die Angst ist die Möglichkeit der Freiheit".
2. Angst 19.
3. Angst 93.
4. Angst 127.
5. Angst 61.
6. Angst 251, Anm. 95.
7. Angst 60.

Die im Bereich der Möglichkeit sich aufhaltende Psychologie kann deshalb eigentlich nichts über den Inhalt der Sünde oder der Freiheit sagen; sie stellt einfach ihre Fähigkeit unter Beweis, alles Unbegreifliche trotz der jeweiligen Unterschiede einheitlich zu konzipieren. Nur wenn die Psychologie Sünde und Freiheit als Qualitäten auffaßt, stößt sie auf ihren gegensätzlichen Charakter. Vigilius unterscheidet diese Begriffe im dritten Kapitel seines Werkes, worin er die Möglichkeit vom Standpunkt der gesetzten Qualität her betrachtet: „der Gegensatz der Freiheit ist Schuld" (1). Vigilius merkt in seiner Rezension der Dialektik von Notwendigkeit und Freiheit bei Climacus an, daß die Freiheit, nur wenn sie eine Reflexionsbestimmung ist, im Gegensatz zur Notwendigkeit steht; dies aber bedeutet nicht schon, daß Climacus die Freiheit logisch dachte (2), vielmehr ging es ihm um die Abhebung vom logisch Notwendigen. Es besteht ja auch in der psychologischen Betrachtung die Gefahr, die Freiheit logisch erklären zu wollen; die unannehmbaren Folgen einer solchen Auffassung zeigen sich dann im Begriff des Sprungs: wenn man nämlich den Verlust der Freiheit für einen notwendigen Prozeß hält, wird der unbegreifliche Kreis des Sprunges zu einem logisch erklärten Moment der Synthesis (3). Sowohl die im Gegensatz zur Notwendigkeit als auch die im Gegensatz zur Sünde konzipierte Freiheit ist geschichtliche Freiheit. Die jeweilige Richtung der Betrachtung ist aber verschieden; Vigilius weist nur auf diesen Unterschied im Standpunkt hin, wenn er die Auffassung des Climacus als eine reflektierte Bestimmung charakterisiert.

Noch eine Deutung der Freiheit hebt sich hier ab: die geschichtliche Freiheit ist keine Wahlfreiheit, und ebensowenig läßt sich der qualitative Sprung als Ergebnis einer Wahl erklären. Eine solche Freiheit wäre Willkür (liberum arbitrium), die nur abstrakt konzipiert werden kann, denn sie kann beliebig sowohl das Gute als auch das Böse wählen; die Angst vor der zu setzenden Wirklichkeit geht bei einem solchen Sowohl-als auch verloren (4). Die beliebige Wahl hat immer mit etwas Äußerlichem zu tun, das sie bejahen oder verneinen kann. In der Freiheit bei Vigilius ist nichts äußerlich, da diese „stets nur mit sich selbst zu schaffen hat, in ihrer Möglichkeit die Schuld vorausnimmt (projektiert), und sie mithin durch sich selber setzt, und falls die Schuld wirklich gesetzt wird, sie durch sich selber setzt" (5). Freiheit und Schuld unterscheiden sich durch ihre Innerlichkeit von der Willkür. Der ethisch bestimmte Wille gehört aber nicht in den Bereich der Psychologie. Es wurde schon bemerkt, daß die Setzung der Wirklichkeit in einer Ohnmacht geschieht und somit nicht in vollem Bewußtsein. Die Ohnmacht darf aber nicht so verstanden werden, als ob sie aufgrund eines schwachen Willens erfolgt wäre, der schicksalhaft den „Fehler" des Sündenfalls begeht, sonst könnte Vigilius die Sünde aus der Schwäche des Willens hinreichend erklären; es ist nicht zu vergessen, daß der Grund der Sünde und der Freiheit viel tiefer in einem Bereich liegt, der für die psychologische Betrachtung verborgen bleiben muß. Die Psychologie kann nur erklären, daß als ein notwendiger Grund der Sünde nicht die Willkür gelten darf, da der Sprung gerade nicht aus mechanistischer Notwendigkeit, sondern aus Freiheit entstehen soll. Hier wird noch einmal der Unterschied zwischen Vigilius und Climacus deutlich. Climacus leitet sowohl das Abstandnehmen im Zweifel als auch den Sprung zur neuen Unmittelbarkeit des Glaubens vom Willen ab (6); dies hat seinen Grund darin, daß der Wille bei ihm das Andere seiner ungeheuren Reflektiertheit ist, nämlich ein Interesse am Praktischen, das im Gegensatz zu seinem völlig theoretischen Verhalten steht.

Wenn man jetzt nach dem inhaltlichen Unterschied zwischen Freiheit und Sünde fragt, so stößt man auf die Unterscheidung zwischen Gut und Böse. Abstrakt gesehen entspricht die Freiheit dem Guten, die Sünde dem Bösen. Vigilius stimmt einer solchen abstrakten Betrach-

---

1. Angst 111.
2. Vgl. oben S.42f. Anm. 7.
3. Angst 116.
4. Angst 48 und 115 Anm.
5. Angst 111.
6. Vgl. oben S. 25f.

tung nicht zu; er behauptet dagegen die Freiheit als Voraussetzung der Unterscheidung zwischen Gut und Böse. Dies ist so zu erklären: Einerseits ist der Standpunkt der Betrachtung nicht die Unschuld, sondern die schon gesetzte Qualität. Es handelt sich andrerseits, wie schon gesagt, nicht um die Willkürfreiheit, die beliebig zwischen Gut und Böse wählt, sondern um die sprunghaft gesetzte und insofern geschichtliche Freiheit, die in ihrer Zusammengehörigkeit mit der Sünde den Bereich der Wirklichkeit ausmacht. Wenn Vigilius behauptet: „Erst für die Freiheit oder in der Freiheit ist der Unterschied zwischen Gut und Böse" (1), faßt er die Freiheit als den Augenblick der Setzung der Wirklichkeit auf, der ebensogut die Sünde gesetzt haben kann. Der Bereich einer so aufgefaßten Freiheit und somit auch die zwei Momente des Guten und Bösen bleiben der Psychologie verschlossen. Da nämlich die Psychologie vom Standpunkt der Möglichkeit ausgeht und die Möglichkeit als Angst vor dem Bösen (2) oder Angst vor dem Guten (3) behandelt, unterscheidet sie den qualitativen Gehalt der Wirklichkeit beider Begriffe nicht. Der höchste Ausdruck der Unterscheidung ist die als ein Abstoßen veranschaulichte Bewegung des Guten (Gottes) vom (ἀπό) Bösen weg, die Vigilius als Unwissenheit im Sinne der Ignoranz bezeichnet (4). Während die Psychologie sich mit der Unbegreiflichkeit des Guten und Bösen beschäftigt, läßt sie zugleich klar erkennen, daß die mögliche Erkenntnis beider nur im Augenblick geschehen kann. Sogar wenn Vigilius das Gute mit Christus identifiziert (5), liegt dieser Begriff weiterhin im Bereich des Unbegreiflichen; er kann die Angst vor Christus als einen dämonischen Zustand erklären, der Sprung aber, der zur Wiederherstellung der Freiheit und zur Erlösung vom Dämonischen führt, ist in seinem aktuellen Vollzug ebensowenig wie der Sündenfall selber begreifbar.

Es ist klar geworden, daß das Gute, das in der religiösen Sphäre als Einheit von Zustand und Bewegung gedacht ist, in der psychologischen Betrachtung die Rolle einer sprunghaften Befreiung spielt. In einem anderen Zusammenhang findet sich aber eine Aussage des Vigilius, die den bisherigen Erklärungen scheinbar widerspricht. Vigilius faßt nämlich dort das Gute weder als Einheit von Zustand und Bewegung noch als eine Befreiung auf, sondern im Gegensatz zum Diskontinuierlichen des Plötzlichen als Zusammenhang. „Das Gute bedeutet hier den Zusammenhang; denn die erste Äußerung der Befreiung ist der Zusammenhang" (6). Die Plötzlichkeit des Sprunges ist hier eine Bestimmung des Dämonischen, d.h. der Angst vor dem Guten, sofern sie zeitlich begriffen wird; der kontinuierliche Charakter des Guten wird dabei als Gegensatz zum Sprunghaften relevant. Während hier das Dämonische die Rolle der Bewegung übernimmt, ist das Gute der Zustand. Wir wollen darauf hinweisen, daß Vigilius sich hier keineswegs widerspricht, wenn man auf die Voraussetzungen dieser These achtet. Das Gute ist nämlich hier nicht mehr psychologisch, sondern ästhetisch gedacht, da es um eine ästhetische Darstellung der dämonischen Verschlossenheit geht. Die plötzliche Bewegung ist im Kontext des ästhetischen Begriffe keine Befreiung, sondern etwas Gesetzloses, eine Erscheinung der Unfreiheit. Die Termini werden hier umgekehrt gebraucht, denn durch den Sprung entsteht nicht mehr Freiheit, sondern der Sprung ist selbst das Unfreie. Die Gesetzlosigkeit ist das Wesensmerkmal jedes ästhetischen Augenblicks, der aufgrund der fehlenden Kontinuität die Verlorenheit des ästhetisch Lebenden bestimmt. So verstanden ist das Gute eine Befreiung vom zusammenhanglosen ästhetischen Augenblick und somit ein Begriff der Kontinuität. Auch der Schwindel, der im psychologisch nur konstatierbaren Übergang zur Freiheit bzw. zur Sünde auftrat, hat in der Ästhetik die Rolle der ständigen Bewegung eines Kreisels, „welcher sich fort und fort auf seiner Spitze dreht" (7); einer solchen Bewegung fehlt die Kontinuität, denn jeder einzelne Augenblick des

---

1. Angst 114 Anm.
2. Angst 116ff.
3. Angst 122ff.
4. Angst 115 Anm.
5. Angst 123.
6. Angst 135.
7. Angst 134.

Schwindels fordert ein neues „Stehvermögen". Wenn das Sein eine elementare Beharrlichkeit haben soll, dann wird das Sein des Plötzlichen ständig durch Nichtsein unterbrochen. „In dem einen Augenblick ist es da, in dem nächsten ist es fort, und gleich, wenn es fort ist, ist es wieder da, ganz und vollständig" (1).

Wenn es sich hier auch um eine ästhetische Darstellung handelt, so ist das Gute ja eigentlich kein ästhetischer, sondern ein ethischer Begriff, der aufgrund seiner Kontinuierlichkeit im Gegensatz zum ästhetischen Augenblick steht, und das Individuum von der ästhetischen Einseitigkeit befreit. Das ethisch Gute hat als ein Gegensatz zum Ästhetischen seinen Platz; im selben Sinne irrt auch der Ethiker „B" nicht, wenn er (2) den Ausschweifungen des „A" das Gute als eine Kontinuität gegenüberstellt. In einem höheren Zusammenhang ist aber wiederum das Gute nur ein Anfang, denn es stellt nur die *erste* Äußerung der Befreiung dar; es ist nämlich noch nicht in seiner Vollendung als Einheit von Zustand und Bewegung (3) gesetzt. Folgendes ist für die Psychologie äußerst wichtig: sich ständig vor Augen zu halten, daß sie für die Erklärung der nicht zu ihrem Bereich gehörenden Momente nicht zuständig ist und somit über sich hinaus auf den ethisch-religiösen Standpunkt zu verweisen hat. Inwiefern die Begriffe: Sünde, Freiheit, Gut und Böse im Religiösen zu vollständiger Klarheit gelangen, wollen wir weiter unten anhand der Anti-Climacusschriften erörtern.

Es wurde schon darauf hingewiesen, daß die Begriffe des Plötzlichen und des Kontinuierlichen ästhetisch gedacht in einem Bezug zur Zeit stehen. „Das Dämonische wird als das Verschlossene bestimmt, wenn die Reflexion auf den Gehalt geht, es wird als das Plötzliche bestimmt, wenn die Reflexion auf die Zeit geht" (4). Der aristotelische Begriff der Zeit als des „Gezählte(n) an der am Horizont des Früher und Später begegnenden Bewegung" (5) steht im Hintergrund dieses von Vigilius gebrauchten Ausdrucks. Wenn das Frühere mit dem Späteren zusammenhängt, stehen wir vor dem Begriff der Kontinuität. Im Gegensatz dazu gilt: „Das Plötzliche aber ist die vollkommene Abstraktion vom Zusammenhang, vom Vorhergehenden und Nachfolgenden" (6). Wir können festhalten, daß schon die Begriffe eines Früheren und eines Späteren das Plötzliche ausschließen, diese sie machen erst in ihrer Zusammensetzung den Begriff der Zeit aus. Da diese Begriffe bei Aristoteles aus dem physisch-anschaulichen Bereich genommen sind, sind sie dort durch den Kontext begründet. Darf aber Vigilius in Anlehnung an einen unter solchen Voraussetzungen stehenden aristotelischen Begriff seine existentiellen Begriffe konzipieren?

§ 18. Die Dialektik der Zeitlichkeit

Vigilius schreibt dem menschlichen Individuum eine Geschichte zu (7) und beschränkt die Begriffe der Geschichte und der Zeit auf den menschlichen Bereich. Die Bestimmung des Menschen als einer Synthesis von Zeitlichem und Ewigem dient ihm zum Anlaß, seine Lehre von der Zeit zu entwickeln. Er stellt fest, daß eine Synthesis drei Momente enthalten muß, wenn die zwei ersten im dritten versöhnt werden sollen; die Synthesis des Zeitlichen und des Ewigen enthält aber scheinbar nur zwei Momente. Um aus dieser Schwierigkeit herauszu-

---

1. Ebenda.
2. E/O II,208ff.
3. Angst 140.
4. Angst 134.
5. So wird die aristotelische Definition der Zeit (τοῦτο γάρ ἐστιν ὁ χρόνος, ἀ- ριθμὸς κινήσεως κατὰ τὸ πρότερον καὶ ὕστερον, Phys.219b 1-2) von *M. Heidegger*, Sein und Zeit, 1967, 11.Ausg., S.421, übersetzt.
6. Angst 137.
7. Angst 26.

kommen, untersucht er jedes Moment gesondert in seiner Funktion. Er bestimmt die Zeit als unendliches Aufeinanderfolgen (1). Diese Bestimmung beruht auf der Voraussetzung, daß es in der Zeit keinen festen Punkt geben kann, sondern nur eine unendliche Bewegung. So verstanden ist aber eine Einteilung der Zeit in Vergangenheit, Gegenwart und Zukunft unmöglich, wenn sich kein fester Punkt als Ausgangspunkt einer solchen Betrachtung der Zeit angeben läßt. Was im Begriff Zeit zum Ausdruck kommt, ist die Bewegtheit schlechthin. Doch weist eine so unter dem Bild des Flusses gedachte Zeit einen Mangel an Festigkeit auf; aus diesem Mangel ergibt sich die Forderung eines festen Punktes, den Vigilius im Begriff der Ewigkeit zu fassen sucht. Die Vorstellung einer Bewegung ohne Ende wäre bodenlos. Der Versuch, mit einer unendlichen Bewegung einen festen Punkt zu verknüpfen, wird nicht zuletzt aus Angst unternommen, jener Angst, die ein Individuum vor der Bodenlosigkeit beschleicht. Vigilius verweist auf die Tatsache, daß die Angst das Streben nach einem festen Punkt mitbegründet, wenn er sie als den „Augenblick im individuellen Leben" (2) charakterisiert. In welchem Sinne der bildliche Ausdruck „Augenblick" das konkrete Betrachten des Abgrundes einer geschichtlichen Bewegung bezeichnet, wollen wir erst erörtern, nachdem wir die Rolle jedes einzelnen Begriffes in der Dialektik der Zeitlichkeit ausgelegt haben.

Die Zeit als die unendliche Sukzession ist ein Begriff des Denkens und nicht der Vorstellung (3). Die Zeit erscheint in der Vorstellung nicht als Bewegtheit schlechthin, denn als vor-*gestellte* ist jede Bewegung angehalten. Die Vorstellung betrachtet die Zeit als ein Gegenwärtiges, dem jeder Inhalt fehlt, da es völlig abstrakt aufgefaßt ist. Das vorgestellte Gegenwärtige ist somit ein Nichts. Die Kritik, die Vigilius am hegelschen Begriff der Zeit übt, richtet sich dagegen, daß das Nichts des abstrakt aufgefaßten zeitlichen Nacheinanders als identisch mit dem räumlichen Nebeneinander aufgefaßt wird; eine solche Identität findet sich nur in der Bestimmung der göttlichen Allgegenwärtigkeit (4). Unsere These lautet: die als unendliche Sukzession gedachte Zeit ist insofern richtig konzipiert, als sie voraussetzt: daß der Denker unbewegt ist; der Standpunkt eines Begreifenden ist dazu berechtigt, die unendliche Bewegtheit als solche zu konzipieren. Der Denker ist dabei im Gegensatz zum unendlichen Verschwinden das schlechthin Feste.

In einer anderen Hinsicht ist die Bestimmung der Zeit als unendlicher Sukzession jedoch nicht angemessen, weil sie eine rein formale Abstraktion von der Gegenwart darstellt: „das Leben, welches in der Zeit ist und allein der Zeit zugehört, hat nichts Gegenwärtiges"(5). Dieser Mangel an Gegenwart kann aus der folgenden Voraussetzung begründet werden: Man meint hier das bloß sinnliche Leben, das die Ewigkeit aus der Zeit ausschließt. Das in einer solchen Zeit gelebte Leben ist völlig von der Zeitlichkeit abhängig und deshalb ebenso wie die Bewegtheit der Zeit ohne Festigkeit. Der als Voraussetzung der gedachten Zeit angenommene Denker ist dagegen nicht von der Bewegtheit der Zeit abhängig, sondern in seiner Unbewegtheit ein schlechthin Anderes. Es ist festzuhalten, daß ein Gegenwärtiges als Voraussetzung der Zeit notwendig ist. Dieses Gegenwärtige muß die Rolle des Ruhenden spielen und zwar im Gegensatz zum *ständigen* zeitlichen Aufeinanderfolgen das *immer schon* aufgehobene Aufeinanderfolgen sein. Vigilius begreift in diesem Sinne das Ewige (6). Was ein Gegenwärtiges sein soll, wissen wir noch nicht; es ist aber klar, daß von der Bestimmung des Ewigen ein unendliches Gegenwärtiges ausgeschlossen werden muß: eine unendliche Ewigkeit gehört in die Vorstellung, die aber wieder einen Mangel an jeglicher Bewegung aufweist. „Für die Vorstellung ist dies [daß sie nämlich die Ewigkeit als das Gegenwärtige begreift] ein Fortgang, der doch nicht von der Stelle kommt, weil

---

1. Angst 86.
2. Angst 82.
3. Angst 87.
4. Angst 87 Anm.
5. Angst 88.
6. Angst 87.

das Ewige für sie das unendlich inhaltsvolle Gegenwärtige ist" (1). Welche Funktion eine Bewegung in der Ewigkeit haben kann, ist noch nicht klar, da Zeit und Ewigkeit nur in ihrer Verschiedenheit als Bewegung und Ruhe erörtert wurden. Auf die Frage nach der Einheit beider ist bei der Bestimmung des Menschen als einer Synthesis des Zeitlichen und des Ewigen hingewiesen worden. Mit der Feststellung der Verschiedenheit beider Begriffe erreichen wir den Bereich der (menschlichen) Wirklichkeit noch nicht; es ist aber Licht in den Widerspruch der Zusammensetzung beider Momente gefallen. Die am Anfang gestellte Frage bleibt: Welches ist denn das einigende Dritte, das die widerspruchsvolle Zusammensetzung synthetisch zustande bringt? Wenn wir dieses Dritte fassen wollen, müssen wir den Bereich des abstrakten Denkens und damit der Möglichkeit ausschließen, denn solange man im abstrakten Denken bleibt, ist das Gedachte eine Möglichkeit, die den synthetischen Charakter der Wirklichkeit nicht erreichen kann. Die schlechthinnige Verschiedenheit von Zeitbewegung und Ewigkeit ist also nicht wirklich.

Der Begriff „Augenblick" ist bei Vigilius vieldeutig. Er bezeichnet sowohl den göttlichen Entschluß, sich geschichtlich im Dasein Christi zu offenbaren, als auch die geschichtliche Begegnung des Menschen mit Gott. Außerdem gilt: Eine aus Augenblicken zusammengesetzte Zeit charakterisiert sowohl das ästhetische als auch das ethische und religiöse Leben; der ästhetische Augenblick ist aber verschieden sowohl vom ethischen wie vom religiösen Augenblick. Der Augenblick, der die Zeit eines ästhetischen Lebens ausmacht, bezeichnet das Gegenwärtige, das eines Vergangenen und eines Zukünftigen beraubt ist. Die Leere eines solchen Begriffes verweist auf ein Gegenwärtiges, das unendlich erfüllt sein soll. Der Augenblick muß somit die Erfülltheit der Ewigkeit voraussetzen. Wenn aber der Augenblick die Rolle des synthetisierenden Dritten spielen soll, dann muß er nicht nur die Ewigkeit, sondern auch die Zeit voraussetzen. Nun setzt schon der griechisch verstandene Augenblick die Zeit voraus, griechisch wird aber die Zeit als das Vergangene verstanden, und zwar nicht in seiner Beziehung auf das Zukünftige und Gegenwärtige, sondern als ein immer schon geschehenes und der Vergangenheit angehöriges Vorübergehen (2). Den Sinn und die Bedeutung der griechischen Zeitauffassung kann man in Anlehnung an die platonische Erinnerungslehre verstehen, in der der abstrakte Begriff der Ewigkeit ebenfalls die Rolle des Vergangenen spielt. Wir wollen uns mit der Kritik des Vigilius an der griechischen Zeitauffassung im nächsten Paragraphen ausführlicher beschäftigen.

Was das Verhältnis des Augenblicks zur Zeit betrifft, behauptet Vigilius: Das zeitliche Aufeinanderfolgen enthält keinen Augenblick im Sinne eines mit Ewigkeit erfüllten Gegenwärtigen, wodurch sich die Abstraktheit der so verstandenen Zeit erweist. Der mit Ewigkeit erfüllte Augenblick enthält aber Zeit, da er *in* der Zeit liegt: „Sollen hingegen Zeit und Ewigkeit einander berühren, so muß es in der Zeit sein, und nun stehen wir beim Augenblick" (3). Das In-der-Zeit-sein des Augenblicks bedeutet nicht, daß er ein bloßes Moment der Zeit ist (4), sondern daß die ewige Erfülltheit immer schon die Zeit durchdrungen hat; anders ausgedrückt: die Zeit ist erst aus der Ewigkeit zu begreifen. Der Augenblick ist der konkreten Gegenwart der Ewigkeit kommensurabel, und nur durch Berücksichtigung dieser Kommensurabilität wird die Zeit als der Ort der Erscheinung der Ewigkeit verständlich. Das In-der-Zeit-sein des Augenblicks ist nur nachträglich feststellbar, denn der Augenblick ist „nicht eigentlich Atom der Zeit, sondern Atom der Ewigkeit" (5). Die Ewigkeit als eine Voraussetzung ist der Standpunkt im Augenblick,

1. Angst 88.
2. Ein Vorübergegangenes, vgl. das Wortspiel Angst 259, Anm. 143.
3. Angst 88.
4. Vgl. *H. Fahrenbach*, Kierkegaards existenzdialektische Ethik, Frankfurt 1968, S.42: „Der Mensch wird nicht einfach 'mit der Zeit', was er sein kann, sondern er muß *in* der Zeit selbst entscheiden, was aus ihm wird und d.h. muß die Weise seines In-der-Zeit-seins selbst entscheiden."
5. Angst 90.

in welchem die zeitliche Bewegung ihren Anfang nimmt. Der Augenblick als das Dritte setzt sowohl Ewigkeit als auch Zeit voraus, aber er setzt die Zeit unter der Voraussetzung, daß die Ewigkeit schon gesetzt ist.

Folgende Frage bedarf einer Klärung: In welchem Sinne gibt es keine Zeitbewegung, solange der erfüllte Augenblick noch nicht realisiert ist? Diese Frage wird beantwortet, wenn man sich daran erinnert, was von der Sündigkeit bereits gesagt wurde. Wie nämlich die Sündigkeit die quantitative Folge der qualitativ gesetzten ersten Sünde ist, so ist auch die Zeit das Aufeinander*folgen*, das dem einmaligen („ersten") Setzen des Augenblicks folgt. „In dem Augenblick, da die Sünde gesetzt ist, ist die Zeitlichkeit Sündigkeit. Wir sagen nicht, daß die Zeitlichkeit Sündigkeit sei, ebenso wenig wie daß die Sinnlichkeit Sündigkeit sei, sondern indem die Sünde gesetzt ist, bedeutet die Zeitlichkeit Sündigkeit" (1). Erst durch die qualitativ gesetzte Ewigkeit wird die Zeit als quantitative Folge von Augenblicken begriffen. Mit einer Umstellung des Standpunktes sieht Vigilius zugleich ein, wie die Zeit wiederum die Möglichkeit eines neuen qualitativen Setzens bestimmt, das er als Tod bezeichnet (2). Die Zeitlichkeit ist hier das Moment der Angst vor dem Tode; dieser Angst begegnet man nicht bei den Tieren, denn „das Tier stirbt eigentlich nicht" (3); die Angst vor dem Tode ist mit der Angst vor dem Gebären vergleichbar. Der Zustand der Möglichkeit, in dem die psychologischen Beschreibungen mit all diesen Begriffen stets bleiben, darf auch in diesem Zusammenhang nicht mit der Voraussetzung der Bewegung verwechselt werden; diese Voraussetzung erscheint hier konkret als mit Ewigkeit erfüllter Augenblick, und als solcher ist er Hilfsmittel jeder psychologischen Betrachtung und zugleich Ziel der Dialektik. „Aber das Christentum geht qualitativ weiter und erzieht mit Hilfe der Ewigkeit und auf die Ewigkeit hin" (4). Hier stellen sich die Fragen: gibt es keinen Unterschied zwischen der als Folge und der als Möglichkeit gedachten Zeit? Worin besteht der Unterschied zwischen der abstrakt aufgefaßten und der durch die Ewigkeit bedingten Zeit?

„Das Mögliche entspricht ganz und gar dem Zukünftigen" (5). Die Möglichkeit in Beziehung zur Zeit zu bringen, scheint nach diesen Worten zu bedeuten, daß die Zeit hier nur in einem ihrer Momente und nicht im Ganzen betrachtet wird. Oder kann man vielmehr das Zukünftige für mehr als nur *ein* Moment der Zeit unter anderen halten? Während die abstrakte Vorstellung der Zeit die drei Momente streng voneinander unterscheidet, gestattet die Zeit bei Vigilius keine solche Unterscheidung. Dies ist so zu erklären: Die vorausgesetzte Ewigkeit kommt als Mögliches wieder, indem sie „fort und fort die Zeit durchdringt" (6). Die Ewigkeit ist ja keine einmalige Setzung ohne spätere Wirkung, sie verwandelt vielmehr die Zeitfolge in ein ständig Wiederkommendes. So ist die Ewigkeit wie jede Voraussetzung nicht etwas in der Vergangenheit Abgeschlossenes, das nie wieder in ein Verhältnis zu seiner Folge tritt. Das Ewige kommt immer wieder als das Zukünftige; dieses ist dann kein einzelnes Moment der Zeit, sondern die Zeit selbst als Ganzes: „denn das Zukünftige ist in gewissem Sinne das Ganze, von dem das Vergangene ein Teil ist, und das Zukünftige kann in gewissem Sinne das Ganze bedeuten" (7). Man kann diese Behauptung verstehen, wenn man daran denkt, wie das unendliche Aufeinanderfolgen der Zeit zu begreifen ist. Die Zejt hat nämlich keinen Sinn, wenn die Ewigkeit nicht der feste Standpunkt bleibt, von dem her die Zeit (nicht als das Bewegte, sondern) als das zu Bewegende begreifbar wird. *Der Standpunkt dient nicht nur zum Begreifen des Bewegten, von dem er einen Teil ausmacht; er ermöglicht zugleich die Bewegung und bestimmt sie als ganze derart, daß er sie als zu Bewegendes realisiert.* Die Ewigkeit bedingt die Zeit nicht als einen abgeschlossenen Vor-

---

1. Angst 94f.
2. Angst 94f. Anm.
3. Ebenda.
4. Tag. III, 79.
5. Angst 93.
6. Angst 90.
7. Angst 91.

gang, nämlich als eine objektive Vergangenheit, sondern ermöglicht das zukünftige Geschehen der Zeitbewegung. Das Bevorstehende, d.h. die Zukunft ist hier also abermals als die unendliche Aufgabe des Selbstwerdens gesehen, wie H. Fahrenbach sich ausdrückt (1).

„Der Augenblick und das Zukünftige wiederum setzen das Vergangene" (2). Dieser Satz scheint problematisch, weil er dieselbe Bewegung, in welcher die Zeit mit der Ewigkeit zusammentrifft und als Ergebnis die zu-kommende Bewegung erscheinen läßt, für die Setzung eines abgeleiteten Späteren ausgibt. Es stellt sich folgende Frage: Wie kann das Ewige sowohl als etwas Zu-kommendes als auch als das Vergangene wiederkommen, wenn doch die Verschiedenheit beider Zeitmomente, Vergangenheit und Zukunft, festzuhalten ist? Hier muß das Ewige in seiner Rolle als Standpunkt hervorgehoben werden, denn im Vergleich zur sprunghaften Setzung der Ewigkeit sind sowohl das Zukünftige als auch das Vergangene etwas Abgeleitetes. Die späteren Erscheinungen der Ewigkeit sind gleichbedeutende Folgen des Sprungs: sowohl die einmalige „in die Geschichte sich einsenkende Gottestat" (3) als auch das mögliche Wiederkommen des Ewigen sind gleichermaßen als Gegenstand der Erinnerung wie der Erwartung aufzufassen. Das Vergangene ist in seiner vollen Bedeutung da, wenn es eine erneute Möglichkeit darstellt; im selben Sinne ist das Zukünftige da, wenn es irgendwie schon gegenwärtig ist. Wirklichkeit und Möglichkeit gehören als Gesetztes und Zu-setzendes in der Ewigkeit zusammen. Vergangenes und Zukünftiges sind zwar nicht zugleich; sie sind aber aus demselben Augenblick abgeleitet und erfüllen darin ihren Zweck; der Augenblick ist dabei kein Zeitmoment, sondern die konkretisierte Ewigkeit selbst.

Vergangenheit und Zukunft weichen im Hinblick auf die Kontinuität voneinander ab. Diese Behauptung setzt voraus, daß der Augenblick entweder mit der Vergangenheit oder mit der Zukunft identifiziert wird. Die Abgrenzung des Zukünftigen vom Vergangenen dient konkret dazu, die Begriffe Auferstehung und Letztes Gericht in ihrer dogmatischen Bedeutung aufrechtzuerhalten; die Abgrenzung des Vergangenen vom Zukünftigen dient wiederum dazu, die Begriffe der individuellen Bekehrung, Versöhnung, Erlösung vom Weltgeschichtlichen zu differenzieren (4). Die Bedingung der Möglichkeit einer solchen Unterscheidung ist der mit der Ewigkeit verknüpfte Augenblick; die Selbständigkeit der zeitlichen Momente muß dabei bewahrt werden, und weder die Zukunft noch die Vergangenheit darf mit der Ewigkeit verwechselt werden. Das Judentum verwechselt nach Vigilius das Zukünftige mit dem Ewigen, denn bei ihm gilt der Augenblick nicht als Zeitanfang und Zeitfülle, sondern als Grenzscheide einer noch nicht erfüllten Bewegung. Das Griechentum verhält sich ähnlich im Hinblick auf das Vergangene, denn im Griechentum sind Vergangenheit und Ewigkeit identisch; Grund dieser Auffassung ist der völlig abstrakt aufgefaßte Augenblick (5).

Was besagt die Behauptung, der Augenblick sei zweideutig? Geht Vigilius wirklich im Begreifen des Augenblicks über das Griechentum und das Judentum hinaus, oder ist seine Ansicht durch seine psychologischen Voraussetzungen vorgeprägt? Wie schon erwähnt, begreift die Psychologie ihren Gegenstand als einen zweideutigen Zustand. Weisshaupt behauptet (6), die Zweideutigkeit des Augenblicks meine das „Bifrontische" der Bewegung in der Begegnung der Zeit und der Ewigkeit, wobei sowohl die Zeit als auch die Ewigkeit eine Bewegung darstellen. Er schließt somit die statische Erklärung aus, daß der Augenblick ein Zeitmoment und zugleich etwas Ewiges sein kann. Dabei bleibt der Begriff der Zweideutigkeit im Dunkel, obwohl er wich-

---

1. H. Fahrenbach, ibid., S. 47f.
2. Angst 91.
3. Angst 259, Anm. 147.
4. Angst 92.
5. Angst 91f. und 259 Anm. 147.
6. K. *Weisshaupt,* Die Zeitlichkeit der Wahrheit. Eine Untersuchung zum Wahrheitsbegriff S. Kierkegaards, Freiburg/München 1973, S.130.

tig für das Verständnis des psychologischen Gegenstandes ist. Vigilius bezeichnet das Zusammenbestehen von zwei Gegensätzen als dialektische Zweideutigkeit (1); wir stellten diese Zweideutigkeit schon beim Begriff der Angst als die Dialektik von Ruhe und Bewegung fest. Analog besteht das Zweideutige des Augenblicks nicht in zwei Bewegungen bzw. in einer gegenläufigen Bewegung, sondern in Ruhe und Bewegung. Die Zeit spielt dabei die Rolle des Ruhigen, des in sich Verschlossenen, die Ewigkeit die des bewegenden Durchdringens. Es ist beachtenswert, daß die (abstrakt aufgefaßte) in sich ruhende Ewigkeit hier durch eine Bewegung die (abstrakt aufgefaßte) zeitliche Bewegung anzuhalten versucht; die Zeit dagegen, obwohl sie abstrakt aufgefaßt die Bewegung schlechthin darstellt, spielt die Rolle des Ruhigen; beide Begriffe sind paradoxerweise im Augenblick der Berührung umgekehrt worden. Dieses Paradox ist der eigentliche Beitrag des Vigilius zur Dialektik von Zeit und Ewigkeit: die konkrete Einheit von Bewegung und Ruhe.

§ 19. Historische Hinweise auf den griechischen Begriff des Plötzlichen

Ebenso wie Climacus seinen Begriff des Augenblicks durch eine Kritik der sokratischen Auffassung präzisiert, sichert Vigilius die Konkretheit desselben Begriffs durch eine Kritik der Abstraktheit der platonischen Auffassung. Er behauptet folgendes: Platon habe den Augenblick als ein verschwindendes Moment aus dem vergänglichen Charakter der Zeit erschlossen. Das griechische Wort ἐξαίφνης , mit dem Platon den Augenblick der Entdeckung der Wahrheit bezeichnet (2), weise (vielleicht schon etymologisch) auf das Unsichtbare hin. Die Anschauung spiele keine entscheidende Rolle im Griechentum; dies werde auch in der plastischen Kunst deutlich, die den Höhepunkt der griechischen Kunst darstelle. Der Grund dieser Tatsache liege darin, daß die Griechen den Begriff Geist ohne Bezug auf die Begriffe der Sinnlichkeit und der Zeitlichkeit auffaßten; da die Griechen den Geist nicht im Zusammenhang mit der Anschauung sähen, blieben Sinnlichkeit und Zeitlichkeit bei ihnen oberflächlich. Das Christentum stelle den Geist im Gegensatz dazu als ein „göttliches Auge" (3) dar.

Diese Bemerkung des Vigilius macht die Abhängigkeit aller Begriffe der Zeit vom Begriff des Augenblicks deutlich; der Augenblick im Christentum ist nach dieser Auffassung nicht einfach eine zufällige und nachträgliche Verbindung von Zeit und Ewigkeit als selbständiger Substanzen, sondern erst in der augenblicklichen Begegnung treten Zeit und Ewigkeit ins Dasein. Solange der Augenblick nicht da ist, sind Zeit und Ewigkeit noch nicht qualitativ bestimmt. *Quantität und Qualität, Geschlecht und Individuum sind Momente, die durch die im Augenblick vollzogene Setzung des Geistes in eins zusammenfallen,* und ihre Bedeutung wird jetzt eine ganz andere.

In der griechischen Philosophie gibt es nach Vigilius keinen Augenblick (4). Mit dieser Aussage wird die Kontinuität dessen, was im platonischen Begriff der Ewigkeit gedacht ist, betont. Die Ewigkeit sei bei Platon immer schon in der Vergangenheit da und erscheine dank einer rückwärts gerichteten Bewegung wieder (5). Nun begreift Platon nach Vigilius den Augenblick im Hinblick auf die Zeit als das Nichtseiende; er verstehe ihn nicht als das schlechthin Nichtseiende, sondern als ein Etwas. Vigilius begreift hier den „Augenblick" vermutlich im Sinne des platonischen Begriffs der Bewegung (6), die „nicht seiend ist, doch seiend, insofern sie am Seienden Anteil hat" (7). Vigilius erwähnt (8) in diesem Zusammenhang die platonischen Versuche

1. Angst 40f.
2. Vgl. z.B. Sympos. 210e.
3. Angst 89 Anm. 1.
4. Angst 91.
5. Erinnerungslehre, vgl. oben § 11, S. 43.
6. „Der Augenblick wird daher die Übergangskategorie schlechthin (μεταβολή)" (Angst 84 Anm.).
7. Sophistes 256d 5f.
8. Angst 83f. Anm. 2.

im „Sophistes", das Sein des Nichtseienden in der Person des Sophisten zu beweisen und damit zugleich das Hervortreten des Nichtseienden zu begreifen. Es ist tatsächlich für Platon wichtig, das Sein des Nichtseienden, das von ihm vorausgesetzt ist, zu beweisen, da er z.B. die Ideenwelt sowohl logisch als auch ontologisch voraussetzt. Vigilius sieht ein: Folgende Überlegung ist sowohl in der platonischen als auch in der neueren Philosophie anzutreffen: man setzt den Aspekt des Nichtseins des Nichtseienden voraus und hebt dialektisch den Aspekt seines Daseins hervor. Vigilius charakterisiert diesen Vorgang als rein abstrakt und unterscheidet ihn von der christlichen Auffassung, die das Sein des Nichtseienden (als Schein, Sünde, geistlose Sinnlichkeit, bloße Zeitlichkeit) voraussetzt, und seine Aufhebung als Aufgabe des Christen ansieht. Dieser Auffassung entsprechend begreift Vigilius das Nichts als den Gegenstand der Angst, der quantitativ bestimmt ist und sich im Vergleich zur Setzung der Qualität als Nichts erweisen läßt.

Die abstrakte Auffassung des Augenblicks erscheint nach Vigilius wieder im platonischen „Parmenides" als Übergangskategorie. Wir wollen diesen Dialog näher betrachten. Sokrates setzt sich im ersten Teil mit den zenonischen Argumenten auseinander (1). Er sieht sofort ein, daß die Behauptung, die Vielheit sei nicht, im Grunde genommen mit dem parmenideischen Ansatz, daß alles Eins sei, identifiziert werden kann. Die Argumentation Zenons ist aber nach Sokrates insofern nicht richtig, als sie sich einseitig dem Bereich der Sinnlichkeit zuwendet, indem sie den Widerspruch in den sinnlichen Dingen zu beweisen sucht. Es wäre aber zu beweisen, daß der Widerspruch in den Ideen selbst liegt, an denen die sinnlichen Dinge teilhaben (2). In der anschließenden experimentierenden Dialektik wird auch der Widerspruch zwischen Bewegung und Ruhe diskutiert. Der Übergang von der Bewegung zur Ruhe und umgekehrt ist ein wunderbares Moment, das keinen Ort hat: der Übergang vollzieht sich nicht aus dem noch in sich ruhenden Stillstand und auch nicht aus der noch bewegten Bewegung (3), er findet weder in Bewegung noch in Ruhe statt. Er ist ἄτοπος; dieses Wort bezeichnet sowohl die Ortlosigkeit als auch die Rätselhaftigkeit des Augenblicks. Vigilius behauptet: „Mit dem allem hat nun Platon das Verdienst, sich die Schwierigkeit deutlich zu machen, aber der Augenblick wird doch eine lautlose atomistische Abstraktion, die man auch damit nicht erklärt, daß man sie ignoriert" (4). Auch der Ausdruck des Dazwischen (μεταξύ), den Platon gebrauchte (5), beinhalte eine Abstraktion, da sowohl die Bewegung als auch die Ruhe, zwischen denen der Augenblick liegen soll, abstrakt aufgefaßt seien.

Vigilius behauptet zu Recht, der Augenblick im „Parmenides" liege nicht in der Zeit (6). Dies sieht allerdings schon Aristoteles. Aristoteles übernimmt die Einsicht Platons, der Augenblick sei das plötzliche Wohin und Woher des Übergangs; er deutet das ἐξαίφνης als ἐκστάν (= das Herausgetretene), das wegen der Zeitkürze nicht wahrgenommen werden kann: τὸ δ' ἐξαίφνης τὸ ἐν ἀναισθήτῳ χρόνῳ διὰ μικρότητα ἐκστάν· μεταβολὴ δὲ πᾶσα φύσει ἐκστατικόν(7). Jedes Heraustreten (ἔκστασις) setzt etwas voraus, aus dem das, was heraustritt, hervorgeht, gleichgültig ob es ein Bewegtes oder ein Ruhendes ist; dies haben sowohl Platon als auch Aristoteles gesehen. Aristoteles versucht aber

---

1. Parmenides 127e ff.
2. Parmenides 129b-c.
3. Parmenides 156d 4-6.
4. Angst 85 Anm.
5. Parmenides 156d.
6. Parmenides 156d 6ff.
7. Phys. 222b 14-16. Das Zitat ist wegen des Wortspiels kaum zu übersetzen. Es wurde wie folgt übersetzt: „Der Ausdruck 'Plötzlich' bezeichnet das, was in einer um ihrer Kürze willen unbemerklichen Zeit vor sich ging. Jeder Prozeß aber läßt seinem Wesen nach Dinge und Zustände abtreten." (Aristoteles, Physikvorlesung, übersetzt von H. Wagner, Wissenschaftliche Buchgesellschaft, Darmstadt 1967, S. 121).

die Abstraktheit des Augenblicks zu eliminieren, indem er die Zeit als die notwendige Bedingung jeder Veränderung behauptet: πᾶσα μεταβολή καί ἅπαν τό κινούμενον ἐν χρόνῳ (1). Die platonische Auffassung betont dagegen das ἐξ des ἐξαίφνης und interpretiert es als Anfang der Bewegung; Aristoteles wiederum behauptet, daß es keinen absolut ersten Anfang der Bewegung gebe, und kein Augenblick in der Zeit als der erste Augenblick der Bewegung gelten könne (2).

Vigilius greift noch einmal (3) den Versuch Platons, die Bewegung abstrakt zu begreifen, anhand einer anderen Parmenidesstelle auf, die besagt, daß sowohl Einheit und Vielheit als auch das Sein an der Zeit teilhaben sollen (4). Mit Hilfe des abstrakten Dazwischen interpretiere Platon das Jetzt (νῦν) als etwas zwischen „gewesen sein" und „sein werden". In ihrem Übergang vom Vergangenen zum Zukünftigen könne die Einheit (τό ἕν) das Jetzt nicht überspringen, sondern müsse darin Halt machen (5). Vigilius zieht aus der Abstraktheit der platonischen Stelle den Schluß, „daß das Gegenwärtige (τό νῦν) hin und herschwanke zwischen den Bedeutungen das Gegenwärtige, das Ewige, der Augenblick" (6). Aus diesem Schwanken folge eine Verwirrung dieser Begriffe, die auch in der neueren Philosophie anzutreffen sei und erst im Christentum aufgehoben werde (7).

1. Phys. 222b 30f.
2. Phys. 236a 14f.
3. Angst 85 Anm.
4. Parmenides 151e.
5. Parmenides 152b-c.
6. Angst 85 Anm.
7. Ebenda.

C. DIE BEWEGUNG BEI CONSTANTIUS

§ 20. Darstellung des Constantius-Standpunktes

Die Bewegung, mit der sich das frühe Pseudonym Constantin Constantius in seinem Werk „Die Wiederholung" beschäftigt, ist keine andere als die schon unter dem Titel „Transzendenz" behandelte (1). Die Probleme, die sich im Zusammenhang mit dem Begriff der Wiederholung ergeben, hängen mit den Hauptfragen der schon erörterten Pseudonyme zusammen. Die Erzählung „Johannes Climacus oder de omnibus dubitandum est" bricht an dem Punkt ab, wo die Frage nach der Wiederholung vom erkenntnistheoretischen Standpunkt her diskutiert wird. Vigilius zitiert ziemlich oft Stellen aus der „Wiederholung" und erweitert die Problematik dieses Begriffs. Ebenso wie Vigilius charakterisiert Constantius sich als Psychologen; der Standpunkt beider ist also nicht völlig verschieden.

Die Unveränderlichkeit, die den psychologischen Standpunkt auszeichnet, ist auch bei Constantius in erheblichem Maße sichtbar. Sein Name bedeutet Unerschütterlichkeit und Beharrlichkeit (constantia). Kierkegaard selber interpretiert die Haupteigenschaft dieses Pseudonyms als „Verstandes-Verhärtung" (2). Vigilius bezeichnet die Unerschütterlichkeit des Constantius als ein Hilfsmittel zum Schutz gegen den Wahnsinn (3). Obwohl Constantius sein Thema „mit Energie gepackt" habe, nehme er an der Bewegung der Wiederholung nicht teil, sondern nur insofern er auf Kosten des jungen Menschen experimentiere und in ihm „die Wiederholung inkraft des Religiösen ... hervorbrechen" lasse (4). Diese persönliche Distanziertheit und sein eigenes Geständnis, die Wiederholung sei eine zu transzendente Bewegung für ihn (5), ist eine Form der Verzweiflung. Eine solche Haltung bewirkt in Bezug auf den Gegenstand seiner Behandlung, daß die Transzendenz zu einer immanenten Bewegung wird, wie Climacus bemerkt: „Die Wiederholung ist nach der Auffassung des Constantius im Grunde der Ausdruck für die Immanenz; daß man fertig verzweifelt und sich selbst hat, daß man fertig zweifelt und die Wahrheit hat" (6). Constantius ergreift Partei nur insofern, als er den Gegenstand seiner Beobachtung ironisch und sentimental behandelt. Er läßt aber durch sein Experiment ein totales Abstandnehmen von der Innerlichkeit erkennen, die im Begriff der Wiederholung enthalten ist. An Ironie und Verstandeskraft überragt er den jungen Mann, den er dem Experiment unterzieht, das Ergebnis des Experimentes überragt aber seinen Verstand an Innerlichkeit.

Die Macht des jungen Mannes liegt in seiner Liebe und Schönheit, an der das experimentierende Beobachten scheitert. Die Melancholie, die bei Constantius aus dieser Beobachtung entsteht, zeigt, daß Constantius ebenso wie der junge Mann in die Erinnerung verliebt ist. Die Liebe in der Wiederholung ist dagegen die einzig glückliche, und daran, daß er sie nicht vollziehen kann, verzweifelt Constantius. Während die eigentliche Liebe eine Sehnsucht nach dem Gegenstand der Liebe ist, bleibt Constantius beim Vertrauen auf den eigenen Verstand stehen. Der junge Mann wird von reiner Liebe ergriffen, da bei ihm „die Idee in Bewegung" (7), nämlich der Bereich des Idealen einflußreich ist; im Gegensatz zur Verstandeskraft ist das Ideale „das Lebensprinzip in der Liebe" (8). Constantius drückt die Fruchtlosigkeit seines Tuns vielfältig aus:

---

1. Vgl. oben § 9, besonders S. 37ff.
2. Tag II,9.
3. Angst 16 Anm.
4. Ebenda.
5. Wiederholung 59.
6. UN I,257.
7. Wiederholung 13.
8. Ebenda.

er bezeichnet sich nach dem Bild des Mottos (1) als einen wilden Baum, dessen Blüten wohlriechend sind, der aber keine Liebes- und Geistesfrüchte hat; er vergleicht sich selbst daher mit einem Kastraten (2). Sein Versuch, die Liebe des jungen Mannes zu erneuern, bleibt fruchtlos, und der Selbstmord des Jungen ist das einzige Ergebnis. Das fehlende Engagement, das sich in der Unbewegtheit und Unpersönlichkeit des Beobachtens ankündigt, ist somit keineswegs harmlos und ohne Gefahr. ,,Man sieht, daß es ein gefährlicher Posten ist, Beobachter zu sein" (3). Die Liebe des jungen Mannes ist gekennzeichnet durch Ursprünglichkeit, deshalb ist der junge Mann nicht ganz aussichtslos (4), während Constantius ,,eine verschwindende Person" (5) ist. Die Grundstruktur des Beobachtens wird folgendermaßen beschrieben: trotz der Traurigkeit seines Berufes ist der kundige Beobachter ein ,,Polizeispion in höherem Dienst" (6), dessen Aufgabe die Offenbarung des Verborgenen ist. Es ist aber notwendig, ein vollständiges Ganzes in Betracht zu ziehen und zu entdecken, sonst entdeckt man eigentlich nichts. Das bedeutet, daß psychologische Untersuchungen nur den Anfang des Offenbarmachens bilden.

§ 21. Die Wiederholung als ein Geschehen der Wiedergeburt

Die Hauptfrage des Constantius betrifft die Möglichkeit der Wiederholung und die Grundstruktur dieser Bewegung, sofern sie als möglich begriffen werden soll. Die Frage, inwiefern in der realen Welt ein Wechsel und nicht vielmehr eine Identität vorhanden ist, haben die Philosophen seit jeher unterschiedlich beantwortet. Heraklit bejaht den ständigen Wechsel, wenn er von der Unmöglichkeit spricht, in denselben Fluß zweimal zu steigen, wobei das Bild des Flusses die gesamte Wirklichkeit des Seienden darstellt. Die eleatische Schule lehnt eine reale Bewegung ab. Platon führt die Problematik noch weiter. Kierkegaard (7) zitiert den platonischen ,,Kratylos" (402a) und spricht vom ,,Heraklit-Schüler", der in Anlehnung an den eleatischen Ansatz über die Unmöglichkeit der Bewegung die herakliteische Aussage folgendermaßen korrigiert: man kann noch nicht einmal bloß ein einziges Mal in denselben Fluß steigen. Es ist festzuhalten: da Heraklit der Bewegung Wirklichkeit zugesteht, sieht er das ständig entstehende Andere im unendlichen Werden. Wenn eine Bewegung ist, dann wird die Verschiedenheit zur Voraussetzung. Constantius bemerkt: ,,Die Wiederholung ist die neue Kategorie, welche entdeckt werden muß. Wenn man etwas weiß von der neueren Philosophie und der griechischen nicht ganz und gar unkundig ist, so wird man leicht sehen, daß eben diese Kategorie das Verhältnis zwischen den Eleaten und Heraklit erklärt" (8). In welchem Maße hängt nun die Frage nach der Wiederholung mit der Frage nach der Bewegung zusammen?

Climacus (9) äußert sich folgendermaßen zu dieser Frage: Der Hinweis auf das ständig entstehende Andere im unendlichen Werden (Heraklit) ist noch kein Beweis dafür, daß es in der realen Welt eine Wiederholung gibt. Diese Behauptung läßt sich so begründen: Der heraklitischen Auffassung liegt eine unmittelbare Betrachtung zugrunde; die Unmittelbarkeit enthält aber keinen Zusammenstoß zwischen dem Vorher und dem Nachher einer Bewegung, denn es besteht kein wesentlicher Unterschied zwischen ihnen; so ist die Wiederholung ausgeschlossen,

---

1. Wiederholung 3.
2. Wiederholung, Anm. 12.
3. Wiederholung 58.
4. Kierkegaard hat alle Stellen über den Selbstmord des jungen Mannes in der zweiten Fassung der ,,Wiederholung" getilgt.
5. Wiederholung 97.
6. Wiederholung 7.
7. Furcht 152.
8. Wiederholung 21.
9. Brocken 158.

„denn Wiederholung ist nur denkbar bei etwas, das vorher gewesen ist" (1). Wer in unmittelbarer Beziehung zur Umwelt lebt, fragt nicht, inwiefern etwas früher Angeschautes dasselbe wie das jetzt Angeschaute ist. Außerdem ist ein ewiges, unendliches Werden erst durch Abstraktion begreifbar, und die Unendlichkeit dieser Ewigkeit ist eine leere Vorstellung.

In der Idealität gibt es ebensowenig eine Wiederholung: wenn man vor einer Aufgabe steht, dann muß die eigene Bewegung zur Bewältigung der Aufgabe bzw. zur Verwirklichung des Idealen vorausgesetzt werden, sonst bleibt die Idee die gleiche und wiederholt sich nicht. Wenn dagegen das Reale und das Ideale zusammenstoßen, dann findet eine Wiederholung statt. Die Realität erklärt alles, was im Augenblick des Zusammenstoßes angeschaut wird, als zum ersten Mal daseiend. Die Idealität stimmt dem nicht zu; sie behauptet, das Angeschaute sei eine Wiederholung von etwas Früherem, es sei zwar mit sich selbst, aber zugleich mit etwas anderem identisch. Dieser Zusammenstoß des Selben mit dem Anderen seiner selbst findet im Bewußtsein statt. Die Frage, inwiefern etwas mit etwas anderem identisch ist, ist dann keine gleichgültige metaphysische Frage (2), wie z.B. die Frage, inwiefern das Angeschaute an der Idee teilhat, sondern sie ist von höchster Dringlichkeit. Der Zusammenstoß, der zwischen dem Realen und dem Idealen stattfindet, bleibt aber trotzdem unverständlich und im Widerspruch. Man darf ihn deshalb für eine Unmittelbarkeit halten, die im Gegensatz zur Reflexion steht; so behauptet Climacus, daß „die Wiederholung, wenn sie eintreten soll, eine neue Unmittelbarkeit ist" (3). Der Ausdruck „neue Unmittelbarkeit" weist auf die Bestimmung des Sprungs zum Glauben hin (4).

Constantius stellt ebenso wie Climacus fest, daß die Frage nach der Wiederholung nicht zur Metaphysik, sondern zum Interesse im Sinne des persönlichen Engagements gehört, an dem die Metaphysik wegen ihrer abstrakt-theoretischen Methode scheitert (5). Ähnlich Vigilius: „Sobald das Interesse zum Vorschein kommt, geht die Metaphysik beiseite" (6). Analog wird behauptet, daß die Frage nach der Sünde, deren Vorhandensein unbestreitbar ist, jedermann angeht und von der „teilnahmslosen" (uninteressierten) Metaphysik nicht behandelt werden kann (7). Die Fragestellung des Constantius richtet sich auf das Interessante; da er aber vom Standpunkt des Nichtglaubenden aus spricht, gelangt er nicht zur eigentlichen Form des Interessanten. „Die erste Form des Interessanten ist, die Abwechslung zu lieben; die zweite ist, die Wiederholung zu wollen, jedoch in Selbstgenugsamkeit, kein Leiden darin, - deshalb strandet Constantin an der Wiederholung, die er selbst entdeckt hat, und der junge Mensch kommt weiter" (8). Die eigentliche Form der Wiederholung findet sich erst im Glauben; so ist die Wiederholung eine notwendige Bedingung der christlichen Dogmatik und der eigentliche Wendepunkt (discrimen rerum), in welchem der Übergang vom Heidnischen zum Christlichen stattfindet (9). Interessant

---

1. Ebenda.
2. Das Bewußtsein deckt sich schon bei Climacus mit dem Interesse, wobei es (inter-esse) als ein persönliches Engagement verstanden ist.
3. UN I,257.
4. Vgl. oben § 7 S. 28 und § 9 S. 34.
5. Wiederholung 22.
6. Angst 15 Anm.
7. Angst 12.
8. Tag. I,319f.
9. Angst 15 Anm. Vigilius führt als Beispiel für den Übergang vom Judentum zum Christentum den im Hebräerbrief 9,12ff. und 25 stehenden Gedanken über die Wiederholung an. Die ständige Wiederholung des Opfers im Judentum zeigt, daß dieses Opfer eine eindeutige Aufhebung der Sünde nicht zu gewähren und die Angst vor der Sünde nicht ein für allemal zu beseitigen vermag. Sobald dagegen das Christentum in ein versöhnendes Verhältnis zur Sünde tritt, hat eine Wiederholung des Opfers keinen Sinn mehr. Die durch Luther eingeleitete Kirchenbewegung hat dieses Argument gegen den im Katholizismus bestehenden Opfercharakter der sich wiederholenden Messe vorgebracht (Angst 106f.).

bedeutet nicht verbindlich: Eine Ethik, die kein Interesse für die Wiederholung zeigt, stellt ihre Imperative als ver-bindlich (im Sinne von bindend) dar; die Wiederholung löst (1) solche Bindungen und bestimmt die Weise, in welcher man freiwillig dem ethischen Imperativ gehorchen soll.

Aristoteles bereits kennt die ethische Problematik des Wiederholens. Er behauptet (2), daß die Vorzüge des Charakters das Ergebnis von Gewöhnung und somit nicht von Natur aus angeboren sind. Nur durch Wiederholung des Guthandelns festigt sich nach ihm die ethische Tüchtigkeit. Dieser Gedanke trifft jedoch die Problematik des Constantin Constantius nicht. Ein Wiederholen im Sinne eines Immer-wieder-Tuns der gleichen Tätigkeit und die daraus entstehende Gewöhnung ist nach seiner Ansicht bloß äußerlich. Das Interesse für das „einzig Nötige" kann nicht aus einer Gewohnheit bzw. aus der Konfrontation mit einer Vielfalt von Bedürfnissen entstehen. Es wird auch nicht verlangt, daß ein bestimmter gesellschaftlich anerkannter ethischer oder religiöser Wert angeeignet wird. Das Problem betrifft vielmehr die Innerlichkeit des Wiederholens (3). Kierkegaard unterscheidet (4) folgende Stufen des Wiederholens im menschlichen Handeln: 1. Eine menschliche Tat setzt ein Bewußtsein und eine Reflexion voraus, in der die Handlung vor ihrer Verwirklichung entworfen wird. Die Handlung ist dann ein Sichäußern des schon innerlich Vorhandenen. 2. Wer sündigt, verletzt das ursprünglich intakte eigene Selbst. Die als Wiederholung gedachte Sünde ist somit eine Negation des früher intakten Selbsts. 3. Solange man im Zustand der Sünde verharrt, ist man noch nicht der Einzelne. Die Reue stellt das ursprünglich intakte Selbst wieder her und ist insofern Rückkehr (Wieder-holung) zu sich selbst.

Die Wiederholung steht im Gegensatz zur Erinnerung. Wer sich an etwas erinnert, holt es zwar aus der Vergessenheit des Vergangenseins wieder; sowohl Wiederholung als auch Erinnerung bezeichnen somit eine Herstellung der Verbindung mit dem Früheren. Doch die Weise des Herstellens ist verschieden. „Wiederholung und Erinnerung sind die gleiche Bewegung, nur in entgegengesetzter Richtung; denn wessen man sich erinnert, das ist gewesen, wird rücklings wiederholt; wohingegen die eigentliche Wiederholung sich der Sache vorlings erinnert" (5). Wer die Erinnerung liebt, hat die Unruhe des Hoffens überwunden. Die Hoffnung ist charakteristisch für die Jugend, da sie eine Liebe zum Abenteuer und zum Geheimnis des Verborgenen ist. Wer der Erinnerung liebt, ist aber zugleich wegen des unwiderruflichen Vergangenseins von Melancholie befallen. Der Gegenstand der Erinnerung ist nur im Denken präsent und somit nicht wirklich; es kommt deshalb vor, daß, wenn der geliebte Mensch stirbt, dieser Tod den Sicherinnernden nicht zu bewegen vermag. „Mag das Mädchen morgen sterben, das wird keine wesentliche Veränderung bewirken" (6). Schon der Anfang der Erinnerung bedeutet den Verlust des Gegenstandes, so birgt die Erinnerung nicht die Gefahr eines späteren Verlusts. Der Anfang der Erinnerung ist aber irreführend, denn er bezeichnet letztlich gerade das Ende der Beziehung zum lebendigen Dasein.

Aus dem Vergleich mit der Erinnerung geht hervor, daß der Verlauf des Lebens nicht als sukzessive Aufeinanderfolge, sondern nur als eine Wiederholung gedacht werden kann. Vor-

1. Vgl. das Wortspiel Losung-Lösung, Angst 15f. Anm. und Anm. 30.
2. Nikomachische Ethik 1103a 17ff.
3. Es läßt sich eine Vorgeschichte der kierkegaardschen Problematik bei der christlichen Mystik, wie z.B. beim mittelalterlichen Denker Loyola und bei Augustin erkennen. Schon hier wird die geistige Erschlaffung, die sogenannte „Akedia", der Wiederholung entgegengesetzt (vgl. die Problematik bei Kierkegaard in Liter. Anzeige 9-14). *E. Tielsch, Kierkegaards Glaube. Der Aufbruch des frühen 19. Jahrhunderts in das Zeitalter moderner, realistischer Religionsauffassung, Göttingen 1964, S.293-306*, gibt sowohl einen geschichtlichen als auch einen breiteren Bericht über neuzeitliche psychologische und soziologische Erweiterungen des Themas.
4. Tag. I,317.
5. Wiederholung 3.
6. Wiederholung 9.

aussetzung des Lebens ist der Wille bzw. der Mut zum Glauben, der im Gegensatz zur passiven Erinnerung steht. Der Begriff des als Wiederholung verstandenen Lebens wird durch eine paradoxe Formulierung erläutert: „wenn man sagt, daß das Leben eine Wiederholung ist, so sagt man: das Dasein, welches da gewesen ist, tritt jetzt ins Dasein" (1). Es wird damit angedeutet, daß das dagewesene Individuum nicht als dasselbe weiter leben kann, sondern sich total verändert und gleichwohl in einer lebendigen Verbindung mit dem Früheren steht.

---

1. Wiederholung 22.

D. DIE BEWEGUNG BEI JOHANNES DE SILENTIO

§ 22. Die von Johannes de Silentio vorausgesetzte Leidenschaft

In einer Bemerkung über die unter dem Pseudonym „Johannes de Silentio" erschienene Schrift „Furcht und Zittern" charakterisiert Vigilius (1) die Stimmung des dialektischen Sprungs; sie sei einerseits positiv, da alles neu geworden zu sein scheint, und andrerseits negativ, da der Sprung von der „Leidenschaft des Absurden" beherrscht wird. Unter „dialektischem Sprung" ist hier der Übergang gemeint, der im Zusammenstoß der ästhetisch ersehnten mit der ethisch geforderten Idealität geschieht und eben dadurch die religiöse Idealität sichtbar macht. So gesehen spielt sowohl die ästhetische als auch die ethische Idealität die Rolle einer nicht verwirklichten Möglichkeit, deren Wirklichkeit mit der religiösen Idealität identisch ist. Anders ausgedrückt: mit Rücksicht auf die zwischen ästhetischem, ethischem und religiösem Bereich stattfindende Bewegung lassen sich die beiden ersten Bereiche als notwendige Bedingungen für die Möglichkeit des dritten erkennen, sind aber keine für sich bestehenden Realitäten. Es ist dabei wichtig den Widerspruch zu bemerken, daß die positive Stimmung des durch Offenbarung entstehenden neuen Anfangs und die negative Stimmung einer Leidenschaft für das Absurde zusammengehören. Aber auch was die Leidenschaft betrifft, so ist ihre Zusammengehörigkeit mit dem Anfang merkwürdig, weil eine Negation stets etwas Früheres negiert und deshalb nicht neu sein kann. Wir wollen im folgenden dem Begriff der Leidenschaft bei Johannes de Silentio näherzukommen suchen, während wir zugleich die Voraussetzungen und somit den Ausgangspunkt seiner Denkbewegung untersuchen.

Bewegung und Leidenschaft sind bei Johannes de Silentio eng miteinander verbunden. Die Bewegung setzt eine leidenschaftliche Stimmung als ihre notwendige Bedingung voraus. Während alle bisher erörterten Pseudonyme die Bewegung für unerklärbar halten, findet Johannes de Silentio die einzige Erklärung der Bewegung in der Leidenschaft. „Jede Bewegung der Unendlichkeit geschieht in Leidenschaft, und keine Reflektion kann eine Bewegung zustande bringen. Leidenschaft ist der ewige Sprung in das Dasein, der die Bewegung erklärt" (2). Der „ewige Sprung" wird nicht dadurch ewig, daß er sich bis in Ewigkeit ständig wiederholt, sondern vielmehr dadurch, daß er in die Ewigkeit ebenso wie in das Dasein springt, und Dasein und Ewigkeit dadurch allererst entstehen. Die Leidenschaft ist als ein Handeln der Reflexion entgegengesetzt. Sie steht aber auch im Gegensatz zum Vernünftigen überhaupt, und da die Wissenschaft eine vernünftige Tätigkeit ist, muß scharf zwischen Leidenschaft und Wissenschaft unterschieden werden „in einer Zeit, da man einen Strich durch die Leidenschaft [dänisch: lidenskab] gezogen hat, um der Wissenschaft [dänisch: videnskab] zu dienen" (3). Die von allen Vernunftsbeschränkungen befreite Leidenschaft ist nicht mit der grenzenlosen, regellosen Willkür identisch; dies bringt Kierkegaard durch seine Unterscheidung zwischen Leidenschaft und Unmittelbarkeit zum Ausdruck. „All mein Reden von Pathos und Leidenschaft mißverstehe niemand, als ob ich gedächte, jede unbeschnittene Unmittelbarkeit, jede unbarbierte Leidenschaft zur Herrschaft zu bringen" (4). Die Leidenschaft ist eine Flucht vor dem sinnlosen Sichausliefern und die vielfältige Zerstreutheit des Alltäglichen; sie ist ein bewußtes Sichsammeln und ein Sichkonzentrieren auf das Wesentliche; solchermaßen stellt sie eine Vorbereitung auf die Bewegung dar. „Fehlt einem Menschen diese Sammlung, diese Geschlossenheit, ist seine Seele von Anfang an in dem Mannigfaltigen zersplittert, so kommt er nie dazu, die Bewegung zu machen (5).

---

1. Angst 14 Anm.
2. Furcht 52 Anm.
3. Furcht 16.
4. Tag. I,332.
5. Furcht 52f.

Die Leidenschaft schließt die alltägliche, unmittelbar begegnende Realität aus, um sich dem Idealen zuzuwenden. Die Idealität kann nun wie gesagt ästhetisch, ethisch oder religiös bestimmt sein. Johannes de Silentio fühlt sich zur ästhetischen Sphäre zugehörig, denn er bezeichnet sich selbst als einen dialektischen Lyriker. Von diesem Standpunkt aus wird jedes Ideal bestimmt. Das ästhetische Ideal ist die Verborgenheit, das ethische das Offenbarwerden und das religiöse das Absurde. Es wird jetzt verständlich, warum das Religiöse eine als negativ bezeichnete Leidenschaft des Absurden ist; das Absurde ist ein Widerspruch, und zwar nicht deshalb, weil es nicht innerlich konsequent wäre, sondern sofern es vom Reflexionsstandpunkt eines Nichtchristen aus begriffen ist. Der ästhetische Dialektiker gibt zu, daß es ihm unmöglich ist, sich das Religiöse von innen her anzueignen; sein Verstand steht gewissermaßen draußen. ,,Das Absurde gehört nicht zu den Unterscheidungen, die innerhalb des eigentümlichen Verstandesbereiches liegen" (1). Trotzdem will Johannes de Silentio den Bereich des Religiösen auf keinen Fall aufgeben. Der Titel seiner Schrift weist auf die eigentliche Stimmung des Bewußtseins, daß Gott da ist, hin. ,,Und Furcht und Zittern bedeutet, daß ein Gott da ist, was kein Mensch und kein Bestehendes einen einzigen Augenblick vergessen darf" (2). Daß Johannes de Silentio aufmerksam auf das Dasein Gottes ist, bedeutet nicht schon, daß er daran glaubt; es ist nicht zufällig, daß er sich nicht mit Gott selbst, sondern mit den Stimmungen beschäftigt, die ein Verhältnis zu Gott charakterisieren; Johannes de Silentio ist unterwegs zum Glauben, und die genannten Stimmungen bezeichnen nichts anderes als diese Bewegung des Unterwegsseins (3).

Aus dem Ideal des Ästhetikers - dem Verborgensein - folgt: der ästhetische Standpunkt fordert Verschweigen. Das Verschweigen ist der Verzicht auf die Möglichkeit, sich dadurch offenbar zu machen, daß man das vom Einzelnen Erlebte mitteilt. Ein tragischer Held genießt im Schweigen die eigene Tragik; sein Schweigen ist ein ästhetisches Spiel mit sich selbst. Ein Glaubender darf nicht in dieser Weise spielen, auch wenn er schweigen möchte. ,,Sein Schweigen hätte dann nicht darin seinen Grund, daß er als Einzelner sich in ein absolutes Verhältnis zum *Allgemeinen* setzen wollte, sondern daß er als Einzelner in ein absolutes Verhältnis zum *Absoluten* gesetzt wäre" (4). Ein Ästhetiker, der sein ästhetisches Geheimnis nicht offenbart, befindet sich auf seinem Höhepunkt; er *kann* aber vom Religiösen nicht sprechen, ebensowenig wie er religiös handeln kann. Johannes de Silentio vergleicht die in einem Handeln zum Ausdruck kommende Bewegung mit einem Tanz. Ein Tänzer ist nicht ohne jeden Bezug zum Religiösen, man kann einen Tanz als einen religiösen Ausdruck verstehen. Fehlt dem Tänzer der Ernst, so springt er um das Religiöse herum (5), während die religiöse Handlung der schwermütige Sprung in die Stellung ist: ,,Es soll für einen Tänzer die schwierigste Aufgabe sein, in eine bestimmte Stellung hineinzuspringen, dergestalt, daß er keine Sekunde erst nach der Stellung greift, sondern mit dem Sprung selbst in der Stellung steht. Vielleicht kann es ein Tänzer überhaupt nicht tun, - jener Ritter tut es" (6).

Die Leidenschaft hat etwas mit Einheit zu tun. Dies ist nicht so zu verstehen, als ob die Einheit Objekt eines leidenschaftlichen Subjekts wäre: die Leidenschaft selbst ist durch Ein-

---

1. Furcht 58.
2. Einübung 83.
3. ,,Furcht und Zittern (vgl.Phil. 2,12) ist nicht der erste Antrieb (primus motor) im christlichen Leben, denn das ist die Liebe; aber er ist, was die *Unruhe* in der Uhr ist - es ist die *Unruhe* des christlichen Lebens" (Tag. I,186). ,,Jeder Mensch soll in Furcht und Zittern leben, und so soll auch kein Bestehendes freigestellt sein von Furcht und Zittern. Furcht und Zittern bedeutet, daß man im Werden ist" (Einübung 82).
4. Furcht 115.
5. Furcht 5.
6. Furcht 50. Wir wollen in den nächsten Paragraphen (§§ 23 und 24) die Unterscheidung zwischen dem ,,Ritter von der unendlichen Resignation" und dem ,,Glaubensritter" (Furcht 47ff.) ausführlich erörtern. In diesem Zitat geht es um den ,,Glaubensritter".

heit geprägt, und das gilt auch für ein leidenschaftliches Leben. Johannes de Silentio meint dies, wenn er behauptet: „das einigende Band allen menschlichen Lebens ist Leidenschaft" (1), und auf den Gedanken Lessings verweist, daß alle Menschen trotz ihrer Unterschiede in ihren Leidenschaften gleich werden (2). Die Tatsache, daß Johannes de Silentio von der Leidenschaft des Schweigens beherrscht wird, führt ihn in die religiöse Sphäre hinein, da alle drei Sphären unter dem einigenden Einfluß der Leidenschaft in eins zusammenfallen. In diesem Sinne schreibt er: „Der Glaube ist ein Wunder, und doch ist kein Mensch ausgeschlossen davon" (3). Nun ist der Glaube ein absolutes Verhältnis zum Absoluten, und in diesem Verhältnis steht Johannes de Silentio (noch) nicht; er hat somit die Einheit mit dem Absoluten nicht erlebt. Das leidenschaftliche Streben nach Einheit setzt die Allgemeinheit (4) voraus. Die Allgemeinheit gehört zur Dialektik des Glaubens als das Ethische, das wiederum eine Negation des Ästhetischen ist. Das Ethische gilt für jedermann als die ständige Aufgabe, aus der Einzelheit herauszugehen und mit dem Allgemeinen übereinzustimmen; das Ethische ist immanent, hat sein Telos in sich, es braucht nämlich keine Bewegung über sich hinaus zu machen (5). Indem der Ethiker das ästhetisch Verborgene negiert, bejaht er das Allgemeine als das Offenbare. Die Einheit mit dem Absoluten steht aber höher als die ethische Allgemeinheit. Wir wollen diese Problematik im nächsten Paragraphen erörtern.

§ 23. Die Dialektik des Glaubens

Die Ansichten des Johannes de Silentio über den Glauben sind charakteristisch für den Standpunkt eines Ungläubigen. Die Behauptung, daß die Leidenschaft für das Absurde eine negative Stimmung ist, läßt erkennen, daß der Verstand der Maßstab für diese Behauptung ist: die Leidenschaft für das Religiöse ist nämlich eine Negation des Verstandes. Umgekehrt erklärt der Verstand alles, was ihm unverständlich, unwahrscheinlich, unvermutet erscheint, für irrational. Durch dieses Urteil setzt der Verstand seiner eigenen Möglichkeit Grenzen. Damit wird zugleich deutlich, daß der Verstand nur die Möglichkeit auffassen kann, während die Wirklichkeit Produkt eines Handelns ist. Die Unmöglichkeit ist somit nur ein defizienter Modus der vom Verstand festgestellten Möglichkeit, der seinerseits dem Verstand Recht gibt:,,denn der Verstand behielt fort und fort damit Recht, daß es [das Absurde] in der Welt der Endlichkeit, in der er die Herrschaft hat, eine Unmöglichkeit sei und bleibe" (6). Das Absurde ist eine logisch festgestellte Kontradiktion; es als solches zu fassen ist aber nur durch einen sich nicht im Verstand vollziehenden Sprung, nämlich durch den Sprung in den Glauben, möglich, worin das logisch Unmögliche wirklich wird.

---

1. Furcht 83.
2. Furcht 83 Anm.
3. Ebenda.
4. Wir wollen hier den Begriff der Allgemeinheit zuerst durch eine doppelte Negation und dann positiv bestimmen. Die Allgemeinheit ist in einer ersten Stufe durch den Gegensatz zur individuellen Willkür bestimmt. Was der Einzelne für nützlich hält, führt in einem extremen Sinne zum Relativismus, demgegenüber die Ethik eine allgemein verbindliche Gesetzlichkeit darstellt. Diese Allgemeinheit ist aber auch nicht ohne weiteres im Sinne des allgemein Nützlichen zu verstehen. Das Gute abstrakt als das Nützliche schlechthin zu bestimmen ist ein Fehler, den der Utilitarismus begeht. Erst nachdem das Ziel, worauf der Nutzen bezogen wird, bestimmt ist, kann der Begriff des Nutzens mit vollem Recht gebraucht werden. Der Utilitarismus gelangt auch zum Relativismus, wenn er die Rangordnung der moralischen Werte von vornherein nicht festlegt. Der bei Kierkegaard wohl gemeinte Begriff der Allgemeinheit beruht auf der Staatsgesetzlichkeit, die wiederum keineswegs abstrakt, sondern mit historischer Notwendigkeit aus der Eigentümlichkeit des jeweiligen Volkes entsteht.
5. Furcht 67.
6. Furcht 58.

Der Hintergrund für den Begriff des Absurden ist klar geworden. Das Vermögen des Verstandes erstreckt sich auf die Endlichkeit; die Unendlichkeit wird vom Standpunkt des Verstandes her als unmöglich erklärt und ausgeschlossen. Es geht über den Verstand hinaus, wenn man den Sprung zum Glauben für möglich hält. Der Verstand weiß wohl um den Glauben, doch einseitig und verzerrt; der Glaube soll eine traditionelle Wirklichkeit und somit etwas sein, dessen Dialektik die Selbstüberwindung ist. Johannes de Silentio nennt diese vermeintliche Überwindung des Glaubens ein „Weitergehen". „In unserer Zeit bleibt keiner beim Glauben stehen, sondern geht weiter. Die Frage, wo sie [gemeint sind die damaligen dänischen Philosophen] hinkommen, würde vielleicht eine Dummdreistigkeit sein; dahingegen ist es ein Zeichen von Lebensart und Bildung, daß ich annehme, ein jeder habe den Glauben, weil es sonst eine absonderliche Rede wird mit dem 'weiter Gehen' " (1). Diese Bemerkung bezieht sich auf die Leichtigkeit, mit der die damalige spekulative Philosophie das „Weitergehen" zu einem beliebten Stichwort (2) gemacht hat (3). Spekulativ über den Glauben hinauszugehen galt ihr als leicht, und zwar deshalb, weil sie den Glauben für leicht und ohne weiteres verständlich hielt. Niemand behauptete dagegen, es sei leicht, über Hegel hinauszukommen. Das „Weitergehen" bezeichnet die Verachtung der Philosophie für den Glauben. „Über den Glauben hört man kein einziges Wort: wer redet wohl dieser Leidenschaft zu Ehren? Die Philosophie geht weiter" (4). Es wäre aber ein Mißverständnis zu meinen, der Glaube sei bei Johannes de Silentio im Gegensatz zum spekulativen Weitergehen ein Begriff, der einen Zustand beschreibt. Zwar sieht Johannes den Vorteil des Beharrens beim Glauben, zugleich aber die Gefahr eines solchen Stehenbleibens. „Wäre es nicht am besten, daß man beim Glauben stehen bliebe, und daß der, welcher steht, wohl zusähe, daß er nicht falle; denn die Bewegung des Glaubens muß fort und fort in kraft des Absurden gemacht werden" (5). Daß der Glaube keine Voraussetzung sein darf, sondern daß er vielmehr eine ständige Bewegung („Wiederholung") voraussetzt, ist vom Verstand her nicht einsehbar. Zu dieser Einsicht kommt, wer in den Bereich der Unendlichkeit leidenschaftlich eintritt. Wer einsieht, ist wiederum nicht ohne weiteres in der Lage, die Bewegung zum Glauben zu vollziehen. „Ich für mein Teil vermag die Bewegungen des Glaubens wohl zu beschreiben, aber ich vermag sie nicht zu machen. (. . .) aber ich mache andre Bewegungen, ich mache die Bewegungen der Unendlichkeit" (6). „Dem Glauben geht eine Bewegung der Unendlichkeit vorauf, erst dann tritt, und zwar unversehens, in kraft des Absurden der Glaube ein" (7).

Johannes de Silentio thematisiert die Bewegung des Glaubens, indem er die Geschichte Abrahams erzählt. Diese Geschichte folgt nicht erst aus dem festen Glauben Abrahams, sondern sie ist selbst ein *Werden* des Glaubens. Johannes de Silentio erzählt bewußt das für ihn unmögliche Geschehen des Glaubens und drückt dieses Bewußtsein dadurch aus, daß er sagt: „nur durch den Glauben erlangt man die Gleichheit mit Abraham, nicht durch den Mord" (8); dieser „Mord" ist nämlich eine Geschichte des Glaubens, weil Abraham dadurch zum Glauben gelangt. Die Bewegung ist dabei eine Rückkehr in die Endlichkeit dieses Lebens, in die Liebe zum Gegenwärtigen. „Doch Abraham glaubte und glaubte für dieses Leben. Ja, wäre sein Glaube bloß einer für das künftige Leben gewesen, so hätte er wohl leichter alles fortgeworfen, um fortzu-

---

1. Furcht 15.
2. Vgl. Furcht 153 Anm. 4.
3. Vgl. Furcht 151f. über das „Weitergehen" als Leugnung der Bewegung. Johannes de Silentio gibt an dieser Stelle den eleatischen Versuch zur Überwindung des heraklitischen Ansatzes als Beispiel für den „Drang" an, weiter zu gehen.
4. Furcht 40. Die Resignation als Verzicht auf alles Endliche ist nach Johannes de Silentio eine philosophische Bewegung (Furcht 59). Diese Behauptung erklärt er so: Was man durch Resignieren gewinnt, ist nicht der Glaube, sondern ein Bewußtsein der Ewigkeit bzw. „ein ewiges Bewußtsein".
5. Furcht 46.
6. Ebenda.
7. Furcht 86.
8. Furcht 38.

hasten aus einer Welt, der er nicht zugehörte" (1). Glauben bedeutet, jung genug zu sein um zu wünschen, und der Glaubende kann wiederum sowohl das Jungsein als auch das Wünschen bewahren (2). Jung bleiben und wünschen ist eine Überwindung der Vergänglichkeit in der Zeit; diese Überwindung vollzieht sich nicht durch Ablehnung des Zeitlichen, sondern genau umgekehrt durch Festhalten am Zeitlichen, „nachdem man es aufgegeben hat" (3), „doch wohlgemerkt so, daß man die Endlichkeit nicht verliert, sondern sie ganz und gar erwirbt" (4). Um die Dialektik des Glaubens zusammenzufassen: Der Glaube setzt zwar eine unendliche Resignation, eine Leidenschaft für das Unendliche voraus; er ist aber mit dem Resignieren nicht identisch, sondern bewegt sich gleichzeitig zum Endlichen hin, um es wiederzugewinnen. Der Glaubende macht diese doppelte Bewegung nicht nur einmal im Leben, sondern beständig ständig. „Er hat in unendlicher Resignation auf alles verzichtet, und dann hat er alles wieder ergriffen in kraft des Absurden. Er macht ständig die Bewegung der Unendlichkeit, aber er tut es mit solch einer Richtigkeit und Sicherheit, daß er ständig die Endlichkeit herausbekommt" (5).

Die Frage nach der ethischen Beurteilung der Geschichte Abrahams liegt auf der Hand. Die Tat Abrahams ist doch nur von einem bestimmten Aspekt her eine Tat des Glaubens, während sie ethisch gesehen problematisch ist. Johannes de Silentio verschweigt dieses Problem nicht. „Der ethische Ausdruck für das, was Abraham getan hat, ist, daß er Isaak morden wollte, der religiöse ist, daß er Isaak opfern wollte" (6). Es ist festzuhalten: der ethische Aspekt ist Abraham bewußt, denn genau in der ethischen Beurteilung liegt sein Problem, aus dem seine Schlaflosigkeit und Angst entstehen; aber „ohne diese Angst ist Abraham nicht, der er ist" (7). Man darf jedoch das Handeln Abrahams nicht unter ethischem Gesichtspunkt beurteilen, ohne zugleich zu berücksichtigen, daß er in gewisser Hinsicht durch ethisch-allgemeingültige Kriterien nicht kritisierbar ist. Das Ethische ist bei Johannes de Silentio mit dem Tragischen zwar nicht identisch, aber am Tragischen läßt sich das Ethische gut demonstrieren; Abraham ist nun kein tragischer Held, und seine Tat steht unter ganz anderen Voraussetzungen. „Abraham ist (. . .) in keinem Augenblick ein tragischer Held, sondern etwas ganz anderes, entweder ein Mörder oder einer, der glaubt" (8). „Der tragische Held bleibt noch innerhalb des Ethischen" (9). Wir wollen den Unterschied zwischen einem tragischen Helden und einem Glaubenden vom Begriff der Bewegung her betrachten. Trotz seiner Tragik verläßt der ethisch Handelnde nicht den Boden der öffentlichen Anerkennung, seine tragische Bewegung (z.B. das Opfer Agamemnons) vollzieht sich deshalb innerhalb gesicherter Grenzen. Der Glaubende dagegen handelt in einer ungeheuren Spannung, da seine Handlung eine absolute Einsamkeit voraussetzt; er ist der einzige, der in der Lage ist, seine Tat zu beurteilen, da ethische Kriterien nicht zureichend sind. Sowohl der ethisch als auch der religiös Bewegte handeln unter der Herrschaft einer unendlichen Leidenschaft. Es zeigt sich aber, daß dem tragischen Helden die Meinung der Öffentlichkeit wichtiger ist als sein leidenschaftliches Streben nach Einheit, so daß er den Geboten der Leidenschaft nicht gehorcht. Der tragische Held ist ebensowenig wie der Glaubende ohne Leidenschaft denkbar, sonst wäre keine Tragik in ihm; seine Bewegung läßt aber keine Leidenschaft erkennen, denn seine Handlung vollzieht sich im Grunde genommen zugunsten der öffentlichen Anerkennung und ist deshalb vernünftig erklärbar.

---

1. Furcht 28.
2. Furcht 26.
3. Ebenda.
4. Furcht 46.
5. Furcht 50.
6. Furcht 37.
7. Ebenda.
8. Furcht 70.
9. Furcht 73.

Der tragische Held, gleichgültig ob er im letzten Augenblick noch etwas Angemessenes sagt (1) oder nicht, wird erst nach seinem Tode unsterblich; der Glaubende dagegen überwindet das hiesige Leben, insofern er es in diesem Leben ganz und gar gewinnt und auf die öffentliche Anerkennung nicht zu warten braucht (2). Das einzige, worauf sich der Glaubende stützt, ist der völlig absurde, sich letztlich in Unsicherheit vollziehende Sprung zum Glauben. „Alles Christentum wurzelt nach „Furcht und Zittern", ja es wurzelt in Furcht und Zittern (welches gerade die verzweifelten Kategorien des Christentums und des Sprunges sind) im Paradox" (3).

§ 24. *Einheit und Widerspruch zwischen Handeln und Wissen*

Handeln und Wissen stehen bei Johannes de Silentio in einer eigentümlichen Beziehung zueinander. Inwiefern sie eine Einheit oder einen Widerspruch bilden, läßt sich vom Standpunkt des Johannes aus verdeutlichen. Welche Einstellung hat Johannes also zu Handeln und Wissen? Er behauptet ironisch, er sei kein Philosoph. „Verfasser vorliegender Schrift ist keineswegs ein Philosoph, er hat das System nicht verstanden" (4). Als eine notwendige Bedingung des Philosophseins gilt offensichtlich das Verständnis des (hegelschen) Systems. Ein Philosoph ist aber doch ein Denker. Kann Johannes de Silentio also nicht denken, oder bekennt er vielmehr *als Denker,* daß er unfähig ist, das System zu verstehen?

Was Johannes de Silentio nicht versteht, ist weniger das System als die Tat Abrahams. „Abraham kann ich nicht verstehen, ich kann im gewissen Sinne nichts von ihm lernen außer zu staunen" (5). Johannes de Silentio fühlt sich mit Descartes verbunden, der auch seine Unfähigkeit zu verstehen feststellt. Der von ihm zitierte cartesische Satz aus der „Dissertatio de methodo" lautet: „Denn ich fand mich in soviel Zweifel und soviel Irrtümer verwickelt, daß alle Lernversuche mir nichts andres eingetragen zu haben schienen als die ständig fortschreitende Entdeckung meiner Unwissenheit" (6). Der Fortgang des Denkens bei Descartes erweist sich als eine ständige Bewegung zur Unwissenheit. De Silentio bezeichnet diese Bewegung ein Stummwerden. Sein Standpunkt ist deshalb nicht statisch, sondern als eine Bewegung zum Schweigen zu verstehen. Aber eine Bewegung zur Unwissenheit geht ja vom Wissen aus. Nicht derjenige ist ein Zweifler, der den Zweifel voraussetzt und nunmehr zum Wissen schreitet; Voraussetzung des Zweifels ist vielmehr ein Wissen, das sich in der Bewegung auf die Unwissenheit zu selber aufhebt. Weit entfernt davon, voraussetzungslos zu sein, besteht der Zweifel im Aufheben der eigenen Voraussetzungen (7). Ähnlich denkt Johannes de Silentio: Was er jetzt nicht versteht, hielt er früher für selbstverständlich. Der Glaube, der sein Problem ist, kann nicht von Anfang an, d.h. unmittelbar offenbar werden, sondern wird erst später unverständlich. Johannes de Silentio

---

1. Sokrates geht auch vom ethisch-vernünftigen Handeln aus und begründet das Ethische sein ganzes Leben lang intellektuell. So steht er vor seinem Tode nicht wie der „gewöhnliche tragische Held" da (Furcht 144), der ruhig und schweigsam dem Tod gegenüber tritt; Sokrates beweist seine Geistesstärke durch die scherzhafte Rede, die er vor dem Gericht nach dem Todesurteil hält. Platon selber mißversteht diese Tatsache, wenn er den Sokrates unangemessen dichterisch interpretiert (Furcht 144 Anm.).
2. Der Glaube wird von Johannes de Silentio als Erwartung bestimmt. Der Gegenstand der gläubigen Erwartung ist aber etwas Unmögliches, und diese Erwartung hat ihre Rechtfertigung in sich. „Einer wird groß im Erwarten des Möglichen; ein andrer im Erwarten des Ewigen; wer aber das Unmögliche erwartet, wird größer als alle" (Furcht 23).
3. UN I,98.
4. Furcht 15.
5. Furcht 45.
6. Furcht 14.
7. Vgl. oben § 6 S.24 ff.

formuliert diesen Sachverhalt so: „Der Glaube ist (. . .) nicht die erste Unmittelbarkeit, sondern eine spätere. Die erste Unmittelbarkeit ist das Ästhetische" (1). Das Problem des Anfangs im Ästhetischen wird uns im nächsten Paragraphen beschäftigen. Wir wollen jetzt die vom Bekannten ausgehende und zum Unverständlichen hinführende Bewegung erörtern.

Was nicht mehr verstehbar ist, aber dennoch als sinnvoll behauptet wird, heißt absurd. Wenn der Glaube nicht mehr verstehbar ist, wird klar, daß er nicht zur Voraussetzung werden kann. Theoretisch den absurden Charakter des Glaubens festzustellen, ist ein erster Schritt zum Glauben. Doch kann selbst der Ungläubige verstehen, daß die eigentümliche Aufgabe des Glaubens nicht die Absurdität, sondern die Verwirklichung des Glaubens und somit ein Handeln ist. Sonst wird der Glaube fälschlicherweise als eine Voraussetzung betrachtet, von der aus weitergegangen werden soll. Diese Spaltung des Religiösen unter theoretischem und praktischem Aspekt ist ein Hauptproblem im Denken Kierkegaards. Wir haben es schon unter den Bestimmungen Möglichkeit und Wirklichkeit kennengelernt: während theoretisch einander entgegengesetzte Möglichkeiten zugleich auftreten können, schließt das Handeln die alternative Möglichkeit jeweils aus, da immer nur eine Möglichkeit verwirklicht werden kann. „Was ist denn das Absurde? Das Absurde ist, wie ersichtlich, ganz einfach: daß ich, ein Vernunft-Wesen, in dem Falle handeln soll, wo mein Verstand, meine Reflexion mir sagt: Du kannst ebensogut das eine wie das andere tun, d.h. wo mein Verstand und meine Reflexion mir sagen: Du kannst nicht handeln - daß ich da dennoch handeln soll" (2). Religiös verstanden muß das Handeln mit der Unmöglichkeit des Handelnkönnens, die der Verstand behauptet, fertig werden und etwas verwirklichen, das für den Verstand ein Widerspruch ist. Es zeigt sich, daß der Verstand keine Entscheidungshilfe für die richtige Verwirklichung zu leisten vermag. So ist das Absurde nicht nur das Andere des Verstandes im Sinne eines für ihn nicht erreichbaren Bereichs, sondern auch etwas, das nur vom Verstand her gesehen „in sich" widerspruchsvoll ist. Widerspruchsvoll ist nicht: gegen den Verstand, sondern: in kraft des Verstandes gegen den Verstand zu handeln, weil sich dadurch der Verstand kraft des Verstandes selber aufhebt. „Nichts ist unmöglicher und widerspruchsvoller als (unendlich-entscheidend) in Kraft der Reflexion zu handeln. (. . .) denn die Reflexion, die nicht für jede Möglichkeit die Gegenmöglichkeit hat, ist nicht Reflexion" (3).

Gibt es bei de Silentio einen Weg, der von der Möglichkeit zur Wirklichkeit bzw. von der Theorie zur Praxis führt? Wir halten fest: Die Bewegung, die vom Bekannten ausgeht und zum nicht Verstehbaren hinführt, gelangt erst durch Handeln zur Vollendung. Johannes de Silentio ist sich dessen bewußt, daß er diese Bewegung nicht vollziehen kann: „das Wunderbare kann ich nicht tun, sondern bloß drüber staunen" (4). Er versteht, daß er religiös gesehen unwirklich, unverwirklicht ist, und leidet unter dem Bann des Staunens. Er sagt über Faust: „Aber er ist Zweifler, sein Zweifel hat ihm die Wirklichkeit vernichtet" (5), und diese Bemerkung trifft auch den Charakter des Johannes de Silentio. Da von seinem Standpunkt her der Glaube eine noch nicht verwirklichte Möglichkeit ist, kann er nicht behaupten, das Wissen der eigenen Unwirklichkeit sei höher als der Glaube (6). Trotzdem fehlt diesem Wissen nicht jeder Bezug zur Bewegung. Auf das Unverständliche aufmerksam zu machen, es richtig auszulegen, die Komplexität des Problems klar zu machen und damit die gesamte Dialektik des Glaubens in ihrer Möglichkeit vor Augen zu stellen, ist schon eine Art Vorbereitung auf den Vollzug der zum Glauben führenden Bewegung, „- nicht daß Abraham damit verständlicher würde, sondern damit die Unverständlichkeit vielseitiger und beweglicher würde" (7).

---

1. Furcht 101f.
2. Tag. III,174.
3. Tag. III,175.
4. Furcht 45.
5. Furcht 135.
6. Kierkegaard fragt: „Steht Wissen über Glaube? Keineswegs" (Pap. IV C 99, vgl. Schäfer, ibid., 223).
7. Furcht 138.

Wir wollen uns jetzt Abraham zuwenden. Seine Bewegung ist keine lineare, sondern eine doppelte, in sich gegenläufige Bewegung. Die erste Bewegung liegt in der Resignation: er verzichtet auf seinen Sohn. Es ist aber falsch zu meinen, dies sei die größte Leistung Abrahams. Wenn dies der Fall wäre, dann wäre kein Unterschied zwischen Abraham und Agamemnon, der auf seine Tochter verzichtet, festzustellen. Abraham und Agamemnon sind zwar im Hinblick auf den Akt der Resignation miteinander vergleichbar; Abraham macht aber zusätzlich die Bewegung des Glaubens, kraft derer er seinen Sohn zurückgewinnt, und darin liegt der entscheidende Unterschied zum Handeln Agamemnons, das zwar ethisch erklärbar ist, aber nicht als Wunder begriffen werden kann. *Denn das Wunder besteht im Glauben daran, daß man dieses Leben bzw. das, was man in der Resignation aufgegeben hat, unmittelbar und ganz wiedergewinnt.* Es ist nun an den Hauptcharakter des Ethischen bzw. Tragischen zu erinnern: an das Allgemeine. Der Umfang des Allgemeinen wird ersichtlich, wenn man es mit dem allgemein *Verständlichen* identifiziert. Der Grund des Resignierens ist nämlich für jeden Beobachter erklärlich; so hat Iphigenie Verständnis für den väterlichen Entschluß, sie zu opfern, da er eine allgemeine Überzeugung ausdrückt (1). Agamemnon würde unverständlich, wenn er an die Möglichkeit der Rettung seiner Tochter glaubte (2). Da er das individuelle Glück für das allgemeine Wohl aufopfert, entsteht jedoch im Hinblick auf sein Handeln ein Widerspruch: er handelt, obwohl seine Tat gegen das eigene Glück gerichtet ist. Es besteht also beim ethisch Handelnden eine Kluft zwischen Individualität und Allgemeinheit. Erst die Nachkommenschaft ebnet diese Kluft ein und hebt den Widerspruch auf, indem sie von der individuellen Tragik absieht und den Mord als ein Opfer für das allgemeine Wohl anerkennt. Abraham dagegen steht nicht im Widerspruch zu seinem Handeln, denn Abraham weiß kraft des Glaubens, daß er seinen Sohn zurückbekommt. Er handelt nicht trotz, sondern wegen dieses Glaubens, um das Leben seines Sohnes zu retten. *Die religiöse Bewegung ist nur vom Verstand her un-verständlich, denn vom Glauben her bilden Handeln und Verstehen eine Einheit.* Was Abraham durch die Bewegung des Resignierens aufgibt, wird ihm durch die Bewegung des Glaubens zurückgegeben. Der Unterschied zwischen einem tragischen Helden und einem Glaubenden liegt somit nicht in ihrer jeweiligen Handlung, denn beide handeln insofern gleich, als sie sich für den Tod ihrer Kinder entscheiden; vielmehr zeigt sich die Differenz darin, daß beim einen Übereinstimmung zwischen der Handlung und dem individuellen Glück besteht, beim anderen dagegen nicht.

Wie läßt sich die Einheit begreifen, die sich in der religiösen Bewegung herstellt? Diese Frage fragt danach, wie die religiöse Einheit zwischen Handeln und Verstehen begriffen werden kann. Doch ist erst zu klären, ob diese Frage richtig gestellt ist und nicht auf einem Mißverständnis beruht. Wenn man nämlich nach einem solchen Begriff fragt, kann die Antwort die Einheit nur als einen in sich abgeschlossenen, in Bezug auf die Handlung nachträglichen Begriff formulieren. Die religiöse Einheit läßt sich aber nur konkret als eine Aufgabe und ein Vollzug begreifen. Die Einheit zwischen der gläubigen Tat und ihrem Begreifen vollzieht sich nur durch Eintreten in den Glauben, und kein allgemeiner Begriff kann diesen Augenblick begreifen. „Wäre man auch imstande, den gesamten Glaubensinhalt in die Form des Begriffs zu überführen, so folgt daraus doch noch nicht, daß man den Glauben begriffen hat, begriffen hat, wie man in ihn hinein kommt, oder wie er in einen hinein kommt" (3). Die religiöse Tat verstehen zu wollen, ist ein Mißverständnis, wenn man den Verstand als die Ursache dieser Tat voraussetzt. Die im Religiösen sich herstellende Einheit von Handeln und Denken ist somit eine Identität, die begrifflich nicht feststellbar oder vorstellbar ist. Es handelt sich nicht um eine Einheit im logischen, sondern im existentiellen Sinn.

---

1. Furcht 142.
2. Die Isolierung des absurd Handelnden, die seine Tat völlig unverständlich für andere macht, bringt das Hamannsche Motto der Johannesschrift am Beispiel des Gesprächs mit den Mohnköpfen zum Ausdruck (Furcht 12).
3. Furcht 15.

§ 25. Die vom Ästhetischen als Anfang ausgehende Bewegung

„Die erste Unmittelbarkeit ist das Ästhetische" (1). Das Ästhetische wird hier als Anfang einer Bewegung charakterisiert, deren Vollendung in der zweiten Unmittelbarkeit des Religiösen erreicht wird. Das ästhetisch Unmittelbare liegt in der Weise der Verschlossenheit, durch die jemand das Geheimnis seiner Besonderheit verbirgt. Dieses Geheimnis kann nur durch eine Selbstmitteilung offenbar gemacht werden; dabei taucht das Ethische als das vermittelnde Allgemeine auf: „das Allgemeine ist gerade die Vermittlung" (2). Zwischen dem Ästhetischen und dem Ethischen als den beiden Polen der Bewegung liegt eine „Markscheide": das Interessante. „Interessant" ist hier nicht in seiner umgangssprachlichen Bedeutung gemeint, sondern vom lateinischen inter-esse her als etwas zu verstehen, das „dazwischen ist". Ein „interessantes" Leben ist interessiert, engagiert, sucht zwischen Ästhetischem und Ethischem zu vermitteln: es beinhaltet Mühe und Leiden, ein mit Schwierigkeiten kämpfendes, hartes Schicksal. Sokrates ist dafür ein Beispiel, insofern er sich ironisch auf sich selbst zurückwendet und wissend um das Nichtwissen in den ethischen Bereich unendlich resignierend eintritt. „Ironie und Humor richten die Reflektion auf sich selbst und haben daher ihre Heimat im Bereich der unendlichen Resignation" (3).

In sich selbst verschlossen sein bedeutet, sich nicht mit dem Allgemeinen zu vermitteln, da man als Individuum Einzelner ist und so das Allgemeine von sich ausschließt. Nur wer versteht, daß sein unmittelbares Bestimmtsein durch Sinnlichkeit nicht seine Aufgabe sein kann, ist fähig sich für das Allgemeine zu öffnen und aus seiner Verschlossenheit herauszugehen.

Johannes de Silentio führt die griechische Tragödie, deren Definition in der aristotelischen „Poetik" zu finden ist, als Beispiel für das Ästhetische an. Aristoteles bezeichnet (4) die Wende (περιπέτεια) und die Entdeckung (ἀναγνώρισις) als charakteristische Momente der tragischen Erzählung (μῦθος). Die Wende ist der plötzliche Umschwung der Handlung ins Gegenteil; während am Anfang der Sinn der Handlung noch verborgen ist, taucht plötzlich die Wahrheit auf. Da dieses Offenbarwerden die Entspannung des Dramas zur Folge hat, „ist das Verstecktsein das Spannende im dramatischen Leben" (5). Es ist bemerkenswert, daß Johannes de Silentio die griechische Tragödie nicht vom ästhetischen, sondern vom ethischen Standpunkt aus beurteilt, deshalb versteht er die Peripetie als eine Erlösung von der früheren Spannung. Obwohl er alle anderen Begriffe dialektisch-lyrisch und somit ästhetisch behandelt, verändert er seinen Standpunkt, sobald er über das Ästhetische spricht: „indessen ich, um das Meine beizutragen, meine Darstellung dem Gegenstande gemäß abwandeln will" (6). Die in der Tragödie dargestellte Verborgenheit wird folgenderweise beschrieben: es handelt sich um ein unfreiwilliges Verschlossensein, das seine mysteriöse Ursache in einem Fatum hat. Aus diesem Grunde ist auch die tragische Handlung ein Fatum: der Held handelt ohne zu wissen, was er eigentlich tut. „Die griechische Tragödie ist blind" (7). Diese Bemerkung ist im Grunde genommen eine Kritik des griechischen Augenblicks. In der griechischen Kunst fehlt die Einsicht in das, was im Augenblick geschieht; er hat daher keine „entscheidende" Bedeutung. Es ist festzuhalten: Die Tatsache, daß dieser Augenblick nicht von entscheidender Bedeutung ist, hängt von der Art und Weise der Verborgenheit ab und nicht umgekehrt. Die Verborgenheit charakterisiert das ästhetische Leben; da aber der Held der griechischen Tragödie nicht vom ästhetischen, sondern vom ethischen Standpunkt aus kritisiert wird, muß er für seine Blindheit bestraft wer-

---

1. Furcht 102.
2. Furcht 101.
3. Furcht 64.
4. „Poetik", 11. Kap., 1452a 22-31.
5. Furcht 103.
6. Furcht 102.
7. Furcht 104.

den. „Die Ästhetik forderte also Verstecktheit und lohnte sie, die Ethik forderte Offenbarwerden und strafte die Verstecktheit" (1).

Wie verhält sich nun die ästhetische zur religiösen Verborgenheit? De Silentio sieht ein, daß die ästhetische Verborgenheit der Anfang einer Bewegung ist, die den ethischen Bereich erreicht und in der religiösen Verborgenheit zur Vollendung gelangt. Das ästhetische Geheimnis wird durch eine ästhetische „Aushilfe" offenbar, die hauptsächlich durch Zufall, wie z.B. durch den alten Diener Klytämnestras (2), die Wahrheit ans Licht bringt. Dieser zufällige Übergang steht im Gegensatz zum paradoxen Übergang in die Sphäre des Glaubens; und „es geht darum, daß die ästhetische Verstecktheit und das Paradox sich in ihrer schlechthinnigen Verschiedenheit zeigen" (3). Der in sich verschlossene Ästhetiker lehnt ein Verhältnis zum Allgemeinen ab, während der in sich verschlossene Glaubende im Verhältnis zum Absoluten steht (4). Mit der ethischen Offenbarung zeigt sich die Sünde. Mit dem Offenbarwerden der Sünde geht aber die Ethik zugrunde (5), da ein höheres Moment die Bewegung fortsetzen soll: dieses ist die Reue; „denn die Reue ist der höchste ethische Ausdruck, aber eben als solcher der tiefste ethische Widerspruch" (6). Die Bewegung setzt sich mit der Wirklichkeit der Sünde fort, und man hat nicht mehr mit einem Anfang, sondern mit einer zweiten Unmittelbarkeit zu tun. „Die Sünde ist nicht die erste Unmittelbarkeit, die Sünde ist eine spätere Unmittelbarkeit" (7).

---

1. Furcht 107.
2. Ebenda.
3. Furcht 105.
4. Furcht 115.
5. Die Verwirklichung ist bei Johannes de Silentio stets der „kritische Augenblick" (Furcht 102), der Wendepunkt, der nicht dauern, sondern einer neuen Wirklichkeit freien Lauf lassen soll. Dies ist gegen die neuere Zeit gesagt, die im Interessanten verweilt, das nur einen Augenblick dauern sollte.
6. Furcht 121 Anm.
7. Furcht 121f.

II. DAS GESETZTE

E. DIE BEWEGUNG BEI ANTI-CLIMACUS

§ 26. *Darstellung des Anti-Climacus-Standpunktes*

Kierkegaard bezeichnet das in den späten Jahren erfundene Pseudonym „Anti-Climacus" als eine Kehre in seiner Schriftstellerei. „Und nun ist die Schwenkung gemacht, das neue Pseudonym gesetzt worden" (1). Wir wollen uns hier nicht mit den denkerischen Anstrengungen Kierkegaards, die dieses Pseudonym und die Veröffentlichung seiner Werke begleiten, beschäftigen, sondern mit der Kehre, die sich in dem neuen Pseudonym, in seiner Einstellung zum Thema des Glaubens dokumentiert. Wir wollen zugleich mit dem Verständnis des Anti-Climacus-Standpunkts ein Hilfsmittel zum Verständnis seiner Gedanken über die Bewegung zu gewinnen suchen.

Diesem Pseudonym werden vom Herausgeber des Werkes völlig neue Bestimmungen gegeben. Anti-Climacus wird als Arzt und als Richter bezeichnet. „Dies Buch ist geschrieben wie von einem Arzte, es ist wahr. Aber er, welcher der Arzt ist, ist einer, der niemand ist; er sagt zu keinem einzigen Menschen: „Du" bist krank - so denn auch nicht zu mir" (2). Die Frage nach dem Sinn des Arztseins des Anti-Climacus ist mit dem Problem Kierkegaards verbunden, inwiefern er eine Vollmacht hat, das bestehende Christentum anzugreifen. Kierkegaard bekennt: „so richte ich dennoch niemanden. Dahingegen richtet das Buch mich (. . .); ich selbst bin der Einzige, gegen den in dem Buche etwas Persönliches gesagt worden ist. . ."(3). Da Anti-Climacus keine Vollmacht zu predigen hat, er aber wohl erbauliche Reden hält, kann man ihn einen Lehrer (4) nennen. Auch seine psychologische Eigenschaft (5) ist wichtig, deren konstitutive Momente die empirische Beobachtung, das neugierige Experimentieren und eine gewisse Neutralität sind.

Anti-Climacus wird vor allem dadurch charakterisiert, daß er gläubig, und zwar „in außerordentlichem Maße" gläubig ist (6). Darin ist Anti-Climacus seinem Namen gemäß dem vermeintlich ungläubigen Johannes Climacus entgegengesetzt. Wir haben aber das Nichtgläubigsein des Climacus bezweifelt (7), und wir wollen die Verschiedenheit zwischen beiden Pseudonymen nicht statisch, sondern in ihrer unterschiedlichen Bewegung sehen. Anti-Climacus ist ein Prediger, der „statt zu steigern, vom starken zum schwachen Ausdruck oder von der wirkungskräftigen zur eindruckslosen Begründung herabsteigt" (8). Noch wesentlicher ist seine Tendenz, von seinem hohen Standpunkt her das Niedrige und Kranke zu sehen und somit den Eindruck eines Pessimisten zu erwecken; in diesem Maße ist die Bemerkung vortrefflich, daß er „den nachdenklichen Zuhörer zu dem seiner Absicht gerade entgegengesetzten Schlusse oder Eindruck reizt" (9). Daß dies seine Eigenart ist, scheint durch die folgende Aussage Kierkegaards wohl be-

---

1. Tag. IV 14; vgl. ebd. 3.
2. Pap. X 5 B 23, Krankheit 184.
3. Pap. X 5 B 18, Krankheit 184; vgl. Tag. IV 91f.
4. Im Sinne des in E/O II,381 zu findenden Begriffs.
5. Krankheit 1.
6. Tag. III,256 und 260.
7. Vgl. oben § 3 S. 15f. Climacus hat Ärgernis am Christentum genommen, und „Ärgernis ist ja . . . als aufgehobene Möglichkeit ein Moment im Glauben" (Krankheit 118 Anm.). Climacus steht dem Christentum nahe, da die Hauptfrage seiner Schriftstellerei ein persönliches Interesse am Christwerden bezeugt. „Das Christliche ist: *ich* habe Verlangen nach dem Christentum" (Tag. IV,217).
8. Hirsch, in: Krankheit 179 Anm. 100.
9. Ebenda.

gründet zu sein: „Und so ist es immer mit dem wesentlichen Christen, er gleicht dem πεισι-θάνατος (dem zum Tode überredenden) des Altertums, in dem Maße ruft er einen fort von Lust und Leben und Freude des sinnlichen Menschen" (1). Während Climacus hauptsächlich das positive Verhältnis zum Christentum und die daraus hervorgehende ewige Seligkeit bedenkt, bemerkt Anti-Climacus kaum mehr als das Elend des Sündenbewußtseins. Auch das jeweilige Verhältnis zum betrachteten Gegenstand ist verschieden: Climacus wünscht sich zum positiven Gegenstand zu gelangen, Anti-Climacus dagegen den negativen Gegenstand zu sich hinzuziehen. So gesehen ist die Gewohnheit des Anti-Climacus, sich ständig mit der psychologischen Beschreibung des Negativen zu beschäftigen, durchaus verständlich; diese Gewohnheit ist sogar ein Indiz für seine Vollkommenheit. „Je höher ein Mensch über einem anderen steht, den er liebt, desto mehr wird er sich (menschlich gesprochen) versucht fühlen, ihn zu sich emporzuziehen; desto mehr aber wird er sich (göttlich gesprochen) bewegt fühlen, zu ihm hinabzusteigen" (2). Es ist also oberflächlich, einen Menschen nur nach dem Gegenstand seiner Beschäftigung zu beurteilen, da diese Beschäftigung im wesentlichen durch die Weise des Verhältnisses zu dem Gegenstand qualifiziert ist. Climacus hat mit dem Positiven von einem negativen (ironischzweifelnden) Standpunkt her zu tun, Anti-Climacus setzt dagegen das Positive voraus und verhält sich nunmehr positiv zum Negativen. „Bei Climacus ertrinkt alles im Humor, deshalb widerruft er selber sein Buch. Anticlimacus ist thetisch" (3).

Das Interessante in der Persönlichkeit des Climacus liegt darin, daß er ständig unterwegs zu seinem Ziel ist; eigentlich findet seine Bewegung kein Ende, denn das ganze Verfahren ist der Entwurf einer bloß denkerischen Möglichkeit, die sich niemals verwirklicht. Das Wunderbare in der Persönlichkeit des Anti-Climacus liegt aber darin, daß seine Bewegung zum Glauben bereits vollzogen ist, daß die Begegnung mit Gott schon stattgefunden hat und zu seiner Vergangenheit gehört, daß man nur noch die Zeichen der Erschütterung entdecken kann. Ein Zusammentreffen oder eine gegenseitige Ergänzung beider Bewegungen ist undenkbar, denn diese Bewegungen sind sowohl was den Anfang als auch was das Ziel betrifft einander inkommensurabel. Ein unüberbrückbarer Abgrund trennt das Christ*sein*, dessen Darstellung die Aufgabe des Anti-Climacus ist (4), vom Christ*werden*, dessen Erhellung Climacus als seine Aufgabe betrachtet. Dies schließt allerdings nicht aus, daß beiden Pseudonymen einige Momente im Charakter und Denken gemeinsam sind. Beide sind z.B. dialektisch; so ist es dem Leser unmittelbar unverständlich, inwiefern sie das Christentum verteidigen oder angreifen wollen, inwiefern sie radikal oder konservativ sind (5). Der Hauptunterschied zwischen ihnen, den Kierkegaard selber behauptet, liegt jedoch in ihrem Selbstbewußtsein. Während nämlich Climacus sich demütig einen Ungläubigen nennt, hat Anti-Climacus das „dämonische" Bewußtsein, ein außerordentlicher Christ zu sein. Anti-Climacus ist nicht dämonisch, insofern er an Gott glaubt, sondern insofern er sich selbst mit der Idealität eines Glaubenden identifiziert (6).

---

1. Tag. IV,88.
2. Tag. I,289.
3. Tag. III,260.
4. Einübung 285.
5. Tag. IV,242. Es ist dagegen nicht falsch, die Selbstbehauptung Kierkegaards, er sei konservativ und verteidige das Bestehende (Tag. III,183f., 185f.) in unmittelbarem Sinne zu verstehen. Bischof Mynsters Wort ist ebenfalls richtig: Kierkegaard scheint nur in Friedenszeiten revolutionär zu sein. Vgl. Tag. II,218, wo Kierkegaard den „Einzigen" (den Außerordentlichen und letzten Endes Gott selbst) als den notwendigen Ausgangspunkt jeder wirksamen politischen Bewegung bezeichnet, und die Äußerlichkeit dieser Bewegung tadelt: „Aber der sinnliche Mensch blickt stets fehl und schaut auf das Äußere, daß die und die Veränderung im Äußeren geschehen ist". „Und bei dieser ganzen Bewegung hört man nicht ein Wort über das Religiöse - nicht ein einziges" (Tag. II,222).
6. Tag. III,257.

Climacus kann mehr über die Bewegung des Glaubens lehren als Anti-Climacus, da er sie ständig als den Hauptgegenstand seiner Leidenschaft sieht. Anti-Climacus hat mit dem Ständigen zu tun, das einer Bewegung zugrundeliegt und sie begründet. Es geht ihm nicht darum, durch Häufung von einander widersprechenden Thesen den absurden Sprung als den Anfang des Glaubens hervorzuheben. Die „neue Geburt" als eine existentielle Bestimmung des Glaubens beschäftigt ihn wenig, und es liegt ihm auch fern, die Rolle eines geburtshelferischen Ironikers zu spielen. Überhaupt ist sein Wort nicht wie bei Climacus dialogisch, in einer einen Partner anerkennenden Form vermittelt; sogar seine psychologische Beschreibung hat den Charakter einer Predigt, die sich aber wiederum nicht als durch eine Vollmacht legitimiert ausgibt. Inwiefern ihm die Beschreibung der vollzogenen bzw. nicht vollzogenen religiösen Bewegung gelungen ist, und in welchem Sinne die entstandene Wirklichkeit als ein Sein bezeichnet werden kann, ist im folgenden zu zeigen.

§ 27. *Das Verhältnis der Möglichkeit zur Wirklichkeit*

Der Titel einer der Anti-Climacus-Schriften verweist auf die Verzweiflung als die Krankheit zum Tode. Ist das nicht schon ein Hinweis darauf, daß das Hauptthema dieser Schrift eine Bewegung ist, die vom Leben zum Tode führt? Kann man daraus schon den Schluß ziehen, die Verzweiflung sei eine Bestimmung der Bewegung? Dieser voreilige Schluß wird bereits im „Eingang" des Werkes widerlegt; es wird darauf hingewiesen, daß die hier gebrauchten Wörter in einem außerordentlichen Sinne verstanden werden müssen. „Lazarus ist tot, und dennoch war diese Krankheit nicht zum Tode; er war tot, und dennoch ist diese Krankheit nicht zum Tode" (1). Es stellt sich die Frage, ob es eine Krankheit zum Tode geben kann, die nicht zum physiologisch verstandenen Tod führt.

Der Tod ist bei Anti-Climacus christlich gemeint, und dieser Tod ist zweideutig: er ist „der Ausdruck für das größte geistliche Elend und dennoch ist die Heilung eben das Sterben, das Absterben" (2). Die erste Bedeutung meint den Tod des Geistes, d.h.:nicht mehr durch den Geist bestimmt sein, in keinem Verhältnis zur Ewigkeit stehen. Die zweite Bedeutung meint das Gegenteil, nämlich Erlösung des Geistes durch Absterben des endlichen Lebens. Die Endlichkeit ist in keinem Falle mit dem physiologischen Leben identisch, sondern gehört in den Begriff des Geistes hinein. Der christlich gemeinte Tod kann demnach a) Tod des Geistigseins, b) Tod des Nichtgeistigseins, Heilung sein. Es zeigt sich, daß dieser grundlegende christliche Begriff höchst dialektisch ist. Der Unterschied zwischen dem christlich und dem physiologisch aufgefaßten Tod wird im Verhältnis zum Leben deutlich. Der physiologische Tod ist das Ende des irdischen Lebens, „christlich verstanden aber ist der Tod selber ein Durchgang zum Leben" (3). Nun kann es einmal passieren, daß der irdische Tod als „die letzte Hoffnung" gilt. Dies ist kein neuer Todesbegriff, sondern ein durchaus menschliches Phänomen (4). „Wenn der Tod die größte Gefahr ist, hofft man auf das Leben; wenn man aber die noch entsetzlichere Gefahr kennen lernt, hofft man auf den Tod" (5). Anti-Climacus begreift jetzt die Verzweiflung mit Hilfe des als eine Zuflucht vor der entsetzlicheren Gefahr aufgefaßten Todes: die Verzweiflung ist die absolute Hoffnungslosigkeit, die Unmöglichkeit, sterben und das Entsetzliche vermeiden zu können.

---

1. Krankheit 5.
2. Krankheit 4.
3. Krankheit 13.
4. Diese Hoffnung bezeichnet nach Kierkegaard eine Grenzsituation, die ebensogut wie jede andere Hoffnung zum Überleben dient; „das Hoffen, welches die meisten Menschen haben, ist eigentlich eine vegetative Gesundheit, keine Geistes-Bestimmung" (Tag. III,92).
5. Krankheit 13f.

Hoffnung ist Bewußtsein eines Könnens, d.h. sie drückt eine Möglichkeit aus. Der Titel der Anti-Climacus-Schrift wird jetzt verständlicher: Die „Krankheit zum Tode" bezeichnet keinen Übergang vom Leben zum Tode, sondern die als Hoffnungslosigkeit aufgefaßte Unmöglichkeit einer Flucht vor dem Entsetzlichen; der Titel bestimmt diesem Sinne nach einen Ruhezustand. Wir wollen dies durch Auslegung des Verhältnisses von Möglichkeit und Wirklichkeit erklären. Das Entsetzliche, vor dem man die Flucht ergreifen will, ist das eigene Selbst. Das eigene Selbst ist eine Wirklichkeit, sie begründet aber durch ihre ent-setzliche Ge-setztheit die Unmöglichkeit der Flucht. Der Wille zur Flucht ist der Wille, das eigene Selbst aufzuheben, und das erweist sich als unmöglich.

Das Selbst ist Bedingung der Möglichkeit der Verzweiflung, insofern es unaufhebbar ist (1). Anti-Climacus hat diese Unaufhebbarkeit des Selbst ständig vor Augen. Es besteht eine Wechselwirkung zwischen Selbst und Verzweiflung: das Selbst ist Bedingung der Möglichkeit der Verzweiflung, und für die Verzweiflung ist es unmöglich, von der Wirklichkeit des Selbst loszukommen. Wir wollen dieses Verhältnis verständlicher machen, indem wir die Geiststruktur beider Momente betonen. Es gehört zum Wesen des Selbst, Geist zu sein. Was das Selbst, den Geist und die Verzweiflung einigt, ist das *Verhältnis* zueinander und keine statische Identität. Das Selbst verhält sich zu sich selbst und damit zum Geist; durch ein Mißverhältnis in diesem Verhältnis entsteht die Verzweiflung. Dies bedarf noch der Klärung: Daß das Verhältnis sich zu sich selbst verhält, ist das Wesen des Selbst. Das Selbst ist nämlich nicht einfach ein Verhältnis, sondern ein Sich-Verhalten im Verhalten; wenn ein Mensch kein Verhältnis zu sich selbst hat, ist er noch kein Selbst (2). Selbst und Geist sind in dem Punkt identisch, daß das Verhältnis nicht zwischen zwei Relaten, sondern in einem Dritten, in einer Synthese stattfindet; erst mit Rücksicht auf den synthetischen Vollzug als das Dritte kann ein Selbst als Geist charakterisiert werden. Während nun das Selbst eine sich zu sich selbst verhaltende Synthese ist, liegt in ihr die Möglichkeit des Mißverhältnisses; die Synthese ist nicht als solche, sondern der Möglichkeit nach ein Mißverhältnis (3).

Wir wollen nun die Beziehung zwischen Möglichkeit und Wirklichkeit konkret anhand der Bestimmung der Verzweiflung erörtern. Anti-Climacus behauptet: „Die Möglichkeit dieser Krankheit [der Verzweiflung] ist des Menschen Vorzug vorm Tiere" (4).Diese Feststellung sieht den Unterschied zwischen Mensch und Tier theoretisch; die konkrete Wirklichkeit des Unterschiedes, die der Geist begründet, ist noch nicht gesetzt. Schon diese Feststellung weist aber auf den Begriff des Geistes als den eigentlichen Unterschied zwischen Mensch und Tier hin, und darauf wird nur der Christ aufmerksam.

Die Wirklichkeit der Verzweiflung steht nun nicht höher als ihre Möglichkeit, sondern ist eine elende Krankheit. Möglichkeit und Wirklichkeit der Verzweiflung stehen in einem eigentümlichen Verhältnis zueinander: „ist es ein Vorzug das und das sein zu können, so ist es ein noch größerer Vorzug es zu sein, das will heißen, das Sein verhält sich zum Seinkönnen wie ein Aufsteigen. Was hingegen Verzweiflung anlangt, so verhält sich das Sein zum Seinkönnen wie ein Fall; so unendlich der Vorzug der Möglichkeit ist, so tief ist der Fall" (5). Diese Formulie-

---

1. Die Aufhebung bzw. die Veränderung des Selbst darf nicht mit einer äußerlichen Bewegung verwechselt werden; so ist z.B. der Selbstmord oder der Mord keine Aufhebung des eigenen oder des fremden Selbst. Die Begriffe der Anti-Climacus-Schriften haben überhaupt nichts mit äußerlichen, d.h. realen oder physiologischen Ereignissen zu tun. „Auf den späteren einzelnen Schriften steht auf dem Titelblatt: ... „Zur Erweckung in Innerlichkeit", um zu zeigen, daß ich mit Veränderungen im Äußeren oder der Art Reform nichts zu tun habe" (Tag. III,196).
2. Krankheit 8.
3. Krankheit 11.
4. Krankheit 10.
5. Ebenda.

rung erweckt einerseits einen ironischen Anschein: solange der wirkliche Unterschied zwischen Mensch und Tier noch nicht gesetzt war, träumte man von einem Vorzug; die Wirklichkeit aber zeige, daß Menschsein die Realität eines Verfalls sein kann. Die Behauptung hat aber noch eine andere Dimension. Der Übergang von einer Möglichkeit zur Wirklichkeit bedeutet eine Erfüllung der Möglichkeit: was noch nicht wirklich, sondern nur der Möglichkeit nach vorhanden war, konkretisiert sich. Die Möglichkeit als solche wird durch die Erfüllung zunichtegemacht; diese Vernichtung hat aber nur dann einen wirklichen Sinn, wenn die Möglichkeit real und nicht bloß abstrakt-theoretisch ist (1). Wenn man nicht lahm und nicht blind ist, hat man die Möglichkeit des Lahmseins und Blindseins nicht realisiert; doch ist diese Möglichkeit lediglich abstrakt. Die These des Anti-Climacus lautet: Die Möglichkeit der Verzweiflung ist nicht abstrakt, wie wenn man denkt, sie mache den Vorzug des Menschen vorm Tiere aus, sondern sie ist real und soll als solche vernichtet werden; ,,soll es wahr sein, daß ein Mensch nicht verzweifelt ist, so muß er jeglichen Augenblick die Möglichkeit zunichtemachen'' (2). Die konkrete Wirklichkeit der Verzweiflung ist ein Verfall; es ist somit höher, *nicht* verzweifelt zu sein; man hat nicht die abstrakte, sondern die reale Möglichkeit zu bekämpfen und zu vernichten. Die Wirklichkeit der Verzweiflung ist nicht rechtmäßig und somit ständig aufzuheben. Das Verhältnis der Wirklichkeit zur Möglichkeit ist kämpferisch. Die Wirklichkeit kann sich selbst nur dadurch bestätigen, daß sie die Möglichkeit der Krankheit als eine Realität bekämpft und vernichtet.

Wir haben schon erwähnt, daß die Verzweiflung aus einem Mißverhältnis im Selbst entsteht. Anti-Climacus erklärt die Ursache dieses Mißverhältnisses folgendermaßen: Das sich zu sich selbst verhaltende Verhältnis ist nicht von sich selbst, sondern von einem Anderen, nämlich von Gott gesetzt. Das synthetische Dritte, das das wesentliche Moment im Selbst und damit den Geist ausmacht, steht also nicht in einem zufälligen, sondern vielmehr in einem wesentlichen Verhältnis zu Gott (3). Wenn ein Mensch sich zu sich selbst verhält, kann er auch die Verbindung zu Gott abbrechen; dann hat er autonom nur mit sich selbst zu tun, da ,,Gott, der den Menschen zu dem Verhältnis gemacht hat, ihn gleichsam aus seiner Hand losläßt'' (4). Er trägt aber die Verantwortung für seine selbstgesetzte Selbständigkeit, für die Verletzung seiner als Gottesverhältnis bestimmten Natur.

Einmal gesetzt, stellt die Verzweiflung eine Wirklichkeit dar. Hat aber ihre Möglichkeit nichts mehr mit der gesetzten Wirklichkeit zu tun? Anti-Climacus nimmt (5) eine gewöhnliche Krankheit als Beispiel, um den Unterschied zur Verzweiflung aufzuzeigen: Man ,,zieht sich eine Krankheit zu'', und dann tritt die Wirklichkeit der Krankheit ein. Es ist nicht zu bezweifeln, daß diese Wirklichkeit eine Folge der vorher bestehenden Möglichkeit ist; man hat sich aber eben nur *einmal* die Krankheit zugezogen, und die weitere Folge hat nichts mit der Ursache zu tun; die Krankheit setzt sich ohne wiederholte Vermittlung durch ihre Ursache bzw. Möglichkeit fort. Für die Verzweiflung gilt dies nicht; man zieht sich die Verzweiflung nicht nur einmal (sozusagen gelegentlich), sondern ständig zu und hat immer wieder mit ihrer Möglichkeit zu tun. Jeder verzweifelte Augenblick wird nicht zu etwas Vergangenem, sondern kommt im nächsten Augenblick als eine erneute Möglichkeit wieder, und der einmal Verzweifelte hat jetzt mit ihr

---

1. In diesem Punkt sind sich der Christ Anti-Climacus und der Nichtchrist Climacus (Brocken 70) einig, da auch Climacus nicht abstrakt, sondern existentiell denkt. Der Standpunkt des Climacus ist das zweifelnde Nichtchrist*sein*, und erst durch Aufhebung im Sinne der Vernichtung dieser Realität wird man ein Christ.
2. Krankheit 11.
3. Krankheit 9.
4. Krankheit 11.
5. Krankheit 12.

zu tun, er muß sie entweder erfüllen oder vernichten. Dabei ist zu betonen, daß gemäß dieser Auffassung jeder zukünftige Augenblick nichts Neues, sondern das schon Vorhergegangene ist, das keineswegs als eine abstrakte Ewigkeit, sondern als der jeweils gegenwärtige Augenblick erscheint; ,,der Augenblick ist fort und fort die gegenwärtige Zeit, welche nicht etwas wird, das in Beziehung auf Wirklichkeit zurückgelegt und vergangen wäre; in einem jeden wirklichen Augenblick der Verzweiflung trägt der Verzweifelte alles Vorhergehende in der Möglichkeit als ein Gegenwärtiges" (1). Während der Fortgang einer gewöhnlichen Krankheit gegenüber der Ursache gleichgültig ist, führt die Verzweiflung den Menschen ständig auf die Ursache zurück. Die Ursache liegt nach dem oben Gesagten im synthetischen Moment des Verhältnisses zu sich selbst, im Zentrum des eigenen Selbst. Aus der Struktur dieses ständigen Verhältnisses zu sich selbst wird deutlich, warum die Verzweiflung als eine geistige Bestimmung charakterisiert wird. Der geistig Bestimmte kann von der Rückkehr in den Ursprung nicht absehen, sondern ist gezwungen, in ständigem Kontakt mit dem Geist zu stehen; anders ausgedrückt: er kann sich nicht von sich selbst befreien.

Wir haben in diesem Paragraphen die Möglichkeit einer bestimmten ,,Erkrankung" festgestellt. Es wurde versucht, das eigentümliche Verhältnis der Wirklichkeit zur Möglichkeit auf seinen Ursprung im Zentrum des Selbst zurückzuführen. Die Möglichkeit wurde dabei gegen eine theoretisch-abstrakte Auffassung abgegrenzt. Das Verhältnis der Wirklichkeit zur Möglichkeit wies den Charakter einer Negation und einer Bekämpfung auf, woraus sich die Unwirklichkeit der Verzweiflung ergab. Zuletzt zeigte sich die Notwendigkeit eines ständigen Kontaktes mit dem Selbst, worin die Ursache der Verzweiflung liegt. Die Überlegungen führen uns offenkundig zu einem bestimmten Verhältnis von Möglichkeit und Notwendigkeit, das schon am Anfang durch den Ausdruck ,,Unmöglichkeit zu sterben" angedeutet wurde. Wir versuchen im folgenden, am Leitfaden des Begriffes der Notwendigkeit in den Zusammenhang dieser Begriffe weiter einzudringen.

§ 28. Der Zusammenhang zwischen Möglichkeit und faktischer Notwendigkeit

Wir kommen auf die Bestimmung der Verzweiflung als Krankheit zum Tode zurück. Der Tod läßt sich als eine Art Hoffnung verstehen, die - obwohl eine *letzte* Hoffnung - zugleich ein Durchgang zum Leben ist (2). Da die Verzweiflung die Unmöglichkeit ist, sterben zu können, ist sie weder als Hoffnung noch als Anfang zu denken. Hoffnung und ihr Gegensatz, Hoffnungslosigkeit, sind nicht wie im alltäglichen Sprachgebrauch zu verstehen, da sie keine alltäglichen Möglichkeiten sind. Der Hoffnungslose sieht klar, daß es keinerlei menschliche Rettung gibt, und diese Einsicht ist keine Illusion. ,,Mithin ist Rettung menschlich gesprochen das Allerunmöglichste" (3). Die Hoffnung auf eine Rettung des Menschen entsteht erst durch den Glauben. Der Glaubende hält Möglichkeit und Rettung für identisch. ,,Denn Möglichkeit ist das Eine, was rettet" (4). Wie aber kann der Glaubende das Allerunmöglichste glauben?

Was Anti-Climacus als ,,menschlich Gesprochenes" charakterisiert, wird vom Verstande diktiert. Nun sieht auch der Glaubende nicht davon ab, was selbstverständlich zu sein scheint: er *versteht*, daß eine Rettung unmöglich ist, kämpft aber trotzdem um ihre Möglichkeit. Die Gewißheit des eigenen Untergangs ist die Voraussetzung des Glaubens; es ist aber unmög-

---

1. Ebenda.
2. Krankheit 13.
3. Krankheit 35.
4. Ebenda.

lich, sich zu retten, ohne den Verstand zu verlieren. „Verstehen, daß es menschlich sein Untergang ist, und dann doch an Möglichkeit glauben, heißt glauben" (1). Zum Glauben gehört einerseits „Redlichkeit" gegenüber der rettenden Macht und andererseits „Verstandesleidenschaft" (2), um zu verstehen, daß eine Rettung ohne Gott unmöglich ist. Der Glaube übernimmt dabei die Aufgabe, den Widerspruch zu überbrücken, daß die Rettung einerseits „menschlich" unmöglich, andererseits bei Gott möglich ist. Wenn man dagegen von dem zweiten Aspekt absieht und nur die Unmöglichkeit festhält, gerät man in Fatalismus und Determinismus, weil man glauben muß, daß alles notwendig ist (3). Während sich die These, daß alles möglich ist, auf eine Bestimmung Gottes bezieht, ist der Fatalismus oder Pessimismus eine Vergöttlichung der Notwendigkeit. Der Pessimismus ist eine Form der Verzweiflung, wobei der Pessimist sein Selbst von vorneherein verliert, da er keinen Ausweg aus ihm sieht.

Die Gewißheit des eigenen Untergangs ist eine *notwendige* erste Stufe zum Glauben. Wir wollen damit zum Ausdruck bringen, daß sowohl im Wesen als auch im Gegenstand des Glaubens Möglichkeit und Notwendigkeit zusammenbestehen. Möglichkeit und Notwendigkeit bzw. Unmöglichkeit sind Begriffe, die für den Glauben keinen Widerspruch darstellen. Die Behauptung des Anti-Climacus, die Wirklichkeit sei eine Einheit von Möglichkeit und Notwendigkeit (4), ist somit nichts weniger als eine Bestimmung des Glaubens. Der Glaube ist *sowohl* durch die Einsicht konstituiert, daß der Mensch sich nicht aus eigener Kraft zu retten vermag, *als auch* durch die Hoffnung, daß Gott ihn retten wird. Dies ist nur vom Standpunkt des Verstandes her ein Widerspruch; für den verzweifelnden Verstand, der nur den Widerspruch sieht, gilt das Urteil des Anti-Climacus, daß dies eine Krankheit zum Tode ist. „Gesundheit ist überhaupt, daß man Widersprüche lösen kann" (5). Beim Pessimismus, der eine radikale Form des Im-Widerspruch-Steckenbleibens darstellt, zeigt sich, wie ausweglos eine solche Einstellung ist. Der Glaube ist kein Absehen von dieser Auswegslosigkeit, sondern deren Überwindung.

Der Begriff der Notwendigkeit wurde bisher beim Pessimismus in der Behauptung, daß alles notwendig ist, und beim Glauben in der These von der Einheit von Notwendigkeit und Möglichkeit eruiert. Der völlige Mangel an Notwendigkeit wird als etwas Phantastisches charakterisiert; er ist eine Art Verzweiflung, die der Endlichkeit ermangelt. In der Phantasie wird alles unendlich; sie hat mit dem Glauben die Anschauung der unendlichen Möglichkeit von allem gemein. Ebenso wie das Selbst ist die Phantasie Bedingung der Reflexion, und zwar mit unendlicher Auswirkung. „Die Phantasie ist die Möglichkeit aller Reflexion; und die Intensität dieses Mediums ist die Möglichkeit der Intensität des Selbst" (6). Das Phantastische ist jedoch insofern eine Krankheitsform der Reflexion, als das menschliche Selbst über alle Grenzen hinaus ins Unendliche eingeführt wird, und an die Stelle seiner notwendigen Konkretheit eine abstrakte Verallgemeinerung tritt. Auf diese Weise verliert der Mensch das eigene Selbst mehr und mehr, obwohl er durchaus gesellschaftliches Ansehen und öffentliche Ehre genießen kann. Das Selbst ist nicht selbstverständlich in jedem Individuum vorhanden (7); es wäre falsch zu behaupten,

1. Krankheit 36.
2. Ebenda.
3. Krankheit 37.
4. Krankheit 33.
5. Krankheit 37.
6. Krankheit 27.
7. Die Auslegung eines konkreten Phänomens durch Hinweis auf eine im Hintergrund stehende Abstraktion ist bei Kierkegaard nicht selten. Wir wollen hier auf einige Beispiele für diese Eigenart hinweisen. In Kierkegaards Dissertation (Ironie 67f.) wird die Äußerlichkeit der griechischen Ortsbewegung mit der Einseitigkeit der orientalischen Unbewegtheit vergli-

daß alle Menschen ein Selbst haben. „Denn ein Selbst ist dasjenige, darnach in der Welt die geringste Nachfrage ist, und ist dasjenige, bei dem es am allergefährlichsten ist es sich merken zu lassen, daß man es hat. Die größte Gefahr, die, sich selbst zu verlieren, kann in der Welt so stille abgehn, als wäre es rein nichts" (1).

Was einem ins Phantastische geratenen Menschen fehlt, ist nicht das Glück in der Welt, sondern die Aufmerksamkeit auf sich selbst. Eine solche Aufmerksamkeit ist aber notwendig, denn sie ist „die eigene Grenze" (2), die durch Notwendigkeit gesetzt wird. Anti-Climacus stimmt der „philosophischen Erklärung" nicht zu, die Notwendigkeit sei Einheit von Möglichkeit und Wirklichkeit; eine solche Einheit schließt jede Bewegung aus, wenn überhaupt die Bewegung als ein freier Übergang von Möglichkeit zu Wirklichkeit gelten soll. Die Notwendigkeit bei Anti-Climacus schließt aber - im Gegensatz zu den Begriffen des Climacus - die *freie* Bewegung nicht aus, sondern ein; sie ist die durch Hinwendung zum eigenen Selbst gewonnene Bestimmtheit der Faktizität eines Menschen, nämlich die Feststellung, „daß das Selbst, das er ist, ein ganz bestimmtes Etwas ist" (3). Diese Feststellung beschränkt jede Reflexion auf das Selbst, für das sie maßgeblich ist. Als Analogie für diesen Sachverhalt kann die Funktion eines Spiegels dienen: Erst wenn man eine Kenntnis seines Aussehens hat, kann man *sich selbst* in einem Spiegel erkennen; sonst sieht man bloß einen Menschen. Der Spiegel zeigt übrigens nur ein mögliches Bild und nicht die ganze Wahrheit des Menschen, so muß eine vorherige Bestimmung diese Möglichkeit beschränken. Dasselbe gilt für die Reflexion überhaupt. Die Konkretheit der bestimmten Faktizität macht die notwendige Basis jedes abstrahierenden Reflektierens aus; das Reflektieren wird sonst leicht phantastisch, wenn diese notwendige Konkretheit verloren geht.

Anti-Climacus zieht in diesem Zusammenhang eine Parallele zum Begriff des Ortes in der Naturbewegung heran. Eine Bewegung in der Natur findet von einem Ort zu einem anderen

---

chen. Während der Grieche durch die Beschäftigung mit den alltäglichen Dingen seinen Kontakt mit dem innerlichen Selbst verliert, charakterisiert den Orientalen ein die Alltäglichkeit verachtendes Vollendetsein. Die Flucht vor dem Bewußtsein ist nach Kierkegaard der Hintergrund für diese beiden abstrakten Formen des Selbst. „Der Orientale möchte ... hinter das Bewußtsein zurück, der Grieche hinaus über das Nacheinander (die Succession) des Bewußtseins" (Ironie 68). Die Distanz des Griechen von der Innerlichkeit endet schließlich in einem ironischen Nichts, das mit der alles Äußerliche aufhebenden Mystik des Orientalen zusammenfällt. - Ein allmählicher Aufstieg zum Abstrakten ist ein Zeichen der Idealität, und diese charakterisiert die Menschen nur ausnahmsweise. „Die meisten ... überlegen sich, mit welchem Mädchen sie sich verheiraten sollen, ob mit dieser oder mit der (das einzelne). Für die ideelleren Menschen ist ein Mädchen z.B. der Anlaß, daß sie über das Heiraten nachdenken, über die Wirklichkeit der Ehe" (Tag. III,270). Sokrates hält nach der kierkegaardschen Auffassung das Finden des Begriffs für die Hauptaufgabe seines Denkens. „Es ist nicht des Sokrates Sache gewesen, das Abstrakte konkret zu machen, sondern gerade durch das unmittelbar Konkrete hindurch das Abstrakte zum Vorschein kommen zu lassen" (Ironie 272). - Anti-Climacus behauptet, daß der Geist der einzige Schnittpunkt von Abstraktem und Konkretem ist; er stellt aber fest, daß die Verzweiflung als eine Krankheit im Geist ein allgemeines Phänomen ist. „Und auf jeden Fall hat kein Mensch gelebt und lebt auch kein Mensch außerhalb der Christenheit, ohne daß er verzweifelt ist, und ebenso ist in der Christenheit niemand, sofern er kein wahrer Christ ist" (Krankheit 18).

1. Krankheit 29. Vgl. Tag. III,283: „man ist wie die andern - also ist man Mensch. Gott weiß, ob einer von uns es ist!"
2. Krankheit 33.
3. Ebenda.

statt. In der Bewegung, die das menschliche Selbst vollzieht, spielt die Notwendigkeit die Rolle des Ortes, wobei es sich aber keineswegs von diesem Orte entfernt. „Werden ist eine Bewegung von Ort, aber man selbst werden ist eine Bewegung an Ort" (1). Dieses Bild des Verbleibens in den eigenen Grenzen zeigt, daß das Selbstwerden bei Anti-Climacus im Gegensatz zur Naturbewegung eine innere Veränderung ist. Die Strenge des christlichen Blickpunkts erlaubt kein Spiel nur mit Möglichkeiten, da man sich dabei keiner Grenze bewußt ist. Die gesamte Entwicklung des Selbst ist nicht als Entfaltung von Fähigkeiten und Talenten zu begreifen, die „mit der Richtung nach außen hin, dem (wie es heißt) Leben gegenüber, dem wirklichen, dem tätigen Leben" (2) entwickelt und mit endlichen Hoffnungen verwechselt werden können. Nur durch ständige Verinnerlichung, die Anti-Climacus für die Hauptaufgabe des Lesers seines Werkes hält (3), vermag sich das Selbst zu erziehen. Die Naturbewegung läßt sich als bloß äußerlichen Vollzug interpretieren (4), der mit dem Selbstwerden nichts gemein hat. Die in sich begrenzte, sich der Faktizität des eigenen Daseins bewußte Innerlichkeit wird dem Begriff des Ortswechsels entgegengesetzt.

Die Grenzen setzende Notwendigkeit ist kein Hindernis für die Selbstverwirklichung. Vielmehr ist das Notwendige ein Moment, das erst durch Vereinigung mit dem Möglichen die Wirklichkeit des Selbst hervorzubringen vermag. Denn das Selbst „ist ja es selbst, aber es soll es selbst werden. Insofern es es selbst ist, ist es ein Notwendiges, und insofern es es selbst werden soll, ist es eine Möglichkeit" (5). Was für eine Rolle spielt die Freiheit in diesem Werdegang des Selbst? Die Notwendigkeit der Faktizität des Selbst ist nicht Produkt eines Willensaktes des Menschen; die Synthese ist von Gott gesetzt und hat somit ihren Ursprung nicht in ihr selbst; gleichwohl empfindet das Selbst, sofern es im Verhältnis zu Gott steht, seinen Ursprung nicht als etwas Fremdes. Diese Möglichkeit des faktischen Selbst, im Verhältnis zur unendlichen Möglichkeit Gottes zu stehen, bestimmt die Freiheit im Selbst; denn Freiheit „ist das Dialektische in den Bestimmungen Möglichkeit und Notwendigkeit" (6). Mit einem anderen Ausdruck: Wenn das Selbst eine synthetische Einheit sein soll, dann liegt seine Freiheit darin, sowohl das Sein (notwendige Faktizität) als auch das Werden (Vollzug der Möglichkeit) in sich zu vereinigen.

§ 29. *Das schuldige Handeln und das darin implizierte Bewußtsein*

Wenn wir in diesem Paragraphen die Begriffe Handeln und Bewußtsein bei Anti-Climacus thematisch behandeln, so wollen wir hauptsächlich ihre Dialektik aufweisen und zeigen, in

---

1. Krankheit 32.
2. Krankheit 55.
3. Einübung 3.
4. Wir wollen anhand dieser Naturauffassung die Behauptung des Anti-Climacus auslegen, die dem Charakter der Frau gemäße Hingabe werde von der Natur beschützt. „Hingebung ist das Einzige, was das Weib hat, darum hat die Natur es auf sich genommen ihre Beschützerin zu sein" (Krankheit 49 Anm.). Die weibliche Hingabe ist eine äußerliche (nicht oberflächliche, sondern an innerer Dimension mangelnde) Metamorphose, durch die sich Weiblichkeit vollzieht. Hier wird die Natur als ein klar sehender Instinkt dargestellt, der das Objekt der Hingabe bestimmt. Die weibliche Hingabe ist aber von der Hingabe an Gott verschieden; hier verschwindet der Unterschied zwischen Mann und Frau, und es gilt für beide, „daß die Hingabe das Selbst ist, und daß durch die Hingabe das Selbst empfangen wird" (ebd.).
5. Krankheit 32.
6. Krankheit 25.

welchem Sinne sie korrelativ aufeinander bezogen sind. Zwar ist die Ausarbeitung dieser Dialektik in der „Krankheit zum Tode" irreführend, denn sowohl die Verzweiflung als auch alle konstitutiven Momente, die zu ihrem Verständnis führen, werden als eine Krankheit aufgefaßt, „nicht als das Heilmittel" (1); es ist deshalb schwierig, die grundlegende Beziehung der verschiedenen Momente als Einheit zu verstehen. Diese Einheit wird bereits angedeutet, wenn von der Allgemeinheit der Verzweiflung die Rede ist. Es ist allerdings charakteristisch, daß diese Allgemeinheit als eine Geistlosigkeit bzw. als ein Mangel an Sich-zu-sich-selbst-verhalten dargestellt wird, während doch die Bestimmung des Menschen überhaupt der Geist ist. „Eben dies aber, daß man sich seiner als Geist nicht bewußt ist, ist Verzweiflung" (2). Gefragt ist nach der Bedeutung des Selbstbewußtseins, und inwiefern alle Menschen fähig sind, diesen Begriff zu verstehen. Die gewöhnliche Betrachtung geht davon aus, daß das Selbst ebenso wie die Verzweiflung empirisch feststellbar sei. Wer behauptet, er sei verzweifelt, gilt als verzweifelt; wer nichts dergleichen behauptet, gilt als gesund. Die gewöhnliche Betrachtung meint weiter, jeder Mensch sei sich seiner selbst bewußt; was aber ein Selbst ist, das weiß sie nicht, und ebensowenig, was Bewußtsein seiner selbst ist. Da nun die Verzweiflung eine gestige Bestimmung und somit mit dem Selbst verwandt ist, ist sie für die gewöhnliche Betrachtung unzugänglich und nicht verständlich. Nur der Einsichtsvolle (3) weiß, was Bewußtsein des Selbst oder Verzweiflung ist, und wer in Wahrheit verzweifelt ist. Wer dieser Arzt ist, das wissen wir schon: wer die Verzweiflung durch strenge Christlichkeit bis zur letzten Stufe durchgegangen ist und sie durch den Glauben überwunden hat.

Wir stellen fest: sich der eigenen Verzweiflung nicht bewußt zu sein, ist für die gewöhnliche Betrachtung kein Verzweifeltsein. Anti-Climacus behauptet dagegen, daß genau darin die eigentliche Form des Verzweifeltseins zu sehen ist. Dies wird mit der Behauptung begründet, daß der gewöhnliche Mensch in der Regel unreflektiert ist, während das Selbstsein und jede geistige Bestimmung eine Form der Reflexion bezeichnet. Das Verzweifeltsein liegt nicht im Wesen des Bewußtseins als solchem; dies schließt jedoch nicht aus, daß die Formen des Verzweifeltseins, die der Wahrheit und somit der Gesundheit am nächsten sind, höchst dialektisch und deshalb zugleich der Unwahrheit am nächsten sind. So ist z.B. der Trotz, der die höchste Form geistiger Stärke innerhalb der Verzweiflung darstellt, zugleich die höchste Potenzierung der Verzweiflung. Beim Trotz begegnet die höchste Steigerung sowohl des Bewußtseins von sich selbst als auch des Willens, denn die Steigerung des Bewußtseins schließt den Willen ein: „je mehr Bewußtsein, desto mehr Wille, je mehr Wille, desto mehr Selbst" (4). Auf dem Höhepunkt des Trotzes zeigt sich der Zusammenhang zwischen Bewußtsein und Wille am klarsten; die Verzweiflung wird als ein Handeln in höchster Innerlichkeit verstanden: „hier ist die Verzweiflung ihrer sich bewußt als ein Leiden unter dem Druck der Äußerlichkeit, sie kommt unmittelbar aus dem Selbst" (5). Es ist zu betonen, daß die an dieser Stelle ausgesprochene Einheit von Reflektieren und Handeln vor allem davon abhängig ist, daß der Standpunkt des Beobachters diese Einheit im Glauben voraussetzt. Anti-Climacus beschreibt die absolute Einheit, wie sie nur *im* Glauben erscheint, überhaupt nicht; er ist statt dessen damit zufrieden, irgendeine Einheit schon in den niedrigen Formen des Selbstbewußtseins *durch* seinen Glauben festzustellen und darauf aufmerksam zu machen. Er bezeichnet es sogar als gewiß, daß ein bestimmter dialektischer Zusammenhang schon im niedrigsten Vor-Bewußtsein anzutreffen ist. „In aller Dunkelheit und Un-

---

1. Krankheit 4.
2. Krankheit 42.
3. Der „Arzt", Krankheit 19.
4. Krankheit 25.
5. Krankheit 67f.

wissenheit ist da nämlich ein dialektisches Zusammenspiel von Erkenntnis und Wille, und man kann beim Begreifen eines Menschen fehl gehen: indem man allein auf die Erkenntnis den Ton legt und indem man allein auf den Willen den Ton legt" (1). Meistens versucht man aber das Bewußtsein dessen, daß man in seinem Selbst krank ist, durch äußerliche Handlungen, „durch Arbeit und Geschäftigkeit als Mittel der Zerstreuung" (2) zu unterdrücken und zwischen Bewußtsein und Handeln eine Differenz zu schaffen. Die Dialektik zwischen beiden Momenten vollzieht sich allerdings keineswegs zwischen logischen Gegensätzen, die als unveränderlich gedacht sind. „Es sind somit nur bedingte Gegensätze. Ganz und gar ohne Trotz ist keine Verzweiflung"(3).

Von welchem Standpunkt nun wird die genannte Einheit zwischen Bewußtsein und Handeln sichtbar? Anti-Climacus nimmt die sokratische Definition der Schuld als Beispiel für eine solche Einheit, um daraus Konsequenzen zu ziehen. Die sokratische Definition lautet: das falsche Handeln ist ein Nichtverstehen (4), d.h.: „Wenn einer das Rechte nicht tut, so hat er es auch nicht verstanden, sein Verstehen ist eine Einbildung" (5). Es wird dabei vorausgesetzt, daß, wenn der Handelnde das Rechte verstünde, ihn das Verständnis sofort dazu brächte, das Rechte zu verwirklichen; es besteht also eine Übereinstimmung zwischen Verstehen und Tat. Nun ist die Mangelhaftigkeit der sokratischen Definition offensichtlich, denn sie gibt keine positive, sondern eine negative Bestimmung der Schuld, indem sie ausdrückt, was sie nicht ist: das Nichtverstehen ist aber nicht selbstverständlich, sondern nur als Negation eines Verstehens erklärbar. Das Nichtverstehen ist keine ursprüngliche Gegebenheit, sondern ein Willensakt, „eine erwirkte, eine spätere Unwissenheit" (6), die aus der Verdunkelung des Wissens entsteht. Wenn der falsch Handelnde diese Verdunkelung *unbewußt* vollzöge, hätte diese Tat einen vorherigen Grund außerhalb des menschlichen Bewußtseins. Wenn dagegen der falsch Handelnde sein Verstehen *bewußt* verdunkelt, dann ist der Grund auch nicht im Bewußtsein, sondern der Wille, der den Handelnden veranlaßt, sein Wissen zu verdunkeln. Es ist letztlich zweifelhaft, ob die sokratische Definition überhaupt eine Erklärung für falsches Handeln liefern kann, oder ob es nicht vielmehr schon falsch ist, das unverständliche Handeln erklären zu wollen.

Sokrates konnte das falsche Handeln gar nicht erklären, und das, was er durch seine Bestimmung des falschen Handelns sichtbar macht, ist vom Standpunkt des schuldigen Bewußtseins her gesehen die eigene Unwissenheit. Die einzige Rechtfertigung der sokratischen Definition ist die Voraussetzung der Schuld; so aber zeigt sich, daß die Definition eine Ent-schuldigung für die eigene Schuld ist, wobei Sokrates etwas definieren will, das er nicht weiß: „kein Mensch vermag aus eignem Vermögen und von sich selber her auszusagen, was Sünde (7) ist, eben deshalb, weil er in der Sünde ist; alles sein Reden von der Sünde ist im Grunde Beschönigung der Sünde, eine Entschuldigung, eine sündige Abmilderung" (8). Obwohl die sokratische Definition eine Einheit des schuldigen Handelns und Verstehens vorauszusetzen scheint, entsteht eine Spaltung dieser Einheit dadurch, daß das schuldige Bewußtsein das schuldige Handeln verstehen will.

---

1. Krankheit 46.
2. Ebenda.
3. Krankheit 47.
4. Es ist charakteristisch, daß Anti-Climacus die negative Fassung der bekannten sokratischen Bestimmung, die Tugend sei Erkenntnis, erörtert, da er sich für die Defizienz des menschlichen Handelns und Erkennens interessiert.
5. Krankheit 92.
6. Krankheit 87.
7. Anti-Climacus unterscheidet terminologisch nicht zwischen dem sokratischen Begriff der *Schuld* und der *Sünde*. Er zeigt dadurch zugleich, daß der Kern des Problems derselbe ist, und daß die heidnischen Bestimmungen ihn nicht zureichend treffen.
8. Krankheit 94.

Wenn man dagegen das Prinzip der Einheit festhält, ist die Einheit von Handeln und Bewußtsein ohne weiteres sichtbar, allerdings nur unter christlichem Gesichtspunkt. „Ist nämlich Sünde Unwissenheit, so ist Sünde ja eigentlich nicht da; denn Sünde ist ja eben Bewußtsein. Heißt Sünde unwissend sein über das Rechte, so daß man stattdessen das Unrechte tut, so ist Sünde nicht da" (1). Wenn Sokrates die Tatsache gebilligt hätte, er habe die Schuld nicht verstanden und diesen Standpunkt konsequent weiterverfolgt hätte, hätte er selber den Widerspruch seiner Definition eingesehen. Sein Fehler liegt aber nicht in der Inkonsequenz seines Verfahrens, sondern in der Tatsache, daß er einen falschen Ausgangspunkt wählt. Nur der Beginn vom bewußten eigenen Schuldigsein führt zum richtigen Ziel, nämlich zur Aufhebung der eigenen Schuld. Ein solcher Beginn führt auch zur Aneignung des Christlichen. „Allein im Bewußtsein der Sünde gibt es den Zugang[zum Christentum]; auf einem andern Wege hineinkommen wollen, ist Majestätsverbrechen gegen das Christentum" (2).

Die sokratische Definition ist, was die grundlegende Einheit von Handeln und Wissen anbelangt, christlich nicht zureichend. Worin liegt dann ihre Leistung? Sie liegt in der Unterscheidung dieser Momente. Anti-Climacus drückt dies dadurch aus, daß er den Gedanken des Mottos der Vigiliusschrift (3) wiederholt: „verstehen und verstehen ist zweierlei" (4). Diese Einsicht läßt sich hier konkretisieren, indem sie nicht als ein ontologischer Schluß, sondern als dialektischer Übergang zur ethischen Sphäre verstanden wird; *das Unterscheiden, die Differenz darf auf keinen Fall als Resultat oder Ende aufgefaßt werden, sondern nur als der Motor für den Übergang zur Einheit.* Die sokratische Unterscheidung ist abstrakt-theoretisch, sie sieht den einzelnen Menschen ab und stellt deshalb die Frage nach der Versöhnung zwischen Verstehen und Handeln, nach dem Übergang „von dem etwas verstanden Haben zum es Tun" (5) nicht. Sokrates sieht nämlich die Rolle und die Möglichkeiten des menschlichen Willens nicht. Das Verstehen im ethischen Bereich ist jedoch in zweifacher Weise ausgerichtet: es hat einmal mit dem Können und einmal mit dem Wollen zu tun. „Schon hinsichtlich der Unterscheidung zwischen nicht verstehen *Können* und nicht verstehen *Wollen* gibt Sokrates eigentlich keinerlei Aufklärung" (6). Das Verstehen in der sokratischen Definition erschöpft sich in der ersten Dimension, es drückt die Unmöglichkeit des Verstehens, das Nichtverstehenkönnen aus; daß ein Mensch nicht versteht, weil er nicht verstehen will, bleibt von Sokrates unreflektiert. Die Betrachtung wird aber erst dann konkret, wenn die Möglichkeit in den Blick kommt, daß das Nichtverstehenwollen der Grund für das Nichtverstehenkönnen ist. Die Schuld ist theoretisch nicht zu begründen. „Christlich verstanden liegt die Sünde somit im Willen, nicht in der Erkenntnis; und diese Willensverderbnis reicht über das Bewußtsein des Einzelnen hinaus" (7).

Nach der sokratischen Auffassung handelt man falsch, weil man es nicht besser weiß und somit nicht anders kann. Nach Anti-Climacus handelt man falsch und wird zum Sünder, weil man es so und nicht anders will. Der wesentliche Unterschied liegt darin, daß die erste These eine negative Tatsache, die zweite eine bedingte Position bezeichnet. Nicht anders können ist eine faktische Unmöglichkeit, der Ausschluß jeder Alternative; nicht anders wollen ist eine niedrige Form des Willens, seine „weibliche" Form, die Schwachheit. Wer nicht anders kann, als

---

1. Krankheit 88.
2. Einübung 68.
3. Angst 2.
4. Krankheit 92.
5. Ebenda.
6. Krankheit 95.
7. Ebenda.

zu sündigen, sieht keine Möglichkeit zur Rettung und verliert damit sein Selbst. Die Schwachheit dagegen liegt darin, daß jemand sich dessen bewußt ist, ein Selbst zu haben, aber nicht er selbst sein will und nicht die notwendige Kraft besitzt, selbst-ständig zu werden; er sieht nur die Problematik des Wagnisses, freiwillig dem Untergang entgegenzugehen, und versucht den Kern der Sache zu vermeiden. Der schwache Wille besitzt sein Selbst nur äußerlich und will eigentlich ein anderes Selbst haben; „er denkt etwa so, und es wird sein Wunsch: wie, wenn ich ein ganz andrer würde, mir ein neues Selbst zufiele" (1). Der Schwache ist entweder völlig unreflektiert oder nur sehr wenig reflektiert, und der Vorwurf, den man gegen diese Form der Verzweiflung erheben kann, ist das Fehlen jeglicher Bewegung, das sonst für die bloße Unmittelbarkeit charakteristisch ist (2). Die geringe Reflexion des schwachen Willens wird als „quantitativ" (3) charakterisiert, als unfähig zum qualitativen Sprung; sie hält zwar Abstand zur Unmittelbarkeit, ist aber zu schwach zum Handeln.

Wir wollen in diesem Zusammenhang eine Parenthese einschalten, um eine Parallele der hier beschriebenen Formen der Verzweiflung zum Charakter der oben behandelten Pseudonyme zu ziehen. Anti-Climacus sieht einen Gegensatz zwischen dem schwachen Willen und dem Trotz; die Schwachheit sei „des Selbst Leiden, im Gegensatz zu der Verzweiflung der Selbstbehauptung" (4). Ein ähnlicher Gegensatz besteht zwischen Climacus und Anti-Climacus. Der erste leidet an sich selbst, weil er unfähig ist, den Sprung zum Glauben zu vollziehen; er ist auf sich selbst aufmerksam und kann seiner Ansicht nach nur durch einen Willensakt Christ werden. Anti-Climacus dagegen wird durch einen starken Willen, ja geradezu durch Trotz gekennzeichnet; seine Behauptung, er sei ein strenger Christ könnte als Trotz ausgelegt werden, als Verzweiflung am Christsein. Vom Standpunkt des Anti-Climacus her gesehen ist die Unfähigkeit des Climacus zum Glauben eine Schwachheit, die nicht nur auf einen unzureichenden Willen, sondern auch auf ein Nichtmanselbstseinwollen hinweist. So gesehen mangelt es dem Willen des Climacus an Innerlichkeit. Sowohl dieser Wille, der nach dem Glauben strebt, als auch der Wille des Sokrates, der durch Erinnerung nach der ewigen Wahrheit sucht, werden von Anti-Climacus als illusionär charakterisiert. Er behauptet nämlich, daß „das Illusionäre wesentlich zwei Formen hat: die der Hoffnung und die der Erinnerung" (5). Der Vorwurf, der gegen beide Formen von Illusion erhoben wird, betrifft ihre Unbeweglichkeit; nur scheinbar sind sie auf die Verwirklichung aus, während sie eigentlich Fiktionen und Dichtungen sind: die sokratische Erinnerung ist eine Illusion der Vergangenheit, die Hoffnung des Climacus eine Illusion der Zukunft.

Während Sokrates meint, er bekomme die Weisheit durch das Vergangene, meint Climacus, er bekomme den Glauben durch einen zukünftigen Sprung. Es ist aber eine Verkennung des Geistes, „wenn man meint, es gehe mit Glaube und Weisheit so gemächlich zu, daß sie wirklich so ganz ohne weiteres mit den Jahren kämen wie die Zähne, der Bart und dergleichen"(6). Ein nur unwesentlicher Unterschied zwischen beiden zeigt sich in der Weise der Entdeckung der eigenen Verzweiflung: Climacus verzweifelt an etwas Zukünftigem, das er sich aneignen will, dabei aber behauptet, er habe nicht genug Willen. Sokrates verzweifelt an etwas Vergangenem, mit dem er identisch sein will; er steht zum Vergangenen in einem dialektischen Verhältnis,

---

1. Krankheit 52.
2. „Es ist mit der Unmittelbarkeit wie mit gewissen niederen Tierarten, welche keine andre Waffe oder Verteidigung haben als ganz stille zu liegen und zu tun als wären sie tot" (Krankheit 51).
3. Krankheit 48.
4. Krankheit 53.
5. Krankheit 57.
6. Krankheit 58.

denn er kann es nicht vergessen, und zugleich kann er es nicht durch drastische Maßnahmen, z.B. durch Reue, verschwinden lassen. „Wesentlich aber bleibt solch eines Jünglings und solch eines Älteren Verzweiflung die gleiche, es kommt zu keiner Metamorphose" (1). Die Erinnerung (Sokrates) und die Hoffnung (Climacus) sind hier für das Dialektische überhaupt repräsentativ. *Die Behauptung des Anti-Climacus, die Dialektik sei eine Form der Verzweiflung, besagt: trotz ihres angeblich beweglichen Charakters bewirkt die Dialektik keine tatsächliche Veränderung im Wesen der Sache selbst.* Diese Lehre von der Dialektik schließt nicht aus, daß Anti-Climacus selber ein Dialektiker ist. Die Verzweiflung ist in sich selbst widersprüchlich und ihre Voraussetzung, das menschliche Selbst, hat durchaus dialektischen Charakter.

§ 30. Das ewige Selbst in seiner Unaufhebbarkeit

Die Verzweiflung, deren Ursprung ein schwacher Wille ist, hat zwei Formen: die Verzweiflung über etwas Irdisches, die entweder in der reinen Unmittelbarkeit verbleibt oder eine bedingte Reflexion in sich enthält, und die Verzweiflung über die eigene Schwachheit, d.h. über die Unfähigkeit des eigenen Selbst, zum Glauben zu gelangen. Anti-Climacus nennt die zweite Form eine Verzweiflung am Ewigen, deren Voraussetzung er als eine Umkehr bezeichnet (2), die allerdings für die Erlösung von der Verzweiflung überhaupt notwendig ist. Das Gläubigwerden ist von der Verzweiflung über die eigene Schwachheit nicht abtrennbar, da sich der Verzweifelte „vor Gott unter seine Schwachheit demütigt" (3). Die Ewigkeit ist ein wesentliches Moment im Übergang zum Christsein, und dieser Übergang läßt sich nur als eine Tat der Verzweiflung verstehen. Anti-Climacus formuliert dies so: „Auch die Verzweiflung, welche der Durchgang zum Glauben ist, geschieht vermöge des Ewigen; vermöge des Ewigen hat das Selbst den Mut, sich selbst zu verlieren, um sich selbst zu gewinnen" (4). Es stellt sich die Frage, inwiefern jemand an der Ewigkeit verzweifeln kann. Unter Ewigkeit ist hier kein äußerliches und vom Menschen unabhängiges, erhabenes Sein zu verstehen, sondern eine mit dem menschlichen Selbst eng verbundene Qualität. Dies besagt zweierlei: Erstens, daß das Selbst als unsterblich aufgefaßt wird. Die Unsterblichkeit der Seele wird von Platon (5) dadurch bewiesen, daß es für die schlechte Seele keinen Untergang gibt, während die Krankheit, welche die Schlechtigkeit des Leibes ist, den Leib verzehrt und vernichtet. So kann auch Anti-Climacus „das Ewige im Menschen daraus beweisen, daß die Verzweiflung sein Selbst nicht zu verzehren vermag" (6). Zweitens ist die Ewigkeit eine Forderung an den Menschen, deren Wirklichkeit er nicht übersehen darf.

„Wäre in einem Menschen nichts Ewiges, so könnte er überhaupt nicht verzweifeln" (7). Es wurde schon ausführlich dargelegt, in welchem Sinn die Verzweiflung eine geistige Krankheit zum Tode ist. Das Erleben eines ständigen Sterbens setzt Unsterblichkeit voraus. Das Sterben muß jedoch nicht als ein ununterbrochener Prozeß erlebt werden, vielmehr hat die einmalige Setzung der eigenen Unsterblichkeit ewige Gültigkeit. Der Ausdruck „den Tod sterben" bzw. „das Sterben erleben" (8) weist wiederum auf den dialektischen Charakter der

---

1. Krankheit 59.
2. Vgl. das unübersetzbare Wortspiel, Krankheit 60 Anm. und 173 Anm. 50.
3. Krankheit 61.
4. Krankheit 67.
5. Politeia 608d-611a.
6. Krankheit 17.
7. Ebenda.
8. Krankheit 14.

Ewigkeit hin, da unter Ewigkeit keine unbewegliche, in sich beharrende Substanz zu verstehen ist, sondern ein dialektisches Moment, das auf sein Gegenteil bezogen ist. Dies hat seinen Grund darin, daß der Geist im Menschen dialektisch angelegt und erst durch das Verhältnis zu Gott in seiner Erhabenheit zugänglich ist. Aus der dialektischen Struktur der Ewigkeit und des Geistes entspringt die in sich selbst widersprüchliche Dialektik der Verzweiflung. „Verzweiflung aber ist eine Bestimmung des Geistes, verhält sich zum Ewigen, und hat daher etwas vom Ewigen in ihrer Dialektik" (1).

Die oben gestellte Frage nach der Möglichkeit der Verzweiflung am Ewigen läßt sich jetzt beantworten. Schon in den niederen Formen der Verzweiflung ist der Zusammenhang zwischen Selbst und Ewigkeit gesetzt; in diesen Formen ist aber der Verzweifelte unwissend und unmittelbar. In der Verzweiflung am Ewigen ist man sich nicht nur dessen bewußt, daß man ein ewiges Selbst hat, sondern auch, daß man verzweifelt ist; man ist sich nämlich seiner selbst ganz und gar bewußt geworden. Diese Rückwendung des Selbst auf sich selbst bezieht sich auf das Selbst nicht wie auf einen objektiven Gegenstand und ist auch nicht durch ein Leiden verursacht. Sie ist überhaupt nicht passiv, sondern eine innerliche Handlung (2). Diese Innerlichkeit ist trotzdem eine verkehrte Form des Verhältnisses zu sich selbst, weil sie ihre Zuflucht zur Verschlossenheit nimmt, „welche der gerade Gegensatz zu Unmittelbarkeit ist" (3). Die Verzweiflung am Ewigen zeigt ihren hohen Grad von Dialektik dadurch, daß der Verzweifelte selbstbewußt sich selbst liebt und zugleich aus Schwachheit nicht er selbst sein will (4). Die Verzweiflung resultiert hier fast nicht mehr aus der Schwäche des eigenen Willens, sondern aus der dialektischen Struktur des Willens überhaupt (5). Dies läßt sich anhand der noch höheren Form der Verzweiflung, des Trotzes, näher erläutern: der Trotz hat nämlich ebenfalls mit der Ewigkeit zu tun, da er „eigentlich Verzweiflung vermöge des Ewigen ist, der verzweifelte Mißbrauch des Ewigen, das im Selbst ist, um verzweifelt man selbst sein zu wollen" (6).

Da das menschliche Selbst der Möglichkeit zu sterben beraubt ist, erlaubt die so gewonnene Unsterblichkeit keine Hoffnung auf eine zukünftige totale Veränderung. Die Unaufhebbarkeit des Selbst ist ein Merkmal der Verzweiflung, das dem menschlichen Selbst nicht nur gelegentlich, sondern vielmehr wesentlich zukommt. Das Selbst wird nämlich nicht aufgrund der Verzweiflung ewig, sondern die Verzweiflung ist für den Menschen ein Anlaß, auf die Ewigkeit des eigenen Selbst aufmerksam zu werden. Das menschliche Selbst ist in seinem Wesen unaufhebbar. Diese Bestimmung weist auf die Tatsache hin, daß das Selbst in sich selbst beruht und jede äußerliche Wirkung ausschließt. Die Behauptung des Anti-Climacus, die Hoffnung auf eine zukünftige Veränderung sei eine Illusion des schwachen Willens, bekommt jetzt einen tieferen Sinn. Der Gedanke, daß die ewige Unveränderlichkeit ein Niederschlag des Zukünftigen ist, begegnet schon in früheren Schriften Kierkegaards: „Mit dem Ewigen vermag man das Zukünftige

---

1. Krankheit 20.
2. Krankheit 61.
3. Krankheit 63.
4. Krankheit 62.
5. Kierkegaard bezweifelt allerdings nicht, daß die Dialektik auch in der Innerlichkeit des Glaubens eine hervorragende Rolle spielt. Er drückt diese Überzeugung dadurch aus, daß er sagt: „Ich kann keine unmittelbare Gewißheit darüber erlangen, ob ich den Glauben habe - denn glauben ist ja eben dieses dialektische Schweben, welches ständig in Furcht und Zittern doch niemals verzweifelt" (Tag. III,9).
6. Krankheit 67.

zu besiegen" (1). Dieser Gedanke wird dadurch ergänzt, daß die Zukunft nicht als ein Zeitmoment unter anderen, sondern als die Zeitlichkeit selbst charakterisiert wird: „Man braucht nicht auch das Gegenwärtige zu besiegen, denn das Zukünftige ist das Ganze" (2). So aufgefaßt wird die Ewigkeit zusammen mit der gegensätzlich-komplementären Zeitlichkeit zu einem konstitutiven Moment des menschlichen Selbst (3). Aus dieser Konstitution entspringt sowohl die Verzweiflung über das Irdische und Zeitliche als auch die Verzweiflung am Ewigen; denselben Ursprung hat außerdem der Glaube, und zwar in dem Sinne, daß die „kranke" Form von Zeitlichkeit und Ewigkeit ebensogut wie die Verzweiflung überhaupt ein „Anfang zum Glauben" (4) genannt werden kann.

§ 31. Die im Glauben gesetzte Identität
§ 31.1. Glaube und Sünde

Wir haben wiederholt anhand der am Anfang dieser Arbeit behandelten Pseudonyme auf die grundlegende Bedeutung des Anfangs der Glaubensbewegung hingewiesen. In Auseinandersetzung mit dem sokratischen Anfang versteht Climacus den Anfang inhaltlich als Augenblick und Entscheidung (5). Die Hauptfrage und das persönliche Problem dieses Pseudonyms betrifft den Ausgangspunkt für ein ewiges Bewußtsein, sofern es an der ewigen Seligkeit teilhat. Es muß deshalb befremden, daß Anti-Climacus den Anfang des Glaubens nicht im Verlassen des Bereichs der Verzweiflung und der Sünde sieht, sondern in diesem Bereich selbst. Eine ähnliche Idee begegnet bei Vigilius, nach dem der Anfang der Sünde einen absoluten Charakter hat (6). Der Unterschied zwischen den zwei Auffassungen liegt darin, daß Anti-Climacus sich überhaupt nicht für das Paradox der „ersten Sünde" interessiert. Er behauptet sogar, daß „die rein sprunghafte Betrachtung, die allein auf die neue Sünde sieht, und das überspringt, was dazwischen liegt, als zwischen den einzelnen Sünden liegt" (7), eine oberflächliche Betrachtung sei und den tiefen Sinn der Sünde vermissen lasse. Seine Auffassung widerspricht zwar nicht der Einsicht des Vigilius, betont aber einen ganz anderen Punkt des Sündenprozesses: seiner Meinung nach ist das Beharren in der Sünde eine größere Sünde als ihre erste Setzung und dieses Beharren somit eine neue Sünde. „Der sündige Zustand ist Sünde im tiefsten Sinne, die einzelnen Sünden sind nicht die Fortsetzung der Sünde, sondern der Ausdruck für die Fortsetzung der Sünde; in der einzelnen neuen Sünde wird der Sünde Fahrt lediglich leichter sinnlich wahrnehmbar" (8). Es ist zu beachten, daß diese Feststellung eines „sinnlich wahrnehmbaren" Prozesses erst vom psychologischen Standpunkt aus möglich ist. Dieser Standpunkt steht im Gegensatz zum spekulativen Denken, das die Sünde als eine negative Diskontinuität begreift. Für das abstrakte Denken spielt die Sünde die Rolle der Negation, insofern sie das Gute momentan aufhebt; psychologisch gesehen ist aber die Sünde eine kontinuierliche Position (Setzung). Anti-Climacus macht seinen Standpunkt deutlich, indem er einen shakespeareschen Vers aus „Macbeth", in welchem die durch Sünde gesetzte Macht hervorgehoben wird, für „psychologisch meisterhaft" erklärt (9).

---

1. E/O II,396.
2. Ebenda.
3. Krankheit 8.
4. Krankheit 77.
5. Vgl. oben § 9 S. 33ff.
6. Vgl. oben § 16 S. 57ff.
7. Krankheit 106.
8. Ebenda.
9. Krankheit 107.

Weit davon entfernt, sprunghaft zu sein, ist die Sünde in sich folgerichtig. Anti-Climacus sieht in dieser Folgerichtigkeit eine Gemeinsamkeit von Sünde und Glaube. Schon wer sich seiner geistigen Bestimmung bewußt ist, „hat wesentlich Folgerichtigkeit in sich und Folgerichtigkeit in einem Höheren, zumindest in einer Idee" (1). Ein solcher Mensch muß ständig vorsichtig sein, denn eine kurze Unterbrechung dieser Folgerichtigkeit hat den Zusammenbruch der ganzen Harmonie des Geistes als Folge. Der Zustand des Gläubigseins ist statisch. „Der Gläubige, der mithin in der Folgerichtigkeit des Guten ruht, sein Leben darinnen hat, er hat eine unendliche Furcht auch vor der kleinsten Sünde; denn er hat unendlich zu verlieren" (2). Die Folgerichtigkeit, die der Gläubige im Guten mit großer Mühe durchhalten muß, wird beim Sündigen zu Verschlossenheit und Dämonie. Während demnach die Folgerichtigkeit ein entscheidender Vorteil des Gläubigen ist, ist sie ein Zeichen des Elends der Sünde, da der Sündige trotz neuer Sünden im schon bestehenden sündigen Zustand verbleibt.

Eine Reihe von Fragen stellt sich hier: Worin liegt der Grund dafür, daß eine gewisse Ähnlichkeit zwischen Glaube und Sünde besteht? Ist es nicht merkwürdig, daß der als strenger Richter auftretende Anti-Climacus beide Phänomene unter den Bestimmungen „Position" und „Folgerichtigkeit" konzipiert? Oder weiter: Inwiefern kann die Verzweiflung als Sünde bestimmt werden? Es ist nicht zu bezweifeln, daß der verzweifelte Mensch die ganze Verantwortung für seine Verzweiflung trägt und somit selbst daran schuld ist. Vom christlichen Standpunkt her gesehen ist er Sünder. Dieses Sündersein ist nicht ohne weiteres ersichtlich, sondern nur daraus, daß es vom Wissen um ein göttliches Dasein begleitet ist. Dies wird deutlich, wenn Anti-Climacus sagt: „das, was menschliche Schuld eigentlich zu Sünde macht, ist, daß der Schuldige das Bewußtsein gehabt hat, da zu sein für Gott" (3). Ebenso wie der Gläubige steht der Sündige unter dem Druck der Vorstellung Gottes, und aufgrund dieser Vorstellung erkennt er sich als Sünder. Die menschliche Schuld bekommt eine neue Qualität, wenn sie am göttlichen Maßstab gemessen wird. Anti-Climacus interessiert sich kaum dafür, wie die qualitative Veränderung von Schuld zu Sünde vor sich geht, denn diese Veränderung hat er vorausgesetzt. Die Setzung des Gottesbewußtseins bestimmt die weitere Setzung und Folgerichtigkeit sowohl der Sünde als auch des Glaubens. Ethisch gedacht ist dagegen der Maßstab der Schuld nie von vornherein gesetzt, sondern liegt als eine immer zu verwirklichende Aufgabe vor: „das, was qualitativ sein Maßstab ist, das ist ethisch sein Ziel" (4). Die Behauptung, die Verzweiflung bzw. die Sünde sei der Anfang des Glaubens, darf keineswegs so verstanden werden, als ob dieser Anfang noch nicht stattgefunden hätte. Die Sünde ist eine Voraussetzung, eben weil das Bewußtsein Gottes vorausgesetzt wird. Der göttliche Maßstab ist zwar ein Ziel, dieses geht aber der Glaubensbewegung voraus.

Wir haben die Gemeinsamkeit von Sünde und Glaube und den Grund ihrer Gemeinsamkeit erläutert. Wir wollen jetzt einen kurzen Blick auf den Unterschied zwischen Sünde und Glaube und auf den Grund dieses Unterschieds werfen. Anti-Climacus behauptet, die genannten Momente seien einander entgegengesetzt. „Dies aber ist oft genug übersehen worden, daß der Gegensatz zu Sünde keineswegs Tugend ist. (...) Nein, der Gegensatz zu Sünde ist Glaube" (5). Diese Aussage wird durch den biblischen Spruch begründet: „Was nicht aus dem Glauben gehet, das ist Sünde" (6). Der Gegensatz läßt sich also folgenderweise formulieren: Da die Sünde den

---

1. Ebenda.
2. Krankheit 108.
3. Krankheit 79.
4. Krankheit 78.
5. Krankheit 81.
6. Rom. 14,23.

Anfang der Glaubensbewegung darstellt, hat sie ihr Ziel im Glauben; nicht aber was zum Glauben *hin*führt, sondern was *aus* dem Glauben hervorgeht, ist Glaube. Die genannte Gegensätzlichkeit liegt in der unterschiedlichen Richtung der Bewegungen. Diese Bewegungen sind weder psychologisch feststellbar noch dem Denken zugänglich. Anti-Climacus spricht hier vom christlichen Standpunkt aus, d.h. aus dem Glauben. Christlich gesehen läßt sich nicht behaupten, die Bewegung von der Sünde weg sei falsch, denn sie führt ja zum Glauben hin. Die Richtung dieser Bewegung ist richtig, aber ihr Ursprung ist falsch. Während der *Maßstab* der qualitativen Bestimmung der Sünde Gott ist, ist er dennoch nicht der *Grund* der sündigen Bewegung, und der Mangel an Identität von Maßstab und Grund ist zu verurteilen; beim Glauben dagegen sind sowohl der Anfang (Grund) als auch das Ende (Maßstab) von Gott. Anti-Climacus versucht in der „Beilage" (1) die realen Konsequenzen aus der christlichen Definition der Sünde zu ziehen. Er stellt fest, daß diese Definition die Möglichkeit des Ärgernisses als Folge ihrer paradoxen Formulierung einschließt, welche aber „das entscheidende Kriterium des Christlichen" (2) ausmacht. Er macht dort den Leser darauf aufmerksam, daß die Unterscheidung zwischen Sünde und Glaube nur deswegen Anspruch auf Richtigkeit erhebt, weil sie vom einzig entscheidenden Standpunkt aus konzipiert wurde: „Der Entgegensetzung liegt zugrunde das entscheidende Christliche: vor Gott" (3).

§ 31.2. Glaube und Denken

In § 29 (4) wurde die Dialektik von Handeln und Bewußtsein ausführlich erörtert. Es war dort beabsichtigt, das korrelative Verhältnis beider Begriffe zu zeigen. Sowohl in der höchsten Steigerung der Verzweiflung und des Selbstbewußtseins als auch in der dunklen Unwissenheit fand sich eine Dialektik von Handeln und Denken. Anhand der sokratischen Definition der Schuld wurde dann klar, daß der Standpunkt des Wissens (in diesem Fall der Unwissenheit um die Sünde) unzulänglich und ungeeignet ist, die genannte Korrelativität zu begreifen. Christlich verstanden liegt der Grund für das Nichtwissen im Willen, und erst vom „praktischen" Standpunkt des sündigen oder schwachen Willens aus ist das Verhältnis zwischen Theorie und Praxis einsichtig.

Nach diesem Ansatz wollen wir nun das Verhältnis von Denken und Glauben auf der Basis einer vorgängigen Bestimmung des Ärgernisses auslegen. Wenn das Paradox das absolute Gegenteil des menschlichen Verstandes in den christlichen Bestimmungen ist, zeigt sich die Möglichkeit des Ärgernisses als eine mächtige Folge des Paradoxes. „Ärgernis" bezeichnet dabei die Unfähigkeit des Verstandes, das von ihm schlechthin Verschiedene in sich aufzunehmen: „dasjenige am Christentum, daran der Mensch eigentlich Ärgernis nimmt, dies ist, daß es zu erhaben ist" (5). Das Ärgernis setzt ein Bewußtsein des göttlichen Daseins voraus; wer Ärgernis an etwas nimmt, weiß nämlich schon, daß er als Einzelner vor Gott steht und sein Leben für Gott ist. Er will aber trotz seines Wissens um das Göttliche nicht demütig auf seinen Verstand verzichten und an Gott glauben. Anti-Climacus sagt klar, daß die Möglichkeit des Ärgernisses das Christentum ist. Diese Nähe von Glaube und Ärgernis meint auch Christus, wenn er vor der Möglichkeit, Ärgernis zu nehmen, warnt. Die Ausdrücke, durch die das Ärgernis beschrieben wird, bezeugen, daß das Ärgernis eine Bestimmung des Christentums und nicht des Verstandes ist. Es wird als

---
1. Krankheit 81-6.
2. Krankheit 82.
3. Krankheit 81.
4. Vgl. oben S. 95-100.
5. Krankheit 82.

verfehlte Bewunderung, als eine dem Neid verwandte Leidenschaft charakterisiert; die Leidenschaftlichkeit spielt dabei eine besonders wichtige Rolle. „Das Maß des Ärgernisses hängt nun davon ab, wieviel Leidenschaft in Beziehung zu Bewunderung ein Mensch besitzt" (1). Das „nüchterne", skeptische Denken ist nicht für das Ärgernis geeignet, und wenn der Skeptiker trotzdem Ärgernis an etwas nimmt, ist er in der Lage, es durch Apathie zu eliminieren. Daher ist ihm auch die Möglichkeit eines Übergangs zum Glauben verschlossen. „Je mehr Leidenschaft und Phantasie ein Mensch hat, je näher er somit in gewissem Sinne, nämlich der Möglichkeit nach, dem ist, gläubig werden zu können, d.h. anbetend sich unter das Außerordentliche zu demütigen, um so leidenschaftlicher das Ärgernis" (2). Unter der Voraussetzung eines Wissens von Gott ist die Möglichkeit des Ärgernisses mit der Leidenschaft gegeben und von der Möglichkeit des Glaubens unabtrennbar.

Das Ärgernis läßt sich weder mit dem Denken noch mit dem Glauben identifizieren, denn es steht als eine Möglichkeit dazwischen. Die Leidenschaftlichkeit, die es auszeichnet, entfernt es zugleich aus dem Bereich des Vernünftigen. Alles Objektivieren vermag die zwischen Vernunft und Leidenschaft bestehende Kluft nicht zu überbrücken; von einem Beweis kann im Bereich des Christlichen keine Rede sein. „Aber was ist denn Ärgernis, das Ärgerliche? Das was wider alle (menschliche) Vernunft streitet. Und das will man beweisen!" (3). Hier wird vor allem die Möglichkeit eines Übergangs von einer logischen Bestimmtheit zu einer logisch nicht faßbaren Qualität bestritten. Wenn z.B. jemand annimmt, Christus sei ein Mensch gewesen, dann ist es unmöglich, durch einen Schluß die göttliche Qualität Christi zu beweisen (4). Der Begriff des Wissens ist bei Anti-Climacus als eine bloß theoretische Erkenntnis aufgefaßt. Das Denken vermag nur dann das dem Verstand Inkommensurable in sich aufzunehmen, wenn es auf dem Glauben basiert. Dies ist eine positive These, deren Begründung Anti-Climacus in seinem schriftstellerischen Werk als seine Aufgabe betrachtet.

Worin liegt nun die Leistung des Denkens in Bezug auf das Religiöse? Wenn sich das Denken als Begreifen realisiert, bleibt das Göttliche außerhalb seiner Reichweite, da es sich dem Begriff entzieht. „Kann aber irgend ein Mensch das Christliche begreifen? Keinerwege. (. . .) Begreifen ist des Menschen Reichweite im Verhältnis zum Menschlichen; glauben aber ist des Menschen Verhältnis zum Göttlichen" (5). Ebensowenig wie die Sünde in der sokratischen Definition der Schuld enthalten ist, ist der Glaube und das Religiöse vom Standpunkt des Denkens her erklärbar. Es ist vielmehr eine ethische Aufgabe, die Tatsache zuzugeben, daß das Begreifen in dieser Sphäre nicht nur unmöglich, sondern auch unerlaubt ist (6). Hier läßt sich die Einsicht des späten Kierkegaard heranziehen, daß Reflexion und Glaube in einem Spannungsverhältnis zueinander stehen (7). Die Zeit erlaubt keine naive Unmittelbarkeit, an ihre Stelle tritt die Re-

---

1. Krankheit 85.
2. Ebenda.
3. Einübung 23.
4. Einübung 24ff.
5. Krankheit 95.
6. Krankheit 99.
7. Wir weisen auf die Polemik Kierkegaards gegen den lutherischen Gnadenbegriff hin, um daran zu erinnern, daß die in den Anti-Climacus-Schriften vorausgesetzte Empirie des Christlichen keineswegs als eine Herabsetzung der christlichen Aufgabe im Denken oder im Handeln verstanden werden darf. Kierkegaard betont nämlich in den späten Jahren den von Luther begangenen Fehler, die Gnade so begriffen zu haben, als ob sie das menschliche Streben ersetzen und das göttliche Gesetz entschärfen sollte. Die Gnade hat nach Kierke-

flexion; weil aber die Reichweite der Reflexion zu gering ist, wird sie zu einem Martyrium (1). Während die naive Unmittelbarkeit jedem unbegreiflichen Phänomen leidenschaftlich gegenübertritt, ist das Paradox im Zeitalter der „Vernunft" der Gegenstand entweder von Gleichgültigkeit oder von respektlosem Spott. „Man hat oft gesagt, wofern Christus jetzt in die Welt käme, würde er wieder gekreuzigt werden. Das ist nicht ganz wahr. Die Welt hat sich verändert, sie liegt jetzt im „Verstand". Deshalb würde Christus ausgelacht werden" (2). Ein unmittelbarer Glaube löst in unserer Zeit kein Problem, denn ihm mangelt die unumgängliche dialektische Spannkraft. Ähnlich geht es dem, der das Unbegreifliche zu begreifen versucht: er wendet sich zum Unmittelbaren. Darin liegt der Fehler der Wissenschaft, die auf ein solches Begreifen Anspruch erhebt (3). Die richtige Einstellung des Einzelnen zum Phänomen des Glaubens ist der bewußte Verzicht auf jede vernünftige Erklärung. Es bedarf sogar eines möglichst starken Willens, um nicht darüber nachzudenken. Kierkegaard stellt einmal fest: „ [Prof. Martensen] will das Denken geltend machen in bezug auf den Glauben, will über den Glauben nachdenken, das will ich nicht" (4).

Es ist aber eine positive Leistung des Denkens, die prinzipielle Unbegreiflichkeit des Christlichen festzustellen und die Grenzlinie für den Bereich abzustellen, auf den sich das Denken beschränken muß. Erst nachdem man die Verschiedenheit zwischen menschlicher und göttlicher Qualität bestimmt hat und nicht vom falschen Standpunkt aus alles durcheinanderbringt, kann man ein Wissen von Gott besitzen. Das Paradox als Paradox zu erkennen, bedeutet nicht nur, die Grenzen des Erkennens zu sehen, sondern auch das Denken selbst durch diese wichtige Kategorie zu bereichern. Wenn das Denken sich auf diese Weise zum Paradox verhält, kann es Elemente des Heiligen in sich aufnehmen und dadurch selber geheiligt werden. „Die Aufgabe ist nicht, das Christentum zu begreifen, sondern zu begreifen, daß man es nicht begreifen kann. Dies ist des Glaubens heilige Sache, und daher ist die Reflexion dadurch geheiligt, daß sie dergestalt benutzt wird (5). Es lassen sich allmähliche Fortschritte in der Erkenntnis des Unbegreiflichen als solchen aufzeigen. Aber besonders wichtig ist der Augenblick, in welchem es einem Menschen gelingt, das Unbegreifliche als das Unbegreifliche zu begreifen. „Wie viele erleben überhaupt die Reife, daß sie entdecken, es komme ein kritischer Punkt, wo es umschlägt, wo es von nun an darauf ankommt, in steigendem Begreifen immer mehr zu begreifen, daß es etwas gibt, was man nicht begreifen kann" (6).

§ 32. *Die Voraussetzung des Christlichen als Ergebnis des Denkens des Anti-Climacus*

Der Begriff des Setzens zieht sich durch den ganzen Gedankengang des Anti-Climacus wie ein Leitfaden hindurch. Drei Hauptbegriffe werden durch ihn näher bestimmt: 1. das Selbst, 2. die Sünde und 3. der Glaube.

1. Das Wesen des menschlichen Selbst liegt nicht im Verhältnis zwischen Zweien, sondern darin, daß dieses Verhältnis sich zu sich selbst verhält. Dieses Sich-zu-sich-selbst-Verhal-

---

    gaard nicht in einer ewigen Seligkeit, sondern in der Not der Alltäglichkeit ihren Ort, insofern sie von der alltäglichen Sorge befreit und jemandem den Weg zum Heil weist (vgl. z.B. Tag.III,294f.; Tag. IV,46f.).
1. Tag. III,63.
2. Tag. III,200.
3. Tag. IV,142.
4. Tag. IV,144.
5. Tag. III,62.
6. Tag. III,285f.

ten wird „das positive Dritte" (1) genannt. Wenn das Verhältnis zwischen zwei Momenten stattfindet, dann ist das Dritte insofern negativ, als es die zwei Momente in seiner Einheit aufhebt. In diesem Fall ist das Verhältnis der zwei Momente eine Selbstaufhebung, denn beide verhalten sich erst durch das Verhältnis zum sie negierenden Dritten zum Verhältnis überhaupt.

2. Die Sünde wird ausdrücklich als eine Position und von daher als ein positives Phänomen charakterisiert, da sie erst unter der Voraus*setzung* Gottes gilt. Sie ist analog zur Verzweiflung zu verstehen, deren Darstellung eine ständige Steigerung aufweist: es wird von der Unmittelbarkeit zum Bewußtsein des Selbst und vom passiven Erleiden zum freiwilligen, von immer stärkerem Willen gesteuerten Handeln weitergegangen. Diese Steigerung bezeugt eine Verinnerlichung des Phänomens. Eine Potenzierung der Sünde setzt ein höheres Bewußtsein des Selbst und seiner Stellung gegenüber Gott voraus; so verstanden ist die Sünde dem Heil nahe. „Dies ist der Ausdruck dafür, daß die Sünde eine Position ist; dies, daß sie *vor Gott* ist, ist eben das Positive in ihr" (2).

3. Die Behauptung, der Glaube sei eine Position, beruht ebenso wie die Bestimmung der Sünde auf dem Begriff des Selbst. Das menschliche Selbst ist nicht von ihm selbst, sondern von einem Andern, nämlich von Gott gesetzt. Diese These behauptet ein ursprüngliches Verhältnis des Selbst zu Gott. Wenn nämlich das positive Dritte, das als Sich-zu-sich-selbst-Verhalten des Verhältnisses bestimmt ist, sich seiner selbst als es selbst bewußt und es selbst sein will, darf es das ursprüngliche Verhältnis nicht abbrechen, das Gott (durch die Setzung des Selbst) zum Menschen gesetzt hat. Die Bestimmung des Glaubens lautet demnach: „indem es sich zu sich selbst verhält, und indem es es selbst sein will, gründet sich das Selbst durchsichtig in der Macht, welche es gesetzt hat" (3).

Die Bestimmungen von Sünde und Glaube beruhen auf der Bestimmung des Selbst. Die Sünde ist ein Mißverhältnis im sich zu sich selbst verhaltenden Verhältnis, das das Selbst ist. Somit setzt die Sünde das positive Dritte voraus. Das Mißverhältnis im positiven Dritten reflektiert sich wiederum im Verhältnis zu jenem Anderen, das das Selbst gesetzt hat. Somit setzt die Sünde auch Gott voraus. Da außerdem der Glaube sich seiner selbst bewußt und sich selbst wollend auf Gott gründet, setzt er ebenfalls Gott als denjenigen, der das Selbst gesetzt hat, voraus. Es muß somit beachtet werden, daß weder die Sünde noch der Glaube eine neue Setzung darstellen, sondern entweder ein Mißverhältnis oder ein Verhältnis zum schon gesetzten Selbst und zu dem, der es gesetzt hat, sind. Das Selbst ist immer schon (4) gesetzt; Gott hat es immer schon gesetzt, und eine zukünftige Setzung oder Aufhebung ist ausgeschlossen.

Wir wollen uns Einblick in die Struktur des Selbst als Voraussetzung des Glaubens verschaffen. Das menschliche Selbst ist bei Anti-Climacus kein vorhandenes Seiendes. Was in der ausführlichen Beschreibung des Selbst (5) ans Licht kommt, ist keine inhaltliche Bestimmung, sondern das Daß einer Voraussetzung. Dies wird dadurch ausgedrückt, daß die formale Bestimmung von „Verhältnis" als nicht geeignet behauptet wird: „das Selbst ist nicht das Verhältnis, sondern daß das Verhältnis sich zu sich selbst verhält" (6). Dasselbe besagt der schon genannte Ausdruck „positives Drittes": das Verhältnis zwischen Zweien wird durch das Dritte negiert,

---

1. Krankheit 8.
2. Krankheit 100.
3. Krankheit 134.
4. „Immer schon" bezeichnet hier das Zugleichsein von Selbst und Bewußtsein, denn erst durch das Selbstbewußtsein ist das Selbst da.
5. Krankheit 8f.
6. Krankheit 8.

und indem die sich zueinander verhaltenden Zwei sich aufheben, ist das negative Dritte da als ein Sein. Anders verhält es sich mit dem „positiven Dritten": das Faktum selbst, daß ein Selbstverhältnis stattfindet, ist eine Position. Die sich zueinander Verhaltenden werden nämlich deshalb nicht durch das Faktum negiert, weil dieses Faktum als unaufhebbare Möglichkeit nicht ins Dasein tritt, sondern eine Voraussetzung ist und bleibt. Aus der so gemeinten Positivität wird auch die Positivität der Sünde und des Glaubens verständlich: beide sind nur deshalb positiv, weil sie das Selbst und Gott als seinen Ursprung voraus*setzen*.

Ein Seiendes kann entweder positiv oder negativ beurteilt werden; eine Voraussetzung aber kann nur positiv sein. Der Begriff der Voraussetzung enthält nämlich nichts, das über die schon geschehene Setzung hinausgeht. Wir wollen dies durch ein Beispiel erläutern. Anti-Climacus sagt: „die Orthodoxie hat richtig gesehen, daß das ganze Christentum, wenn die Sünde negativ bestimmt wird, unhaltbar ist" (1). Die Sünde kann keine Negation sein, weil sie eine Voraussetzung des Christentums ist. Insofern sie eine Voraussetzung ist, ist sie eine Position, auf der das ganze Christentum beruht. Man könnte die Frage stellen: Wäre es nicht möglich, daß das Christentum zugrunde geht, wenn es einsieht, daß es auf „falschen Voraussetzungen" beruht? Diese Frage ist jedoch falsch gestellt, denn sie geht von einer begreiflichen Voraussetzung aus, die aber die Sünde ja nicht ist. So kommen wir auf die These des Anti-Climacus zurück, daß die Aussage, die Sünde sei eine Position, unbegreifbar ist. Er begründet diese These folgenderweise: Wäre diese Aussage begreiflich, so wäre die Sünde eine Negation, denn es gehört zum Wesen des Begreifens, daß es seinen Gegenstand negiert bzw. das Begriffene in eine Negation verwandelt. „Das Geheimnis in allem Begreifen ist, daß dies, daß man begreift, seinerseits höher ist denn alle Position, aber daß diese begriffen wird, heißt eben, daß sie negiert wird" (2).

Die Sünde ist eine Voraussetzung des Christentums und daher eine Position. Sie stellt ein Paradox dar, das sich nicht begreifen, sondern nur glauben läßt. Das Christentum bezeichnet den Glauben an dieses Paradox als Aufgabe. „Ich halte lediglich beharrlich an dem Christlichen fest, daß die Sünde eine Position ist - jedoch nicht so, als ob es begriffen werden könne, sondern als ein Paradox, welches geglaubt werden muß" (3). So aufgefaßt ist die Bewegung des Glaubens eine Rückkehr in die eigene Voraussetzung. Diese Rückkehr vollzieht sich nicht als auf sich zurückgewendete Reflexion, sondern durch den in seinen Ursprung zurückspringenden Glauben. Das Positive, das die Voraussetzung des Anti-Climacus beinhaltet, ist hauptsächlich im Glauben selbst zu sehen, der sowohl der Ausgangspunkt als auch das Ziel des Gedankengangs des Anti-Climacus ist. Schon in seiner Dissertation stellt Kierkegaard fest: „Jede Philosophie, die mit einer Voraussetzung anhebt, endet natürlich bei der gleichen Voraussetzung" (4). Anti-Climacus setzt die Sünde nur deshalb voraus, weil er zugleich den Glauben voraussetzt. Ist aber nicht die Tatsache, daß zwei so verschiedenen Dingen wie Sünde und Glaube dieselbe Bestimmung zugesprochen wird, ein Zeichen dafür, daß diese Bestimmung gar nicht das Wesen beider betrifft, sondern sie nur oberflächlich charakterisiert?

Wir wenden uns der Argumentation zu, die die Bestimmung der Sünde als eine Position begründet. Diese Bestimmung hängt mit der Bestimmung der Reue zusammen, und wenn man die Sünde oberflächlich bestimmt, folgt daraus der Begriff einer spekulativ-abstrakten Reue. Die Reue wird dann als eine Negation der Negation begriffen. „Da es nun so sehr spekula-

---
1. Krankheit 96.
2. Krankheit 97.
3. Krankheit 98.
4. Ironie 36.

tiv ist, dies Reden von der Negation der Negation, so bleibt nichts andres übrig, so muß die Reue die Negation der Negation sein - und so wird die Sünde ja die Negation" (1). Gegen eine solche Auffassung ist zu sagen: 1. Diese Deduktion der Positivität ist rein logisch, denn sie beruht auf dem aussagenlogischen Prinzip der Identität, dessen verwandte Form das Gesetz der doppelten Negation ist, durch die eine Bejahung ausgedrückt wird. Ein solches Prinzip ist aber im Bereich der wirklichen Qualitäten nicht gültig, denn mag ein rein logisches Prinzip im grammatischen und mathematischen Gebiet gültig sein, hat es mit der „Dialektik der Qualitäten" nichts zu tun (2). 2. Obwohl die Sünde überwunden werden muß, stellt ihre Bestimmung keinen Widerspruch dar. Die Ästhetik z.B. behandelt die Sünde als einen Widerspruch, der sich den antiken Theaterformen gemäß entweder in komischer oder in tragischer Stimmung darstellt; so wird die Sünde entweder leichtsinnig oder schwermütig behandelt. Die Stimmung einer richtigen Konfrontation mit der Sünde ist aber der Ernst (3), und das spekulative Denken „ist viel zu flüchtig, als daß es Ernst werden könnte mit der Position" (4). „In diesem Medium des Abstrakten *setzen* ist daher ohne weiteres das Gleiche wie *aufheben*" (5). Die Bestimmung der Sünde als eine Position ist somit nicht oberflächlich, sondern ernst gemeint.

Sowohl die Sünde als auch der Glaube werden in ihrem Wesen als Positionen charakterisiert, weil sie von vornherein, durch eine einmalige Setzung da sind, und kein flüchtiger Gedanke sie aufheben kann. Da Anti-Climacus diese ausgezeichneten Formen des Geistes voraussetzt, interessiert er sich nicht für eine weitere Setzung, sondern für die niedrigen und kranken Formen des Geistes. Er beabsichtigt damit, sie zur Vollkommenheit zu bringen und zu heilen. Das Bewußtsein der eigenen Sünde ist dabei eine Bedingung der Heilung: „heilen kannst du von ihr [nämlich von der geistigen Krankheit] nur die, welche sich bewußt sind, dergestalt krank zu sein" (6). Nicht nur die Sünde, sondern vor allem das Sündenbewußtsein ist eine Voraussetzung des Christentums: „Das Christentum antwortet auf die Wirklichkeit des Sündenbewußtseins als Voraussetzung" (7).

Sünde und Glaube als geistige Phänomene sind Implikate der Bestimmung des menschlichen Selbst. Je potenzierter ein geistiges Phänomen ist, desto klarer läßt es sein Gegenteil und somit seinen wesentlich dialektischen Charakter hervortreten. Je mehr jemand sich der eigenen Sünde bewußt ist, desto klarer wird ihm die Möglichkeit der Rettung im Glauben; und umgekehrt: je gesünder man wird, desto mehr entdeckt man die Schwere der eigenen Krankheit. „Das Gefährliche bei Krankheiten des Geistes ist eben dies, daß schon ein gewisses Maß an Gesundheit dazu gehört, um darauf aufmerksam zu werden und zu erkennen und einzugestehen, daß man krank sei" (8). Die dialektische Struktur zeigt sich an jedem geistigen Phänomen: so ist z.B. die Verzweiflung sowohl eine Krankheit als auch ein Heilmittel (9). Die höchste Form dieser Dialektik zeigt sich darin: *was im Bewußtsein gesetzt ist, ist zugleich nicht gesetzt, denn es setzt sich wieder und wieder aufs Spiel.* Alles ist im Bewußtsein zweideutig, weil die Reflexion ständig das Gegenteil hervorbringt. Die Gegensätze im Medium des Geistes heben einander nicht auf, sondern konkurrieren miteinander - in einem ständigen Kampf gegeneinander.

---

1. Krankheit 97.
2. Ebenda.
3. Angst 12.
4. Krankheit 98.
5. Krankheit 97.
6. Krankheit 166, Anm. 2.
7. Tag. IV,110.
8. Tag. IV,12.
9. Krankheit 4.

Bei Anti-Climacus befindet sich alles in einem dialektischen Schweben, obwohl das Ende der dialektischen Bewegung schon von vornherein feststeht. Es handelt sich nämlich nicht um eine unendliche dialektische Bewegung; es ist ein Paradox, daß alles bewegt ist, obwohl die Bewegung schon irgendwie zu ihrem Ziel gelangt ist. Während das spekulative Denken überall einen Anlaß für ein ständiges Fortgehen findet, ist das Paradox sowohl der Anfang als auch das Ende der christlichen Bewegung: „denn ach, das Geheimnis des Begreifens in der Spekulation ist eben das Nähen ohne das Ende fest zu machen und ohne den Knoten in den Faden zu schlingen, und daher kann sie, o wunderbar, fortfahren zu nähen und zu nähen, d.h. den Faden durchzuziehen. Das Christentum hingegen macht das Ende fest mittels des Paradox" (1).

---

1. Krankheit 92f.

LITERATURVERZEICHNIS

A. Primärliteratur

1. S. Kierkegaards Samlede Vaerker, herausgegeben von A.B. Drachmann, J.L. Heiberg und H.O. Lange, Kopenhagen 1901-6 (2. Ausgabe 1920-1936)

2. S. Kierkegaard, Gesammelte Werke, übersetzt von E. Hirsch u.a., Eugen Diederichs Verlag, Düsseldorf/Köln 1950ff.

3. a) S. Kierkegaard: Das Tagebuch des Verführers, dtv, München 1974 (4. Ausgabe)
   b) S. Kierkegaard: Entweder-Oder, dtv, München 1975
   c) S. Kierkegaard: Philosophische Brosamen und Unwissenschaftliche Nachschrift, dtv, München 1976
   d) S. Kierkegaard: Die Krankheit zum Tode, Furcht und Zittern, Die Wiederholung, Der Begriff der Angst, dtv, München 1976

4. S. Kierkegaard, Werke, übersetzt von L. Richter, 4 Bände, Rowohlt 1960ff.

5. S. Kierkegaard, Philosophisch-Theologische Schriften, übersetzt von W. Rest und H. Diem, 4 Bände, Wissenschaftliche Buchgesellschaft, Darmstadt/Köln 1951ff.

6. S. Kierkegaard, Gesammelte Werke, übersetzt von H. Gottsched und C. Schrempf, 12 Bände, Jena 1922-25 (2. Ausgabe)

7. S. Kierkegaards Papirer, herausgegeben von P.A. Heiberg, V. Kuhr und E. Torsting, 20 Bände, Kopenhagen 1909-1948 (A. Echte Tagebuchaufzeichnungen, B. literarische Entwürfe zum gedruckten Werk, C. Aufzeichnungen über Studium und Lektüre) [Abkürzung: Pap.]

8. S. Kierkegaard, Tagebücher, ausgewählt und übersetzt von H. Gerdes, 5 Bände, Eugen Diederichs Verlag, Düsseldorf/Köln 1962ff.

9. S. Kierkegaard, Tagebücher, ausgewählt und übersetzt von Th. Haecker, München 1949 (3. Ausgabe)

10. Hegel, G.F.W.: Sämtliche Werke (Jubiläumsausgabe) herausgegeben von Glockner, 1927ff. [Abkürzung: Jub. Ausg.]

11. a) Aristotelis, Physica, herausgegeben von W.D. Ross, Oxford 1973 (1. Ausgabe 1950)
    b) Aristotelis, Ethica Nicomachea, herausgegeben von I. Bywater, Oxford 1970 (1. Ausgabe 1894)
    c) Aristotle, The Metaphysics, with an english translation by H. Tredennick, 2 Bände, Loeb, London 1968 (1. Ausgabe 1933)
    d) Aristotelis, De arte poetica liber, herausgegeben von R. Kassel, Oxford 1975 (1. Ausgabe 1965)
    e) Aristotelis, De anima, herausgegeben von W.D. Ross, Oxford 1974 (1. Ausgabe 1956)
    f) Aristoteles, Physikvorlesung, übersetzt von H. Wagner, Darmstadt 1967

12. a) Platonis Opera, tomus I, herausgegeben von I. Burnet, Oxford 1973 (1. Ausgabe 1900)
    b) Platonis Opera, tomus II, herausgegeben von I. Burnet, Oxford 1973 (1. Ausgabe 1901)
    c) Platonis Opera, tomus IV, herausgegeben von I. Burnet, Oxford 1972 (1. Ausgabe 1902)

Verwendete Abkürzungen

Kierkegaards Werke werden zitiert nach der deutschen Ausgabe der Gesammelten Werke von E. Hirsch u.a., Eugen Diederichs Verlag, Düsseldorf/Köln 1962ff.

Angst = Der Begriff Angst

Brocken = Philosophische Brocken oder Ein Bröckchen Philosophie (im selben Band: Johannes Climacus oder De omnibus dubitandum est)

Einübung = Einübung im Christentum

E/O I = Entweder-Oder, Erster Teil

E/O II = Entweder-Oder, Zweiter Teil

Furcht = Furcht und Zittern

Ironie = Über den Begriff der Ironie mit ständiger Rücksicht auf Sokrates

Krankheit = Die Krankheit zum Tode

Stadien = Stadien auf des Lebens Weg

Tag. I, II, III, IV = Die Tagebücher von H. Gerdes, 1., 2., 3. und 4. Band (sonst: Tag. von Haecker)

UN I = Abschließende unwissenschaftliche Nachschrift zu den Philosophischen Brokken, 1. Band

UN II = Abschließende unwissenschaftliche Nachschrift zu den Philosophischen Brokken, 2. Band

Wiederholung = Die Wiederholung

Die nur mit lateinischen Zahlen gekennzeichneten Verweise beziehen sich auf die Bände der ersten Ausgabe der dänischen Samlede Vaerker Kierkegaards, die von A.B.Drachmann u.a. herausgegeben worden sind.

B. Sekundärliteratur

1. Bibliographische Hilfsmittel

J. Himmelstrup, S. Kierkegaard. International Bibliografi, København 1962

A. Jørgensen, S. Kierkegaard-litteratur 1961-1970. En foreløbig bibliografi, Aarhus 1971

A. McKinnon, Fundamental Polyglot Konkordans til Kierkegaards Samlede Vaerker, Leiden 1971

2. Spezielle Literatur

ADLER-VONESSEN, H.: Angst in der Sicht von S. Kierkegaard, S. Freud und M. Heidegger, in: „Psyche H.", 1971 (25), S. 692-715

ADORNO, T.W.: Kierkegaard. Konstruktion des Ästhetischen mit zwei Beilagen, Frankfurt a. M. 1966 (3. Ausgabe)

ALLAN, D.J.: Die Philosophie des Aristoteles, übersetzt von P. Wilpert, Hamburg 1955

ALLISON, H.E.: Kierkegaard's Dialectic of the Religious Consciousness, in: „Union Seminary Quarterly Review ", 1965 (XX), S. 225-33

ANDERSEN, W.: Der Existenzbegriff und das existentielle Denken in der neuen Philosophie und Theologie, Gütersloh 1940

ANSBRO, J.J.: Kierkegaard's gospel of suffering, in: "Philosophical Studies", 1967 (16) S. 182-192

ANZ, W. Kierkegaard und der deutsche Idealismus, Tübingen 1956

ANZ, W.: Die religiöse Unterscheidung. Über das Verhältnis von Dichtung und Existenzdialektik bei S. Kierkegaard, in: „Orbis Litterarum", 1955 (10), Fasc. 1-2, S. 5-17

ARNOLD, U.: Die Entelechie. Systematik bei Platon und Aristoteles, Wien/München 1965

ASSAAD-MIKHAIL, F.: Mort de l'homme et subjektivité (Kierkegaard, Nietzsche), in: „Rev. Méta. Morale", 1968 (73), S. 430-61

BEAUFRET, J.: Introduction aux philosophies de l'existence. De Kierkegaard à Heidegger, Paris 1971

BECK, H.: Der Akt-Charakter des Seins, München 1965

BEDELL, G.C.: Kierkegaard's conception of time, in: „Journ. amer. Acad. Relig.", 1969 (37), n.3, S. 266-9

BLANSHARD, B.: Kierkegaard on faith, in: „Personalist", 1968 (49), S. 5-23

BLASS, J.L.: Die Krise der Freiheit im Denken S. Kierkegaards. Untersuchungen zur Konstitution der Subjektivität, Düsseldorf 1968

BLASS, J.: Die Endlichkeit der Freiheit. Untersuchungen zur Konstitution der existierenden Subjektivität bei S. Kierkegaard, Köln 1962

BOGEN, J.: Kierkegaard and the „teleological suspension of the ethical", in: „Inquiry", 1962 (5), n.4, S. 305-17

BOHLIN, T.: Sören Kierkegaards Leben und Werden, Gütersloh 1925

BOHLIN, T.: Kierkegaards dogmatische Anschauung in ihrem geschichtlichen Zusammenhang, Gütersloh 1927

BOLLNOW, O.F.: Existenzphilosophie, Stuttgart 1964 (6. Ausgabe)

BRANDENSTEIN, B. v.: Vom Werdegang des Geistes in der Seele, darin: Kierkegaard-Exkurs (S. 76-96), Saarbrücken 1954

BUSS, H.: Kierkegaards Angriff auf die bestehende Christenheit, Göttingen 1967

BUSKE, T.: Die Dialektik der Geschichte. Zur Theologie S. Kierkegaards, in: „Neue Zeitschrift f. syst. Theologie und Rel.", 1963 (5), S. 235-47

CASALIS, M.: L' „histoire" selon Kierkegaard, in: „Rev. Hist. Philos. relig.", 1968 (48), S.1-31

COLETTE, J.: Bulletin d'histoire de la philosophie: Kierkegaard, in: „Revue des sc. philos. et théol.", 1970 (54), S. 654-680

COLETTE, J.: Études kierkegaardiennes récentes, in: „Revue philosophique de Louvain", 1972 (70), S. 116-130

COLETTE, J.: Histoire et absolu. Essai sur Kierkegaard, Paris 1972

CONEN, P.F.: Die Zeittheorie des Aristoteles, München 1964

DEUSER, H.: S. Kierkegaard. Die paradoxe Dialektik des politischen Christen, München 1974

DIEM, H.: Dogmatik und Existenzdialektik bei S. Kierkegaard, in: „Evangelische Theologie", 1955 (15), S. 492-506

DIEM, H.: Die Existenzdialektik von S. Kierkegaard, Zürich 1950

DIEM, H.: S. Kierkegaard, Spion im Dienste Gottes, Frankfurt a.M. 1957

DRESCHER, W.: Die dialektische Bewegung des Geistes in Hegels Phänomenologie, Heidelberg 1937

DÜRING, I.: Aristoteles. Darstellung und Interpretation seines Denkens, Heidelberg 1966

DÜRR, A.: Zum Problem der Hegelschen Dialektik und ihrer Formen, Berlin 1938

EKLUND, H.: Theologie der Entscheidung, Uppsala 1937

FAHRENBACH, H.: Kierkegaards existenzdialektische Ethik, Frankfurt a.M. 1968

FAY, T.A.: Communication of truth and the existential dialectic in the thought of Kierkegaard, in: „Personalist", 1972 (53), S. 161-9

FISCHER, F.C.: Existenz und Innerlichkeit. Eine Einführung in die Gedankenwelt S. Kierkegaards, München 1969

FRIEMOND, H.: Existenz in Liebe nach S. Kierkegaard, München 1965

FRITZSCHE, H.: Kierkegaards Kritik an der Christenheit, Stuttgart 1966

GABRIEL, L.: Existenzphilosophie. Kierkegaard, Heidegger, Jaspers, Sartre. Dialog der Positionen, München 1968 (2. Ausgabe)

GARDINER, P.: Kierkegaard's Two Ways, London 1970

GEORGE, A.G.: The first sphere. A study in Kierkegaardian aesthetics, Bombay 1966

GERDES, H.: Das Christusverständnis des jungen Kierkegaard. Ein Beitrag zur Erläuterung des Paradox-Gedankens, Itzelhoe 1962

GLENN, J.D.: Kierkegaard on the unity of comedy and tragedy, in: „Tulane Stud. Phil.", 1970 (19), S. 41-53

GRAU, G.-G.: Die Selbstauflösung des christlichen Glaubens. Eine religionsphilosophische Studie über Kierkegaard, Frankfurt a.M. 1963

GUARDA, V.: Kierkegaardstudien. Mit besonderer Berücksicht. des Verhältnisses Ks zu Hegel, Meisenheim 1975

GUARDINI, R.: Der Ausgangspunkt der Denkbewegung S. Kierkegaards, in: „Hochland" 1927 (24), S. 12-33

HAGEN, E. v.: Abstraktion und Konkretion bei Hegel und Kierkegaard, Bonn 1969

HEIDEGGER, M.: Sein und Zeit, Tübingen 1967 (11. Ausgabe)

HEINEMANN, F.: Existenzphilosophie, lebendig oder tot, Stuttgart 1963 (3. Ausgabe)

HEISS, R.: Die großen Dialektiker des 19. Jahrhunderts. Hegel, Kierkegaard, Marx, Köln 1963

HEROLD, N.: Bewegung, Aufsatz im „Handbuch philosophischer Grundbegriffe", München 1973, 1. Band, S. 209-220

HIRSCH, E.: Wege zu Kierkegaard, Berlin 1968

HOLL, J.: Kierkegaards Konzeption des Selbst. Eine Untersuchung über die Voraussetzung und Formen seines Denkens, Meisenheim a.G., 1972

HOLM, S.: S. Kierkegaards Geschichtsphilosophie, übers. von G. Jungbluth, Stuttgart 1956

HORGBY, I.: Immediacy, subjectivity, revelation. An interpretation of Kierkegaard's conception of reality, in: „Inquiry" 1965 (8), n.1, S. 84-117

JANNARAS, A.: Zufall und Bewegung bei Platon, Athen 1962

JASPERS, K.: Der philosophische Glaube angesichts der Offenbarung, München 1962

JASPERS, K.: Die maßgebenden Menschen, München 1965

KAINZ, H.P.: The relationship of dread to spirit in man and woman according to Kierkegaard, in: „Mod. Schoolman", 1969 (47), S. 1-13

KAULBACH, F.: Der philosophische Begriff der Bewegung. Studien zu Aristoteles, Leibniz und Kant, Köln/Graz 1965

KIERKEGAARD, S.: („Wege der Forschung" 179), hrsg. von H.-H. *Schrey*, Darmstadt 1971

KNITTERMEYER, H.: Die Philosophie der Existenz, Stuttgart 1952

KOKTANEK, A.M.: Schellings Seinslehre und Kierkegaard, München 1962

KRINGS, H.: Ursprung und Ziel der Philosophie der Existenz, in: „Philos. Jahrbuch", 1951 (61), S. 433-445

KRINGS, H.: Fragen und Aufgaben der Ontologie, darin: Kierkegaard, S. 214-228, Tübingen 1954

KRONER, R.: Kierkegaards Hegelverständnis, in: „Kant-Studien", Köln 1954-5

KÜHNHOLD, C.: Der Begriff des Sprunges und der Weg des Sprachdenkens. Eine Einführung in Kierkegaard, Berlin/New York 1975

KÜNZLI, A.: Die Angst des modernen Menschen. S. Kierkegaards Angstexistenz als Spiegel der geistigen Krise unserer Zeit, Zürich 1947

KÜNZLI, A.: Die Angst als abendländische Krankheit dargestellt am Leben und Denken S. Kierkegaards, Zürich 1948

LANDMANN, M.: Kierkegaard - der Denker der innerlichen Wahrheit, in: „Universitas" 1965 (20), S. 1171-9

LEISEGANG, H.: Hegel, Marx, Kierkegaard. Zum dialektischen Materialismus und zur dialektischen Theologie, Berlin 1948

LÖGSTRUP, K.E.: Kierkegaards und Heideggers Existenzanalyse und ihr Verhältnis zur Verkündigung, Berlin 1950

LÖWITH, K.: Kierkegaard und Nietzsche oder philosophische und theologische Überwindung des Nihilismus, Frankfurt a.M. 1933

LÖWITH, K.: Von Hegel zu Nietzsche. Der revolutionäre Bruch im Denken des 19. Jahrhunderts, Marx und Kierkegaard, Stuttgart 1953 (3. Ausgabe)

LÖWITH, K.: Wissen, Glaube und Skepsis, Göttingen 1958

MAALOUF, N.A.: Le témoignage chrétien de Kierkegaard, Beyrouth 1969

MACKEY, L.: Kierkegaard: A Kind of Poet, Philadelphia 1971

MALANTSCHUK, G.: S. Kierkegaard und seine Bedeutung als Denker, Dortmund 1963

MALANTSCHUK, G.: S. Kierkegaard und das kollaterale Denken, in: „Zeit. philos. Forsch." 1970 (24), S. 3-16

MALAQUAIS, J.: S. Kierkegaard, foi et paradoxe, Paris 1971

McKINNON, A.: Kierkegaard's pseudonyms: a new hierarchy, in: „Amer. philos. Quart.", 1969 (6), S. 116-26

McKINNON, A.: Kierkegaard's irrationalism revisited, in: „Int. philos. Quart.", 1969 (9), S. 165-76

MEERPOHL, B.: Die Verzweiflung als metaphysisches Phänomen in der Philosophie S. Kierkegaards, Würzburg 1934

MERLAN, P.: Must we reinterpret Kierkegaard? in: „J. Relig.", 1973 (53), S. 48-64

METZGER, H.: Kriterien christlicher Predigt nach S. Kierkegaard, Göttingen 1964

NADLER, K.: Der dialektische Widerspruch in Hegels Philosophie und das Paradoxon des Christentums, Kiel 1931

NGUYEN VAN TUYEN, J.: Foi et existence selon Kierkegaard, Paris 1971

NUSSER, G.: Der Begriff „Wiederholung" bei Kierkegaard, in: „Theol. Zeit.", 1964 (20), S. 423-39

OFSTAD, H., *LÖFGREN*, A.: Morality, choice and inwardness. Judge William's distinction between the aesthetic and the ethical way of life, in: „Inquiry", 1965 (8), n.1, S. 33-73

PIEPER, A.: Geschichte und Ewigkeit bei S. Kierkegaard. Das Leitproblem der pseudonymen Schriften, Meisenheim a.G. 1968

PIEPER, A.: Die Bedeutung des Begriffs „Existenzkategorie" im Denken Kierkegaards, in: „Zeit. f. philos. Forsch.", 1971 (25), S. 187-201

PIVČEVIĆ, E.: Ironie als Daseinsform bei S. Kierkegaard, Gütersloh 1960

PLEINES, J.-E.: Zum Begriff des Selbstverständnisses im Werke S. Kierkegaards, in: „Salzb. Jahrb. Philos.", 1966-1967 (10-11), S. 105-49

POLLMANN, L.: Literaturwissenschaft und Methode, Frankfurt a.M. 1973 (2. Ausgabe)

RADERMACHER, H.: Kierkegaards Hegelverständnis, Köln 1958

REIMER, L.: Die Wiederholung als Problem der Erlösung bei Kierkegaard, in: Kierkegaardiana 1968 (7), S. 19-63

RICHTER, L.: Immanenz und Transzendenz im nachreformatorischen Gottesbild, Berlin 1954

SÄNGER, P.-P.: Sein oder Werden? Über das Verhältnis Kierkegaards zu Schleiermacher, in: „Zeichen der Zeit", 1965 (19), S. 76-8

SAUER, R.W.: Die Ansätze zu einer Bestimmung der Geschichtlichkeit im Denken S. Kierkegaards, Freiburg 1953

SCHÄFER, K.: Hermeneutische Ontologie in den Climacus-Schriften S. Kierkegaards, München 1968

SCHÄFER, K.: Hermeneutische Ontologie bei S. Kierkegaard? in: „Theol. Quart.", 1967 (147), S. 453-74

SCHMID, H.: Kritik der Existenz, Analysen zum Existenzdenken S. Kierkegaards, Zürich 1966

SCHMITT, R.: The paradox in Kierkegaard's „religiousness A" in: „Inquiry", 1965 (8), n.1, S. 118-35

SCHRADER, G.: Kant and Kierkegaard on duty and inclination, in: „J. Philos.", 1968 (65), S. 668-701

SCHREY, H.H.: Existenz und Offenbarung, Tübingen 1947

SCHRÖER, H.: Die Denkform der Paradoxalität als theologisches Problem. Eine Untersuchung zu Kierkegaard und der neueren Theologie als Beitrag zur theologischen Logik, Göttingen 1960

SCHÜEPP, G.: Das Paradox des Glaubens. Kierkegaards Anstöße für die christliche Verkündigung, München 1964

SCHULZ, W. Die Vollendung des deutschen Idealismus in der Spätphilosophie Schellings, darin: Kierkegaards Selbstvermittlung als Transzendenzbewegung (S. 274-279), Stuttgart/Köln 1955

SCHULZ, W.: Das Problem der Angst in der neueren Philosophie, in: „Universitas", 1966 (21), n.8, S. 837-48

SCHULZ, W.: S. Kierkegaard. Existenz und System, Pfullingen 1967

SCHWEPPENHÄUSER, H.A.: Kierkegaards Angriff auf die Spekulation. Eine Verteidigung, Frankfurt 1967

SIKES, W.W.: On becoming the truth. An introduction to the life and thought of S. Kierkegaard, St. Louis 1968

SØE, N.H.: Neuere dänische Kierkegaard-Forschung, in: „Theol.Lit.- Ztg.", 1971 (96), n.1, S. 1-18

SONTAG, F.: Kierkegaard and the search for a self, in: „J. Exist.", 1966-7 (7), S. 443-57

SPONHEIM, P.: Kierkegaard on Christ and Christian Coherence, London 1968

STACK, G.J.: Kierkegaard and the phenomenology of repetition, in: „J. Exist.", 1966-7 (7), S. 111-28

STACK, G.J.: Aristotle and Kierkegaard's Existential Ethics, in:„Journal of the Hist.of Philos.", 1974 (22), S. 1-19

STACK, G.J.: The basis of Kierkegaard's concept of existential possibility, in: „New Scholast.", 1972 (46), S. 139-72

STACK, G.J.: Aristotle and Kierkegaard's concept of choice, in: „The mod. Schoolman", 1968-9 (46), S. 11-23

STEIGER, L.: Unzeitgemässer Kierkegaard, in: „Evangelische Theologie", 1969 (29), S. 244-66

SUR, F.: Kierkegaard. Le devenir chrétien, Paris 1967

THEUNISSEN, M.: Der Begriff Ernst bei S. Kierkegaard, Freiburg/München 1958

THEUNISSEN, M.: Die Dialektik der Offenbarung. Zur Auseinandersetzung Schellings und Kierkegaards mit der Religionsphilosophie Hegels, in: „Philos. Jahrbuch", 1964 (72), Jg. I Halbband

THOMPSON, J.: The lonely labyrinth. Kierkegaard's pseudonymous works, Carbondale 1967

THULSTRUP, N.: Ziele und Methoden der neuesten Kierkegaard-Forschung, mit besonderer Berücksichtigung der skandinavischen, in: „Orbis litterarum" 1955, S. 301-318

THULSTRUP, N.: Die historische Methode in der Kierkegaard-Forschung durch ein Beispiel beleuchtet, in: Symp. Kierkegaard., Copenhague 1955

THULSTRUP, N.: Kierkegaards Verhältnis zu Hegel. Forschungsgeschichte, Stuttgart 1969 (2. Ausgabe)

TIELSCH, E.: Kierkegaards Glaube. Der Aufbruch des frühen 19.Jahrhunderts in das Zeitalter moderner, realistischer Religionsauffassung, Göttingen 1964

TRENDELENBURG, A.: Logische Untersuchungen, I. Band, Berlin 1840

TRENDELENBURG, A.: Erläuterungen zu den Elementen der aristotelischen Logik, Berlin 1861 (2. Ausgabe)

UKKOLA, H.: Die ethische Existenz des Menschen im Denken S. Kierkegaards, in: „Neue Zeit. syst. Theol.", 1968 (10), S. 31-7

VAN DE PITTE, F.P.: Kierkegaard's „approximation", in: „Personalist", 1971 (52), S.483-98

VERGOTE, H.-B.: Poul Martin-Moeller et S. Kierkegaard, in: „Rev. Méta. Morale", 1970 (75), S. 452-76

VIALLANEIX, N.: Kierkegaard, lecteur de Leibniz, in: „Critique", 1969, n.269, S.895-914

WAHL, J.: Etudes Kierkegaardiennes, Paris 1967

WALTHER, W.: Die Angst im menschlichen Dasein. Eine psychologische Betrachtung der Angst, aufgezeichnet am Leben und Werk S. Kierkegaards, München/Basel 1967

WEISS, R.L.: Kierkegaard's „return" to Socrates, in: „New Scholast.", 1971 (45), S.573-83

WEISSHAUPT, K.: Die Zeitlichkeit der Wahrheit. Eine Untersuchung zum Wahrheitsbegriff S. Kierkegaards, Freiburg/München 1973

WIDENMAN, R.: Some Aspects of Time in Aristotle and Kierkegaard, in: Kierkegaardiana 1971 (8), S. 7-22

WIELAND, W.: Die aristotelische Physik. Untersuchungen über die Grundlegung der Naturwissenschaft und die sprachlichen Bedingungen der Prinzipienforschung bei Aristoteles, Göttingen 1962

WOLF, H.C.: Kierkegaard and Bultmann: the quest of the historical Jesus, Minneapolis 1965

WOODBRIDGE, F.J.E.: Aristotle's vision of nature, London 1965

WYSCHOGROD, M.: Kierkegaard and Heidegger. The Ontology of Existence, London 1954; New York 1969

Zeit und Geschichte. Dankesgabe an R. Bultmann zum 80. Geburtstag, hrsg. von E. *DINKLER*, Tübingen 1964

NAMENSREGISTER

Abraham 79-83
Adam 51-3, 57
Agamemnon 80, 83
Allan, D. 19
Anti-Climacus 12, 53-5, 63, 87-110
Archimedes 15
Aristoteles 8, 12, 16-25, 30, 35, 37-9, 44, 59, 63, 69, 70, 74, 84
Arnold, U. 38
Augustin 74
Baader 53
Christus 29, 35, 62, 65, 105, 106
Climacus 7, 8, 11, 12, 15-7, 19-40, 42-7, 61, 68, 71-3, 87-9, 91, 94, 99, 100, 102
Constantius, C. 12, 71-4
Descartes 24, 25, 81
Diogenes 15
Eva 51
Fahrenbach, H. 8, 22, 65, 67
Faust 82
Fichte 24
Galilei 17
Haecker 7, 8
Hagen, E.v. 37
Hamann 83
Hegel 10, 16, 17, 20, 23, 24, 28, 29, 34, 35, 37, 41, 44, 45, 49, 52, 55, 56, 58, 64, 79, 81
Heidegger, M. 63
Heraklit 37, 72, 79
Himmelstrup 15
Hirsch, E. 15, 87
Holl, J. 9, 27
Iphigenie 83
Isaak 80
Jacobi 34
Kant 18, 29
Kaulbach, F. 18
Kierkegaard 7-13, 15-7, 19, 20, 22-4, 27, 28, 30, 33-5, 37, 39, 40, 42, 43, 45, 51-3, 56, 59, 67, 71, 72, 74, 76, 78, 82, 87-9, 93, 94, 101, 105, 106, 108
Klytämnestra 85
Kratylos 72
Kühnhold, C. 13
Künzli, A. 7
Lazarus 89
Leibniz 18
Lessing 34, 78
Löwith, K. 23
Loyola 74
Luther 73, 105

Macbeth 102
Madsen, C. 48
Martensen 106
Mynster 88
Nietzsche 23
Parmenides 11, 30, 69, 70
Phaidros 18
Pieper, A. 7, 13, 36, 57
Pivčevič, E. 15
Platon 9, 11, 15, 17-9, 25, 29, 30, 37, 38, 65, 68-70, 72, 81, 100
Pollmann, L. 12
Protagoras 37
Radermacher, H. 23
Rötscher, H.T. 34
Schäfer, K. 11, 17, 28, 30, 32, 34, 46, 55, 59, 82
Schelling 35
Schweppenhäuser, H. 42, 43
Shakespeare 102
Silentio, J.d. 12, 34, 76-85
Sokrates 8-10, 31-3, 35-8, 44, 45, 48, 52, 68, 69, 81, 84, 94, 97-100, 102, 104, 105
Spinoza 24, 34, 44, 45
Stack, G. 30
Tennemann 20
Theätet 25
Theophrast 10
Theunissen, M. 23, 35
Tielsch, E. 74
Trendelenburg, A. 16, 17, 20, 33, 45, 59
Vigilius 11, 12, 34, 47-52, 54-71, 73, 76, 98, 102
Wagner, H. 19, 69
Weisshaupt, K. 67
Wieland, W. 17
Wilpert, P. 19
Woodbridge, F. 17
Zenon 44, 69